플랜B는 없다

BURN THE BOATS

오로지 하나의 목표에 전념해서
인생의 성취를 이루는 법

플랜 BURN
B는 THE
BOATS
없다

맷 히긴스 지음
방진이 옮김

교보문고

|3부| 배를 더 많이 만들어라

배를 불태워버려라

조금 전 새로운 TV 쇼의 파일럿 에피소드 촬영장에서 책상 앞에 앉아 있을 때 내 이름을 건 TV 쇼의 진행자가 되기까지의 과정을 돌아보게 되었다. 바퀴벌레가 득실거리는 뉴욕 퀸스의 아파트 바닥에 놓인 천이 여기저기 뜯어진 매트리스에서 잠을 청하던 시절이 그다지 멀게 느껴지지 않았다. 나는 집세를 내기 위해 무릎을 꿇고 엎드려 남의 집을 청소하는 홀어머니 밑에서 4형제 중 막내로 자랐다. 형들은 내가 우리 형편이 얼마나 안 좋은지 깨달았을 무렵에는 이미 어딘가로 떠나고 없었다.

나는 16살 때 고등학교를 자퇴했다. 그로부터 30년도 지나기 전에 내가 세계적인 TV 비즈니스 쇼 〈샤크 탱크Shark Tank〉의 심사위원인 샤크로 출연할 거라고 예상한 동급생은 단 한 명도 없었을 것이다. 지금 나는 다시 한번 더 높이 도약할 기회를 앞두고 있었다. 이번에는 내 이름을 건 TV 쇼 파일럿 에피소드의 진행자 및 총괄 프로듀서로 나섰다. 〈샤크 탱크〉〈디 어프렌티스The Apprentice〉〈더 보이스The Voice〉〈서바이버Survivor〉 등 엄청난 성공을 거둔 TV 리얼리티 쇼를 만든 선지자인 MGM의 마크 버넷Mark Burnett이 쇼의 기획자다.

그 쇼가 정규 편성될지 아직 모르는 상태에서 이 글을 쓰고 있다. 그러나 그건 중요하지 않다. 내가 앞을 바라보면서 나아간다는 자체가 나를 설레게 한다. 마크와 그의 팀은 내가 뼛속부터 느꼈고, 지금도 여전한 내 안의 허기를 봤다. 또한 우리 쇼에 출연해서 지금껏 살면서 가장 높이 도약하기 위해 처음으로 기업 인수에 나선 기업가들에게서 내가 본 강력한 의지를 내 안에서 봤다. 그 사람들은 걸린 것도 잃을 것도 많은 상황에 놓여 있다. 거의 절반에 달하는 회사들이 창업한 지 2년 안에 망한다. 그래서 내가 필요한 것이다. 나는 RSE 벤처스RSE Ventures를 통해 내가 후원하는 기업가들을 도울 때와 같은 방식으로 출연자들의 사고 과정을 지도할 것이다. RSE 벤처스는 내가 마이애미 돌핀스Miami Dolphins의 구단주 스티븐 로스Stephen Ross와 공동창립한 회사로, 데이비드 장David Chang의 모모푸쿠Momofuku 같은 혁신적인 소매기업의 성장을 돕는다.

내 경험을 통해, 그리고 수백 개의 기업과 수백 명의 기업가(그들의 이야기도 이 책에서 다룰 예정이다)와 함께 일하면서 나는 끝없이 지속적인 성장을 이룰 수 있는 강력한 공식이 실제로 존재한다는 사실을 깨달았다. '플랜B를 갑판 밖으로 내던지고 배를 불태워버린다.'

여기서 '배를 불태워버린다'는 건 무엇을 의미할까?

위대한 일을 이루려면 스스로에게 탈출로를 마련해줘서는 안 된다.

결코 돌아갈 길이 없게 만들어야 한다. 플랜B를 버리고 성공을 가로막는 수많은 길에서 벗어나서 앞으로 나아가야 한다. 시간이 지나면 우리의 원초적 본능은 전통적인 지혜로 대체되고 그런 전통적인 지혜에 따라 우리는 대비책들을 세운다. '혹시 모르니까'라는 말이 우리 뇌에서 메아리가 되어 무한 재생된다. 대담한 행동에 나서야 할 때 우리는 충동적으로 플랜B를 세우고, 그 플랜B는 우리의 시도에 오히려 찬물을 끼얹는 결과를 낳는다. 달리 말하면 우리는 더 이상 자기 직감을 믿지 않게 된다. 그러나 안전망을 구축하는 행위로 인해 안전망이 필요해지는 것이다. 당신이 성공하지 못할까 봐 걱정하는 사람이라면 당신은 이미 실패했다.

야망에 한계가 없다는 것을 보여주는 살아 있는 증거가 바로 나 자신이다. 내가 가난에서 벗어나기 위해 검정고시를 보려고 고등학교를 중퇴한 이후, 초보 기업가들이 기업가로서의 커리어를 시작하도록 돕는 〈샤크 탱크〉에 출연하기까지 30년이 걸렸다. 그 30년 동안 배운 것이 하나 있다면 그것은 스스로에게 실패라는 선택지를 주는 사람은 결코 승리할 수 없다는 것이다. 대비책을 세우거나 머뭇거리거나 우리 삶의 모든 모퉁이에 숨어 있는 비관론자들에게 굴복해서는 위대함에 도달할 수 없다.

'배를 불태워버린다'는 철학을 실천하지 않았다면 나는 아무것도 성취하지 못했을 것이다. 이제 나는 이 책을 통해 당신도 나와 마찬가지로 '배를 불태워버린다'는 철학을 실천할 수 있도록 그에 필요한 모든 도구와 비법으로 당신을 무장시킬 준비가 되었다.

. . .

　어린 시절 나는 지옥 같은 퀸스의 닭장에서 발버둥 쳐서 간신히 빠져나왔다. 그리고 대학과 로스쿨에 진학했고, 뉴욕 시정 사상 최연소 공보비서실장으로 취임했으며, 끔찍했던 9·11 직후 루돌프 줄리아니Rudolph Giuliani 전 뉴욕시장과 함께 테러 현장 수습 작전을 지휘했다. 그 후 나는 세계무역센터가 있던 자리를 재건하는 프로젝트의 최고운영책임자, NFLNational Football League, 내셔널풋볼리그: 세계 최대 프로 미식축구 리그 뉴욕 제츠New York Jets의 경영 부문 부회장, 마이애미 돌핀스 부구단장을 지냈고, RSE 벤처스를 공동 창립했다.

　나는 늘 내가 사업을 할 것이라고 상상했지만, 내가 처음 세운 어떤 계획에서도 완전히 벗어난 다양한 영역에서 성공했다. 〈샤크 탱크〉 출연, 내 이름을 건 TV 파일럿 프로그램 진행, 실무 전문가로서 하버드 비즈니스스쿨에서 가장 인기 있는 집중 프로그램 강의 공동수업 등은 내가 전혀 예상하지 못한 일들이다. 나는 지난 30년간 현직 미국 대통령을 모두 만났고, 최근에는 프란치스코 교황을 직접 만나서 우리 두 사람 모두가 믿는 인권에 관해 이야기를 나눴다.

　그러나 나 또한 남들 못지않게 크고 작은 실패를 경험했다. 애초에 나는 2020년 가을 뉴욕 증권거래소 연단에 서서 거래소 천장에 걸린 선명한 오렌지색 배너를 바라봤던 승리의 순간을 전하면서 이 책을 시작하려고 했다. 그 배너에는 국제적으로 혼란스러운 정세 속에서 내가 탄생시킨 새 공개기업의 로고가 그려져 있었다. 나는 옴니채널 애퀴지션 코퍼레이션Omnichannel Acquisition Corp.을 설립하기 위해 2억 600만 달러의 투자금을 모았다. 회사의 미션은 특히 디지털 세계에 대한 의존도가 높고 잠재력이 넘쳐나는 소매기업을 찾아 인수해서 훨씬 더 크게 성공시키는 것이었다. 나는 소매업 거물을 이사진으로 영입하고, 그 자리에 서기까지 몇 달 동안 밤낮을 가리지 않고 일했다. 게다가 내가 진행 중인 다른 책임들을 이행하는 동시에 예상치 못한 일련의 스트레스 요인들도 견뎌내야 했다. 내가 뉴욕 증권거래소에서 종을 울리는 장면은 CNBC를 통해 생중계되었다. 그런데 다음 날 나는 코로나 19에 감염되었고, 백신이 개발될 거라는 희망조차 없었던 시기에 폐렴까지 진행되었다.

그로부터 1년 반이 지난 뒤, 많은 노력 끝에 아주 멋지게 성장시킨 킨 인슈어런스Kin Insurance라는 회사를 상장하기 직전에 상장이 무산되었다. 나는 경제 상황을 탓했다. 인플레이션이 심화되고 있었고, 고성장 주식들이 추락 중이었으며, 킨 인슈어런스의 최대 경쟁자(이자 비교 대상)가 완전히 망하면서 보험테크 공간 전체에 검은 구름이 드리워졌다. 어쨌거나 나는 실패했다.

내 상처를 핥으면서 성공이 보장된 안전한 프로젝트에 전념하기로 결정할 수도 있었다. 그러나 나는 판돈을 2배로 키웠다. 〈샤크 탱크〉를 과거로 떠나보내고 내 이름을 건 쇼와 메타버스metaverse 펀드를 시작하고, 이 책을 쓰는 일에 내 운을 걸어보기로 했다. 내 철학이 킨 인슈어런스 상장 실패 경험이 나를 더 좋은 길로 안내할 것이라고 믿게 했다. 그래서 나는 더 많은 자유를 찾아 계속 앞으로 나아갔다. 돌핀스 부단장직을 내려놓았고, 몇몇 회사의 이사진에서 사임했다. 계속해서 배를 불태워버린 덕분에 더 큰 보상을 찾아 나설 기회를 얻었다.

이것은 단순히 나만의 이야기가 아니다. 이것은 모두의 이야기, 모두의 역사다. '배를 불태워버린다'는 성공전략은 구약성서로 거슬러 올라간다. 랍비 나프탈리 호프^{Naphtali Hoff}는 이렇게 썼다. '고대에 이스라엘 군대는 적의 도시 3면만을 봉쇄해서 적이 탈출할 수 있는 여지를 남겨뒀다. … 그들은 적이 탈출로가 있다는 것을 아는 한 목숨을 걸고 전력을 다해 싸우지 않으리라는 것을 이해하고 있었다.'[1]

중국의 위대한 장군이자 군사전략가, 저술가, 철학자이기도 했던 손자孫子도 같은 말을 했다. 군사전략의 고전이 된《손자병법》에 따르면 '군대의 지휘관은 … 자신의 병사들을 적군 영토 깊숙이 데리고 간다. 그곳에 도착해서야 자신의 의중을 드러낸다. 그는 배를 불태워버리고 요리용 솥들을 부순다.'[2] 병사들이 되돌아갈 방법을 없앤 것이다. 이제 그들이 허기를 채울 길은 오직 적군의 음식뿐이다.

그로부터 5세기 뒤에 율리우스 카이사르^{Julius Caesar}는 군대를 이끌고 로마에서 출발해 영국 정복을 꿈꾸며 아일랜드 해안에 당도했다. 배가 해안에 닿을 무렵 카이사르와 그의 병사들은 자신들이 수적으로 엄청난 열세에 놓여 있다는 것을 알게 되었다. 그것만으로도 배를 돌릴 충분한 이유가 되었다. 그러나 카이사르는 목적을 완수하고 싶었다. 그래서 아군은 물론 적군에게도 탈출 전략이 없다는 사실을 확실하게 알리고 싶었다. 이것은 승리 아니면 죽음뿐인 전투여야 했다. "배를 불태워버려라!" 카이사르가 명령을 내렸고, 본국으로 돌아갈 길은 사라졌다.

가장 최근에는 2022년에 우크라이나가 러시아군에 의해 포위되자 미국이 우크라이나 대통령 볼로디미르 젤렌스키^{Volodymyr Zelensky}에게 도피를 제안한 일이 있다. 자유세계 전체가 우크라이나가 러시아군의 집중 공격을 막아낼 가능성이 없으며, 젤렌스키가 서둘러 키이우를 포기하고 떠나지 않으면 죽음을 맞이할 거라고 판단했다. 그러나 우크라이나 대통령은 SNSsocial networking service, 소셜 네트워크 서비스: 사용자 간의 사회적 관계를 강화해주는 서비스 영상을 통해 미국 대통령 조 바이든Joe Biden의 제안을 공개적으로 거절함으로써 자신이 역사와 심리학 공부를 제대로 했다는 사실을 입증했다. "운송 수단은 필요 없습니다. 제게는 무기가 필요합니다."

젤렌스키는 적군 러시아에, 그리고 세계에 자신은 스스로 탈출로를 없애버렸다는 신호를 보냈다. 그는 배를 불태워버렸고 죽을 때까지 싸울 각오를 다졌다. 그의 저항은 전염성이 강했고, 그 간단한 선언을 통해 그는 자국과 자국민에게(그리고 모든 북대서양조약기구 회원국에) 러시아의 공격에 맞설 수 있는 용기와 희망을 불어넣었다.

뉴욕 제츠의 감성적인 수석코치 렉스 라이언Rex Ryan이 선수들의 깊숙한 내면에서 잠자는 무언가를 깨우기 위해 불과 유황을 가져왔을 때 나는 그들과 함께 피츠버그의 한 호텔에 있었다. 2010-2011 시즌 플레이오프에 진출한다는 희망은 두 경기 연속으로 패배하면서 금세 사라졌다. 벌겋게 달아오른 그의 얼굴에서 늘어진 턱살이 그가 갈라진 목소리로 단어를 내뱉을 때마다 흔들렸다. 렉스는 팀에게 스페인 정복자 에르난 코르테스Hernán Cortés의 전설을 들려주었다. 1519년 아스테카왕국 정복에 나선 코르테스는 수적으로 밀리자 병사들에게 배를 불태워버리게 해서 고국으로 돌아갈 방법을 없앴다. 〈뉴욕 타임스New York Times〉 기사에 따르면 "'그들은 배를 불태워버렸습니다!' (렉스가) 외쳤다. "저는 고작해야 여러분에게 7주만 달라고 요청하고 있어요!'"3

'아드레날린으로 충전한 제츠 선수들이 연회장에서 우르르 쏟아져 나왔다. 나중에 몇몇은 그날 밤 잠이 오지 않았다고 말했다. 그 기세를 몰아 제츠는 피츠버그 스틸러스Pittsburgh Steelers에 승리를 거뒀다. 그것이 그 시즌을 대표하는 승리가 되었다.'

나는 흥분을 감추지 못했다. 나는 진심으로 배를 불태우라는 비유가 선수들의 내면에 잠자고 있던, 그들 자신이 지니고 있는지조차 몰랐던 한 차원 높은 노력 상자를 열었다고 믿는다. 이후 그 기사의 인용문은 내 머릿속에 박혔고, 그것이 내가 비록 말로는 표현하지 못했지만 아주 오래전부터 내 길잡이가 된 철학임을 알 수 있었다.

나는 손자나 카이사르처럼 전쟁에 참전한 적도 없고 젤렌스키처럼, 말 그대로 포위당한 상태에서 악으로부터 민주주의를 수호한 적도 없다. 그러나 내 삶의 여정은 때때로 정말 전쟁처럼 느껴졌다. 단순히 내가 가난하게 자랐기 때문이 아니다. 나는 희망 없이 자랐다. 네 아들을 키워야 했던 어머니는 심각하게 아팠고, 내가 26살밖에 안 되었을 때 마침내 병에 무릎 꿇을 때까지 내 눈앞에서 천천히 죽어갔다. 우리 동네의 많은 아이들처럼 되기는 너무나 쉬웠다. 마약을 하거나, 감옥에 가거나, 아무것도 하지 않을 수도 있었다. 죽은 아이들도 많았다. 내 재능은 내가 그것과는 다른 길을 봤다는 것이다. 그리고 그 길로 갔다.

어려운 가정 형편에 시달리는 고등학생이었던 내가 구원의 손길은 결코 오지 않는다는 사실을 이해한 덕분에 지금까지 살면서 이룬 모든 것이 가능했다고 생각한다. 나는 인생을 단 한 번만 살 수 있었고, 누군가가 내게 길을 보여줄 기미도 보이지 않았다.

나는 내가 투자하는 모든 회사에서, 그리고 내가 아는 모든 성공한 사람에게서 이와 똑같은 패턴을 발견한다. 그들은 모든 것이 자신에게 달려 있다는 것을 이해한다. 다른 사람이 무엇을 하는지, 심지어 다른 사람이 무슨 생각을 하는지는 중요하지 않다. 이 책 전반에 걸쳐 나는 직감을 믿고 그에 따라 행동하는 것이 얼마나 중요한지에 관해 이야기할 것이다. 나는 서둘러서 꿈이 꺾이는 경우보다 망설여서 꿈이 꺾이는 경우를 훨씬 더 많이 봤다. 당신이 망설일 때, 당신이 대비책을 세울 때, 당신이 당신의 집중력을 당신의 목표 추구와 당신에게 필요하다고 생각하는 안전망 구축 양쪽으로 분산시킬 때 나는 묻고 싶다.

당신은 도대체 무엇을 기다리고 있는가?

...

과학이 이를 입증한다. 과학적 연구 결과에 따르면 플랜B가 우리가 성공으로 향하는 길로 나아가지 못하도록 발목을 붙든다. 다양한 선택지가 오히려 우리를 마비시킨다.

그것이 옳은 수인지, 지금이 적당한 때인지 확신하지 못해도 괜찮다. 당신의 기발한 아이디어가 주변 사람들에게는 당연하고 시시한 아이디어일 것이라는 생각이 들어도 괜찮다. 그러나 그런 의구심을 근거로 움직이면, 단언컨대 당신은 스스로에게 장애물이 될 뿐이다. 큰 성공을 꿈꾼다면 증거들이 충분히 모이기 전에, 직관과 데이터 사이의 틈새 공간에서 기회를 잡아서 행동할 수 있도록 정신 수련을 해야 한다. 자신 있게 배를 불태워버리는 법과 그것이 무엇이든 간에 당신이 꼭 붙들고 놓지 못하는 백해무익한 플랜B에 성냥불을 붙이는 법을 익힘으로써 당신은 통찰과 행동 사이의 거리를 벌리는 시간 지연을 잘라내고, 엄청난 보상을 수확할 것이다.

. . .

이 책에서는 '배를 불태워버린다' 철학을 물속으로 뛰어들어라 (1부), 돌아갈 수 없다 (2부), 배를 더 많이 만들어라 (3부)의 세 부분으로 나눠서 설명한다. 각 장의 내용은 내 경험, 나와 함께 일한 회사들, 연구 자료로 뒷받침되며, 선구자들이라면 본능적으로 아는 원칙들을 다룬다.

이 책을 다 읽을 무렵에는 당신에게 예비된 삶을 살지 못하도록 가로막는 장벽을 무너뜨릴 준비가 되어 있을 것이다. 그리고 무엇보다 세상을 변화시킬 준비가 되어 있을 것이다. 당신이 어디에서 시작하든 시작점은 중요하지 않다. 중요한 것은 당신이 다음에 둘 결정적인 한 수다. 배를 불태워버릴 준비를 하라.

1부

물속으로
뛰어들어라

BURN
THE
BOATS

당신의 직감을
믿으라

    내 이야기를 모르는 사람들은 내가 고등학교 중퇴자라는 말을 들으면 대개 깜짝 놀란다. 고등학교를 중퇴하는 아이들에 대한 우리 사회의 편견 때문이다. 고등학교 중퇴자는 흔히 의지박약의 실패자로 여겨지며, 스스로 자신의 미래 가능성을 잘라버렸다는 소리를 듣곤 한다. 내가 다녔던 고등학교의 청소년상담사 베이커 선생님도 고등학교를 중퇴하는 것은 곧 인생을 포기하는 것이라고 말했다. 선생님은 선한 의도였겠지만, 고등학교 중퇴자라는 낙인이 나를 평생 따라다니게 될 거라고 강조했다.

    선생님은 이해하지 못했다. 실은 아무도 이해하지 못했다. 내가 고등학교 과정을 버텨낼 수 없어서 등 떠밀리듯이 학교를 떠나는 것이 아님을 그들은 알지 못했다. 그것은 내가 정교하게 짠 계획에 따른 것이었으며, 그런 계획이 실천 가능했던 이유는 오로지 내가 미래의 가능성을 보고, 그 미래에 온몸과 마음을 바쳤고, 그래서 귀를 닫아 버렸기 때문이었다. 나는 내 직감을 믿었다.

당시 내 상황을 설명해보겠다. 뉴욕 퀸스의 좁디좁은 임대료 안정화 아파트에서 사는 나와 어머니는 생계가 막막했다. 어린 시절 내 가장 큰 소원은 당장 그날 저녁 끼니를 걱정하지 않을 정도의 돈을 손에 넣는 것이었다. 대부분 비어 있던 우리 집 냉장고가 기억난다. 스팸, 자투리 고깃덩어리, 미국 정부 치즈('미국 농산부가 기부한 미국 치즈'라는 도장이 찍힌 출처를 알 수 없는 2킬로그램짜리 치즈 덩어리는 말 그대로 미국 정부 치즈였다)가 내용물의 전부였다.

우리 집의 추수감사절 의식은 노크 소리로 시작했다. 현관문 밖에는 우리 교구 신부님이 있었다. 내가 아는 한 우리는 신실한 가톨릭교 신자가 아니었다. 성당에 마지막으로 간 게 언제인지 기억도 안 났다. 그래서 가톨릭교 신자냐고 누가 물으면 뭐라고 답해야 할지 알 수 없었다. 그러나 내 최초의 기억들 중 하나는 엄마의 치맛자락을 붙들고서 열린 문틈 사이로 내다보는 것이다. "안녕하세요, 신부님" 하는 어머니의 목소리가 들렸다. 아무 질문도 건네지 않는 신부님의 표정에는 비난의 기색이 전혀 없었다. 그날 그 복도에는 수치심이 없었다. 내가 느낀 것은 오직 사랑이었다. 신부님은 추수감사절 음식을 담은 상자를 건넸다. 그 도움의 손길은 지금까지도 내 안에 머물고 있다.

정말로 힘든 시기였다. 아버지는 내가 아홉 살이 되기도 전에 우리 삶에서 사라졌다. 형들이 세 명이나 있었지만, 다들 집을 떠날 만큼 돈을 모으자마자 사라졌다. 어머니는 명석한 두뇌를 지녔다. 학교를 다니면서 본 그 어떤 책에 나온 그 어떤 글보다 더 훌륭한 글을 쓰는 사람이었지만, 어머니 또한 고등학교 중퇴자였다. 다만 어머니는 당신의 계획이나 의지에 의해서가 아니라 어쩔 수 없이 그만둔 것이었다. 어머니는 우울증에 시달렸고 몸도 좋지 않았다. 어머니의 무릎이 더 이상 어머니의 무게를 감당할 수 없게 되면서 의자에 머무는 시간이 점점 더 늘어났다. 어머니의 체중은 꾸준히 늘어 어느새 180킬로그램에 육박했다. 고등학교 졸업학력 검정고시를 통과한 뒤에는 퀸스 칼리지에서 수업을 듣는 것이 어머니의 삶에서 유일한 한 줄기 빛이었다. 어머니는 그 수업들을 사랑했다. 토요일에는 도시연구 강의에 나를 자주 데리고 갔다. 나도 그 수업들을 사랑했다. 그 수업들은 내게 영감을 줬다. 그러나 영감이 생계를 해결해주지는 않는다.

10살이 된 나는 가계에 보탬이 되고 싶어서 첫 사업을 시작했다. 거리에서 꽃을 팔았고 동네에 벼룩시장이 열리면 근처에 밴을 세워두고 10달러짜리 가죽가방을 팔았다. 그러다 맥도날드에 취직해 테이블에 붙은 껌을 뗐다. 그러나 아직 미성년인 내 시급의 상한선은 5달러였다. 그걸로는 한참 부족했다. 우리에게는 더 많은 돈이 필요했다. 나는 동네 소식지의 광고란을 뒤졌다. '대학생 한정. 시급 9달러.' 나는 대학생이 되기 위해 굳이 18살까지 기다릴 필요가 없다는 사실을 깨달았다. 어른이 누리는 모든 혜택을 2년 일찍 누릴 수 있도록 그 시기를 앞당기면 어떨까? 대학 진학, 시급이 더 높은 일자리, 자유까지도 더 일찍 누릴 수 있다면 얼마나 좋을까?

14살이 되었을 때 나는 전통적인 길이 내게는 적합하지 않다는 사실을 깨달았다. 그래서 마음먹었다. 고등학교를 중퇴하기로. 고등학교 과정을 완주할 수 없다거나 학교에 다니고 싶지 않았기 때문이 아니라, 시궁창과 우울증에서 탈출하고 싶어서였다. 당장 미래로 날아가고 싶은 마음이 너무나 절박했다. 나는 2년 뒤인 16살에 학교를 떠날 계획을 세웠다. 16살은 법적으로 학교 교육을 그만둘 수 있는 가장 어린 나이였다. 나는 어머니의 여정에서 발견한 교육 시스템의 허점을 십분 활용하기로 했다. 고졸 검정고시가 아무리 낙인이 찍힌 길, 최후의 선택이라고 해도 점수만 잘 받으면 고등학교 동기들이 졸업하기 훨씬 전에 대학으로 곧장 뛰어들 수 있을 것이다. 더 높은 시급을 주는 일자리에 지원하고, 나와 어머니가 살아가는 공포물에서 벗어날 가능성으로 향하는 급행열차에 올라탈 수 있을 것이다.

고등학교 1학년이던 어느 날 밤, 대학 입학 준비 오리엔테이션장에 몰래 찾아간 기억이 난다. 나는 용기를 쥐어짜서 최고 대학들 중 몇 곳의 대표에게 말을 걸고 내 계획이 유효할지 확인했다. "실례합니다. 만약 실제로 고등학교를 졸업하지는 못했어도 검정고시를 통과한 사람의 시험 점수가 정말, 정말 높으면 이 대학에 입학할 수 있을까요? 친구 대신 묻는 거예요."

답변은 언제나 똑같은 외교적인 어조로 전달되었다. 노블레스 오블리주의 자화자찬 잔향과 함께 설교조의 반농담이 따라왔다. "가능은 하겠죠. 우리는 두 번째 기회를 주는 것에 열린 마음을 가지고 있으니까요, 젊은이."

도대체 내가 뭘 계획하고 있는지 이해한 사람이 과연 있었을까? 천만의 말씀이다. 내 친구들도, 선생님들도, 어머니도 이해하지 못했다. 그러나 2년 동안 나는 그 로드맵에 매달렸다. 나는 직감적으로 모든 과목에서 F학점을 받아야 한다는 것을 알았다. 그저 그런 성적을 받으면서 학점을 이수하면 고등학교에 남아서 성적을 만회해야 한다는 부담을 느끼게 될 것이고, 상담사들의 무의미한 개입이 계속될 것이다. 완전하고 완벽하게 그 길을 지워버려야 했다.

나는 9학년미국 고교 1학년으로, 우리나라의 중3에 해당하는 학년을 낙제했다. 연속으로 두 번. 그렇게 2년을 유급했다. 내내 같은 교실에 출석한 나는 나와는 매우 다른 삶을 선택해서 벨트에 삐삐를 찬 마약 거래상들에 둘러싸여 있었다. 각자의 동기가 무엇이든 우리는 마치 버려진 장난감들처럼 모두 똑같은 섬에 버려졌다. 가끔은 동네 샌드위치 가게에서 야간 근무를 했고, 그런 날은 느지막이 일어나서 CNN에서 방송되는 노먼 슈워츠코프Norman Schwarzkopf 장군의 걸프 전쟁 브리핑을 시청한 다음 오후에 어슬렁어슬렁 집을 나서서 무단결석한 학생을 잡는 경비의 눈을 피해 학교 건물로 들어갔다. 나는 타자 수업 외의 수업은 학점을 이수하지 않았다. (타자는 익히면 유용한 기술일 것 같았다. 현재도 내 타자 속도는 분당 90단어 이상이다.)

내 비전을 실현하는 것 이외의 모든 것은 구제 불가능할 정도로 망쳤다. 나는 위기를 자초했다. 그러나 계획을 세우는 것과 그 계획을 실천하는 것은 별개의 문제다. 실제로 고등학교를 떠나야 하는 날이 왔을 때 나는 철저한 패배자가 된 것 같았다. 고개를 푹 숙인 채 각 과목의 선생님을 찾아가 교과서를 반납한 나는 학교 버전의 불명예의 전당에 헌정되었다. 로젠탈 선생님의 과학 교실로 조용히 들어가 한 번도 펼쳐보지 않은 교과서를 건넸다. "히긴스, 정말 재능이 아깝다." 선생님이 말했다. 목소리에서 경멸이 뚝뚝 묻어났다. 선생님은 교실을 가득 채운 학생들에서 시선을 떼지 않았다. "맥도날드에서나 보겠구나."

내 혈통은 거의 아일랜드계다. 그래서 부끄러우면 얼굴이 토마토처럼 새빨개져서 온 세상이 다 알게 된다. 큰 소리로 웃어대는 35명의 10대 학생들을 뒤로하고 슬그머니 교실 문을 나서는데, 열이 너무 올라서 기절할 것만 같았다. 그러나 손잡이에 손을 얹었을 때 갑자기 용기가 치솟아서 이렇게 내뱉었다. "맥도날드에서 절 보신다면 그건 제가 점주이기 때문일 거예요."

고등학교에서 내가 마지막으로 들은 말은 "오, 날카로운 반격!"과 "로젠탈 선생님, 재반격 안 하시나요?"였다. 감옥의 철문을 박차고 나온 나는 이른바 자유를 향해 나아갔다. 그리고 마지막으로 카르도조 고등학교 계단에 앉아 말보로 담배에 불을 붙이면서 생각했다. '큰일 났네, 로젠탈 선생님 말이 맞을지도 몰라.'

• • •

내 미친 수는 결과적으로 통했다. 두 달 뒤 나는 고졸 검정고시를 높은 점수로 통과했고, 그해 여름이 끝나기 전에 퀸스 칼리지에 합격했다. 그리고 게리 애커먼Gary Ackerman 하원의원의 선거캠프에 합류해 시간당 9달러를 벌기 시작했다.

내가 솜털이 아직 보송보송한 얼굴로 하원의원의 임시 선거운동본부에 나타났을 때 캠프 측은 내가 대학생이라는 증명을 요구했다. 나는 대학생 학자금대출 약속어음을 제시했고, 그들은 나를 채용했다. 퀸스 칼리지에서는 토론팀 리더가 되었고, 학생회 회장 선거에 출마했다. 학보

사와 진행한 인터뷰에서는 고등학교 과정이 "너무 쉬워서 지루했기 때문에" 학교를 떠났다고 말했다. 그게 당시 내가 사람들에게 들려준 이야기였다. 애커먼 하원의원의 사무실에서 일한 뒤에는 당시 뉴욕시장이었던 줄리아니의 공보실 조사원으로 취직했다. 그 뒤로는 모든 것이 순조로웠다.

이 책을 쓰려고 앉으면서 내 이야기를 어떻게 들려줘야 할지 고민했다. 배를 불태워버리는 것이 진정 다른 사람들에게도 합리적인 전략인지, 아니면 특수한 구조적 이점을 타고난 운 좋은 사람들에게만 합리적인 전략인지 말이다. 그렇다, 나는 가난한 집에서 자랐다. 휠체어에 의지하는 병든 어머니도 돌봐야 했다. 반면에 나는 사회가 여전히 백인 남성에게 부여하는 특권을 누렸다. 그래서 이 책에는 나와는 다른 외모, 다른 배경을 지닌 기업가들의 이야기도 나온다. 내 이야기와는 여러모로 비슷하면서도 다른 그들의 이야기들을 들으면서 나는 어디에서 시작하든 결국 답은 같다는 사실을 깨달았다. 주어진 패에 따라 더 길거나 힘든 여정이 될지언정 그 여정을 끝까지 완주하고 자신의 잠재력을 최대한 발휘하려면 모든 것을 쏟는 수밖에 없다. 당신의 직감을 믿고 행동해야 한다.

우리는 모두 내면 깊숙이 자신에게 어떤 능력이 있는지 안다. 우리는 모두 자신의 미래가 어떤 모습일지 그릴 수 있다. 다른 사람은 그 미래가 가능하다고 인정하지 않아도 상관없다. 우리는 너무나 자주 전통적인 지혜와 외부의 압력에 의해 길에서 이탈한다. 우리의 직감을 구체적으로 설명할 정도로 나이가 들면 우리는 그 직감을 무시하고 대신 우리를 지배하는 제도와 돈을 받고 지식을 전해주는 사람들의 말을 우선시

24

하게 된다. '전자레인지에 알루미늄 포일을 넣고 돌리지 마세요!' 같은 다른 사람의 조언이 우리를 재앙으로부터 구할지도 모른다. 그러나 그런 조언은 또한 우리가 자신의 고유한 재능을 활용하지 못하도록 막기도 한다.

세상이 당신에게 시키는 일과 당신의 직감이 어긋날 때 망설이지 말라는 것이 이 책 전체를 통해 하고자 하는 말이다. 자신의 잠재력을 해제하는 열쇠는 당신이 가진 최고의 비교우위를 적극적으로 받아들이는 것이다. 당신 삶의 이야기를 온전히 아는 사람은 오직 당신뿐이다. 당신은 이 세상에서 오직 당신만이 최고 전문가일 수밖에 없는 단독 주제다. 다른 누구보다도 먼저 당신이 당신의 길을 보게 될 수밖에 없다.

달리 말하면, 당신이 스스로를 믿지 않으면 당신은 특별해질 기회를 놓치게 된다.

랠프 월도 에머슨Ralph Waldo Emerson이 1841년에 쓴 에세이 《자기 신뢰Self-Reliance》(내가 영감을 얻기 위해 반복해서 읽는 작품이다)에서 말했듯이 '인간은 자기 내면을 반짝거리며 가로지르는 빛줄기를 발견하고 관찰하는 법을 배워야 한다. 음유시인과 현자라는 창공을 수놓은 화려한 불빛보다는 자기 내면을 가로지르는 빛줄기가 더 중요하다. 그런데 사람들은 자신에게서 나왔다는 이유만으로 자기 생각에는 주의를 기울이지 않은 채 무시해버린다.'1

자기 생각에 귀를 기울이는 것이 당신의 미래를 찾는 첫걸음이다. 당신이 그 미래에 도달하도록 돕는 네 가지 원칙이 있다.

첫째, 운명은 비전에서 시작한다

내게는 그 비전이 자유였다. 나는 고등학생이라는 이유로 맞닥뜨리
게 되는 제약들에서 벗어나기 위해 뭐라도 해야 했다. 당신에게는 그 비
전이 다른 것일 수 있다. 그러나 그것이 무엇이든 비전이 있어야만 한
다. 자신이 규정하지 않은 목표를 달성할 수는 없기 때문이다. 어디로
가고 싶은지 알아야만 한다. 그래야 그곳에 도달하기 위한 계획을 세울
수 있다. 최고의 꿈은 당신 내면 깊숙한 곳에서 나온 꿈이다. 그곳에서
는 당신의 야망이 당신만의 고유한 세계관, 당신의 재능과 기량, 당신의
영혼과 불가분하게 연결되어 있다.

프레디 해럴Freddie Harrel은 자신 같은 흑인 여성을 위한 새로운 현실
을 꿈꿨다. 그녀는 헤어스타일로 자기표현을 하기 위해 시간이 오래 걸
리고 돈이 많이 들고 수치스러운 감정을 불러일으키는 경험을 견뎌내
야 하는 현실을 바꾸고 싶었다. 전 세계의 흑인 여성을 대상으로 한 붙
임머리 시장의 규모는 70억 달러에 달한다. 프레디 해럴은 붙임머리가
쉽고, 재밌는 것이기를 바랐지만 가짜 머리카락은 그런 것과는 거리가
멀었다. 프레디는 가발을 쓰는 여성들이 부끄러움을 느껴야 한다는 것
이 몹시 싫었다. '가발'이라는 단어에도 부정적인 의미가 따라다니는 것
같았다. 프레디와 그녀의 친구들은 품질이 보장되지 않는 상품, 자기 머
리카락 질감에 어울리지 않는 머리카락을 파는 미용용품 가게가 자신
들의 유일한 선택지라는 사실이 지긋지긋했다.

그래서 프레디는 200만 달러가 넘는 자금을 모아서 미용 스타트업 래

드스완RadSwan을 설립해 흑인 여성을 위한 헤어용품 시장을 변화시키고, 감사와 주체성을 중심으로 공동체를 만들어나가고 있다. 프레디는 내게 말했다. "전 세계의 흑인 여성들에게 머리카락은 우리가 누구인지, 우리가 어디에 있는지를 아주 잘 전달할 수 있는 매체예요. 또 하나의 언어인 셈이죠." 게다가 경쟁 브랜드들은 그 사실을 전혀 알아채지 못했다. 오직 프레디만이 그 사실을 봤다.

또 다른 사례도 있다. 내 친구 브라이언 체스키Brian Chesky는 누군가에게 손님방, 빈 소파, 심지어 달랑 에어 매트리스 하나라도 있다면, 그 사람이 추가 소득을 올릴 수 있도록 돕겠다는 꿈을 꿨고, 그 꿈을 바탕으로 2007년에 에어비앤비airbnb 사업을 구상했다. 그로부터 1년 뒤 웹사이트 '테크크런치TechCrunch'는 에어비앤비를 다룬 기획기사에서 그 사업모형이 즉각 실패할 것이라고 예측했다. '이것이 주류 사업모형이 될 리도 없지만, 그렇게 된다고 해도 모든 것이 곧바로 무너질 것이다.'[2] 다시 그로부터 10여 년 뒤로 건너뛰어 보자. 2020년 12월 진행된 IPOinitial public offering, 기업공개를 통해 에어비앤비는 470억 달러의 기업가치를 인정받았다. 우리 회사 RSE 벤처스도 초창기에 에어비앤비에 투자할 기회가 있었지만, 투자하지 않기로 결정했다. 잠재적인 규제상의 난관들에 지나치게 초점을 맞춘 탓이었다. 나는 브라이언이 그런 난관들을 극복하리라는 내 직감을 신뢰하지 않았다. 엄청난 실수였다. 이 사례는 행동하고 실패했을 때보다 행동하지 않았을 때 훨씬 더 큰 대가를 치를 수 있다는 것을 보여준다.

RSE 벤처스의 내 파트너 스티븐 로스는 부동산개발업자이자 마이애미 돌핀스의 구단주로, 〈포브스Forbes〉 억만장자 인덱스에 267번으로 등록되어 있고 그의 자산은 116억 달러로 추정된다. 스티븐도 제삼자가 보기에는 터무니없는 꿈을 꿨다. 맨해튼의 허드슨 야드는 옛 철도 노선이 지나가던 땅이었다. 거의 50년 동안 뉴욕 풍경의 폐허, 맨해튼 웨스트사이드의 눈엣가시였다.4 여러 시장과 주지사들이 재개발 프로젝트를 계속 제안했지만 매번 실패했다. 예산이 부족한 데다 사람들을 충분히 끌어들이기에는 지하철역과 너무 멀리 떨어져 있는 황무지 같은 곳에 투자를 받기도 힘들었기 때문이다. 나도 그 지역과 개인적인 인연이 있다. 뉴욕 제츠가 바로 그 허드슨 야드 부지에 새 미식축구장을 건설하려고 할 때 나를 그 프로젝트에 고용했다. 그 프로젝트는 망했다. 님비NIMBY, not in my backyard, 우리 집 뒷마당에는 안 된다: 특정 공공시설의 필요성은 인정하지만 자신의 주거 지역에는 안 된다고 반대하는 행동 현상의 희생양이었다. 그 부지에 양키스 야구장, 거듭 실패한 올림픽 유치를 위한 경기장, 사무용 빌딩을 건설하려는 여러 시도들과 마찬가지 운명을 맞이했다. 사무용 빌딩 건설 계획은 2008년 금융위기로 인해 흐지부지되었다.

스티븐은 아무도 보지 못한 것을 봤다. 밑바닥부터 완전히 새로운 동네를 건설할 수 있는 기회의 땅을 봤다. 오피스 빌딩, 공연장, 콘도, 상점, 식당, 공공 광장, 그리고 미지의 땅으로 사람들을 끌어들이는 자석 역할을 할 높이 솟은 공공 예술작품까지, 다목적 부지 개발의 가능성을 봤다. 허드슨 야드 개발 프로젝트는 1939년 록펠러센터 건축 이래 가장 큰 규모의 부동산 개발 프로젝트가 되었다. 총 200억 달러짜리 대형 프로젝트가 진행될 수 있었던 이유는 스티븐 로스가 까다로운 협상을 추진하고, 운행 중인 지하철 노선 위에 건축해야 하는 복잡한 공학적 난제를 해결하고, 프로젝트 전체를 백지화할 뻔한 금융 위기와 팬데믹을 버텨내는 거의 불가능에 가까운 일을 전부 해냈기 때문이다.5 스티븐 로스의 선명한 비전이 그 프로젝트를 성공으로 이끌었다.

이 책 전반에 걸쳐서 우리는 영감을 주는 온갖 이야기들을 접할 것이다. 지구상의 모든 사람에게 쿠키를 구워주겠다는 크리스티나 토시Christina Tosi의 꿈, 성적 학대를 당한 어린 시절의 트라우마에서 수백만 명의 삶을 향상시킬 방법을 찾은 로런 북Lauren Book의 능력. (과거 테크 분야를 지배한 '브로bro' 문화남성 우월주의가 밑바탕에 깔린 젊은 백인 남성들의 또래문화에 맞서서) 메타버스를 대중화하는 미디어기업 설립에 나선 로리 시걸Laurie Se-gall의 미션은 그중 일부에 불과하다. 개인의 경험에서 비롯된 내재적 동기는 우리의 가장 귀중한 자산이다. 어떤 비전이 칠흑 같은 한밤중에 우리 앞에 모습을 드러냈다면, 동틀 무렵에는 우리가 그 비전을 추구할 수 있다는 뜻이다. 그러나 이를 위해서는 먼저 스스로에게 그런 비전을 보는 것을, 그 비전을 실행에 옮기는 것을 허락해야 한다.

29살인 아비 라메시Abhi Ramesh는 미스피츠 마켓Misfits Market의 설립자다. 미스피츠 마켓은 미국 전역의 사람들에게 할인된 가격에 식료품을 배송해줌으로써 사람들이 생활비를 아끼고 음식 쓰레기를 줄이도록 돕고 있다. 이 기업은 3억 달러가 넘는 투자금을 확보했고, 기업가치는 수십억 달러로 추정된다.6 아비는 여자 친구와 농장에 사과를 따러 갔다가 땅에 떨어진 아주 조금 상한 사과를 보면서 놀라운 통찰을 얻었다. 농부로부터 슈퍼마켓이 그런 과실을 받지 않는다는 말을 들은 그는 조금 상하기는 했어도 충분히 먹을 만한 괜찮은 사과들이 쓰레기 취급을 받아야 하는지 이해되지 않았다. 이 통찰의 탄생은 곱씹어볼 가치가 있다. 왜냐하면 축적된 경험이 얼마나 중요한지 보여주기 때문이다.

"내 삶을 관통하는 한 가지 테마가 있다면 그것은 다른 사람들이 보지 않는 곳에서 가치를 찾는 것입니다." 아비가 내게 말했다. 고등학교 시절 그는 친구들이 학년이 끝나자 교과서를 버리는 것을 봤다. 그들에게는 필요 없는 물건이 되었기 때문이다. 아비는 그 교과서들을 사들였다 (1달러당 30센트를 쳐줬다). 그리고 아마존Amazon에서 되팔았다(1달러당 60센트를 받았다). 투자금의 2배를 회수한 것이다. 와튼스쿨에서 학위를 받은 뒤에는 부실채권을 취급하는 헤지펀드에서 일했다. 그곳에서 그는 경제적 어려움에 빠진 민간업체들 사이에서 보석들을 채굴했다. "숨은 가치를 찾는 것은 내 DNA에 새겨져 있다"고 아비는 말한다. 그래서 땅에 떨어진 사과를 봤을 때 그는 그것을 자본화할 준비가 되어 있었다. 자신이 찾을 수 있는 모든 곳에서 가치를 발굴하겠다는 목표를 향해 나아가는 그의 여정이라는 큰 그림에 그 아이디어는 잘 들어맞는 조각이었다.

. . .

아비는 자신의 목표를 잘 이해하고 있었다. 그래서 자신의 비전을 받아들이는 데 큰 결단이 필요하지 않았다. 당신의 비전이 당신 앞에 모습을 드러냈을 때 당신은 그 비전을 아비처럼 명쾌하게 알아볼 수 있는가? 내가 가르치는 하버드 비즈니스스쿨의 학생들은 내게 자신이 어느 사모펀드에 지원해야 할지, 어느 컨설팅기업에 취업해야 좋을지를 묻는다. 그러면 나는 그들에게 잠시 한 걸음 물러서라는 말로 조언을 시작한다.

"당신이 무엇이 되고 싶은지는 궁금하지 않습니다. 당신이 어떤 사람이 되고 싶은지 말해주세요."

그런 실존주의적 질문이 우리 삶을 움직이는 진정한 동력이어야 한다. 아비는 숨은 가치를 찾는 것이 자신의 동기라고 말한다. 나의 지상 과제는 더 많은 자유를 확보해서 간섭받지 않고 행동할 수 있는 역량을 키우는 것이다. 이는 그것이 내게 없었던 시기에 생겨난 욕구다. 당신의 동기는 무엇인가?

그런 깊숙한 동기를 표면으로 끌어올리기 위해서는 어렵지만 매우 중요한 질문들을 스스로에게 해야 한다.

- 나를 내가 존경하고 존중할 수 있는 사람으로 만드는 특징은 무엇인가?
- 무에서 유를 창조하는 일을 하면서 살고 싶은가, 아니면 내가 아닌 다른 사람의 비전을 실현하는 일을 하면서 살고 싶은가?
- 나는 불확실한 미래라는 위험을 감수할 수 있는 사람인가, 아니면 능력을 발휘하기 위해 예측 가능성이 필요한 사람인가?
- 생각하는 게 좋은가, 아니면 행동하는 게 좋은가?
- 다른 사람과 상호작용하면서 힘을 얻는가, 아니면 기가 빨리는가?
- 내가 가장 행복한 때는 언제였는가? 그런 행복을 다시 느끼려면 무엇이 필요한가?
- 내 묘비에 뭐라고 쓰이기를 바라는가?

이런 질문에 구체적인 답을 내놓는 것이 아이디어에 관해 생각하는 것보다 중요하지는 않다. 그러나 나는 목표 없이 방황하는 대다수 사람들이 그렇게 느끼는 이유는 그들이 여정의 출발점에서 내면 성찰 단계를 건너뛰었기 때문이라고 생각한다. 목적지에 도달하더라도 그들은 길을 잃은 느낌이 든다. 왜냐하면 애초에 잘못된 항해에 나섰기 때문이다. 우리는 자기 자신과 일대일로 마주하면서 자신의 비전을 보는 시간을 가져야 한다.

그다음에는 우리가 보는 것을 믿어야 한다.

둘째, 데이터는 부차적인 것이다

스튜어트 란데스버그Stuart Landesberg에게는 소비자로 하여금 자신이 지지하는 가치를 지키는 삶을 살아갈 수 있게 도와주는 소비재 기업이라는 비전이 있었다. 그는 환경보호를 지지하는 사람들을 정말로 많이 알고 있었고, 그럼에도 불구하고 우리 모두가 매일매일 써야 하는 필수재 구매 결정은 편의성에 의해 좌우된다는 것도 알았다. 거의 모든 사람에게는 가장 흔하고 구하기 쉬운 브랜드가 기본 구매 설정이었다. 그리고 대개 그런 브랜드는 지구의 입장에서는 최선의 선택이 아니었다. 스튜어트는 비누, 화장지, 세탁세제 등 누구나 사용하는 소비재 시장에 지속 가능하고 더 건강하며, 일회용 플라스틱으로 포장하지 않은 제품을 내놓는 데 초점을 맞춘 회사가 필요하다고 생각했다. 그는 다니던 사모펀드에 사직서를 내고 이 미션을 실현하는 일에 전념했다. 그러나 1년 반이 넘는 시간 동안 175번의 투자금 모금 미팅을 가졌지만 175번 모두 퇴짜를 맞았다. 그가 보는 것을 보는 투자자가 단 한 명도 없었다. 보통 사람이 그렇게 수도 없이 거절당했다면 시장이 벤처캐피탈 업계를 통해 메시지를 전달했다고 결론 내렸을 것이다. 그것도 아주 크고 또렷한 목소리로, '아무도 그로브 조합Grove Collaborative을 원하지 않는다'는 메시지를. 그로브 조합은 스튜어트가 직접 고른 이름이었다. 그러나 스튜어트는 자신의 사업에 맞는, 의식이 깨어 있는 투자자를 아직 만나지 못한 것뿐이라고 믿었다. 그는 모든 사람이 자신이 보는 것을 볼 수 있는 것은 아니라는 사실을 이해했다. 자신이 그것을 현실로 만들어서 더 이상 못 본 척할 수 없을 때까지는 말이다. 다만 그에게는 한 사람이 꼭 필요했다. 자신의 비전을 볼 수 있는 단 한 명의 투자자, 아니면 적어도 스튜어트가 올바른 비전을 본다는 것을 믿고서 그로 하여금 스스로를 증명할 기회를 줄 한 명의 투자자가 필요했다.

스튜어트는 제이컵 리스Jacob Riis의 시대를 초월하는 조언을 따랐다.

"아무것도 도움이 되지 않을 때면, 나는 석공의 작업장을 찾아가 그가 돌을 쪼는 모습을 지켜봤다. 아마도 100번은 망치를 내려쳤을 텐데도 흠집 하나 내지 못한 것처럼 보일 수도 있다. 그런데 101번째 망치질에서 돌이 둘로 쪼개진다. 그리고 나는 그 101번째 망치질로 돌이 갈라진 것이 아니라 앞서 100번의 망치질이 있었기 때문에 그것이 가능했다는 것을 안다."7

스튜어트는 대다수 기업가들이 부끄러워서 차마 하지 못하는 일을 했다. 그는 사업 제안을 거절한 투자자 중 한 명인 불펜 캐피탈Bullpen Capital의 폴 마르티노Paul Martino를 다시 찾아가 또 한 번 제안했다. "나는 그의 마음이 거의 기울었다는 것을 알았어요." 스튜어트가 내게 말했다. "마르티노는 투자하길 원했어요. 하지만 그의 동료들이 막고 있었죠. 적어도 그런 것 같았어요. 나는 폴에게 말했어요. '당신과 일하고 싶습니다. 이미 내 제안을 거절했다는 걸 압니다. 하지만 제안을 수락하게 만들 만한 가격이 분명히 있을 겁니다.'"

마르티노는 자신이 원하는 가격을 들고 협상테이블로 돌아왔고, 그것은 스튜어트가 받아들일 수 있는 조건이었다. 스튜어트의 말에 따르면 "불펜과 우리 회사 모두에 공정한 가격"이었다. 그렇게 175번 거절을 당한 후에 스튜어트는 투자자를 찾는 데 성공했다.

5년이 지난 지금, 스튜어트는 지속 가능성 사회운동의 영웅이 되었다. 불펜은 스튜어트가 포기하지 않은 것을 매우 기뻐하고 있고, 그로브 조합은 뉴스 헤드라인을 장식하고 있다. 2023년 총매출로 4억 달러를 거둬들일 예정이고, 최근 영국의 억만장자 리처드 브랜슨Richard Branson의 후원을 받으며 주식시장 상장 계획을 발표했으며, 15억 달러의 기업 가치를 인정받았다.

. . .

데이터는 스튜어트에게 포기하라고 말했다. 하지만 스튜어트는 데이터에서 도출된 결론에 동의하지 않았다. 최고의 리더가 데이터와 명확히 다른데도 데이터 기반인 척하는 결정을 내린다면 그것은 그 데이터가 숫자만으로는 정당화할 수 없는 통찰과 직관 사이에 존재하는 데이터라는 뜻이다. 게임 체인저가 될 아이디어에는 너무나 많은 재료가 들어가기 때문에 깔끔한 공식으로 환원할 수가 없다. 스티브 잡스Steve Jobs는 우리가 주머니에 수만 개의 노래를 넣고 다니길 원한다는 것을 알았다. 그것이 기술적으로 불가능했을 때도 말이다. 스티치 픽스Stitch Fix의 설립자 카트리나 레이크Katrina Lake는 그 누구보다도 먼저 패션 구독이 가능하다는 것을 알았다. 그리고 주식시장에 회사를 상장시킨 최연소 여성이 되었다. 제프 베이조스Jeff Bezos는 온라인 서점을 열었다. 그리고 그것이 가능하다는 것을 본 사람이 거의 없을 때 그 서점을 클라우드업체, 식료품점, 자율주행 자동차(아마존은 2020년 자율주행 스타트업 주옥스Zoox를 사들였다) 등 수많은 것들로 탈바꿈시켰다.

그런 결단을 이끌어낸 것은 숫자나 통계가 아니었다. 그런 근거 요소들은 나중에 집결시킬 수 있다. 리더는 증거로 뒷받침된다고 주장하는 자신의 감에 의존한다. 스티브 잡스는 음악 부문에 더 점진적으로 접근할 수도 있었다. 자신의 소니Sony 워크맨 버전에 CD 기능을 강화하는 식으로 말이다. 그러나 음악 팬인 스티브 잡스는 문제에서 시작해 역으로 답을 찾아 나갔다. '수백 곡이 수록된 내 비틀스 컬렉션을 어딜 가든 들고 다닐 방법이 없을까?' 2001년 스티브 잡스는 무대에 올라가 청바지 앞주머니에 손을 넣었다. 그리고 전 세계에 최초로 아이팟iPod을 선보였다.

〈샤크 탱크〉의 동료 심사위원 카트리나 레이크는 수북이 쌓인 선택지들을 뒤져가며 자기 마음에 드는 것을 찾아야만 하는 옷 쇼핑 방식이 많은 소비자에게는 그다지 효과적이지 않다는 것을 본능적으로 알았다. 레이크의 스티치 픽스는 퍼스널쇼퍼를 새롭게 해석해 그것을 단지 부유층만이 아닌 모두의 선택지로 바꾸었다. 레이크는 자신의 아이디어를 온라인 편집 의류업체로 실현시켰고, 현재 매년 거의 20억 달러에 달하는 매출을 올리고 있다. 이후 수없이 많은 '선별 제품 상자 배송' 모방업체들이 생겨났다.

기존 통념에 따르면 제프 베이조스는 세계 최대 서적 유통업자가 된 것에 만족해야 했다. 기존의 통념이란 자기 레인에서 벗어나지 말고 공에서 눈을 떼지 말라는 것이다. 시선과 집중력이 분산되면 성공을 갉아먹게 되기 때문이다. 그러나 베이조스에게는 그가 '첫날Day One'이라고 부른 더 큰 통찰이 있었다. '태양이 지지 않는 회사를 만들면 어떨까? 매일 당신의 삶에 새로운 창구를 열어주는 또 다른 기회를 부여하는 그런 회사를 만들어보자.' 그는 그 통찰을 행동으로 옮겼고, 그로부터 20년 뒤 그는 지구상에서 가장 큰 부자가 되었다. 적어도 상위 부자 다섯 손가락 안에 들어간다. RSE 벤처스는 조다나 키어Jordana Kier와 알렉스 프리드먼Alex Friedman에게 투자했다. 두 사람은 여자들이 자신의 몸에 무엇을 집어넣고 있는지 더 잘 알게 된다면 100퍼센트 유기농 재료를 사용하고 열린 문화와 낙인 타파에 헌신하는 여성 위생용품 기업의 제품 구매에 나설 것이라고 본능적으로 느꼈다.

두 사람은 우연히 탐폰 상자 뒷면에 적힌 긴 재료 목록을 봤다. 그 순간 통찰을 얻었다. '포함되어 있을 수 있다'는 표현과 함께 사용자들이 알면 자기 몸에 닿게 하지 않을 성분들의 종합 목록이 추가되어 있었다. 그 목록에는 표백제도 있었다. 그들의 통찰을 뒷받침할 데이터는 어디에도 없었다. 실제로 회의적인 벤처자본가들은 그런 틈새시장은 존재하지 않는다고 주장했다. 여성 위생용품 시장은 P&GProcter & Gamble, 프록터 앤 갬블를 위시한 3대 기업이 지배하고 있었기 때문이다. 게다가 여자들의 제품 선호도가 확고하게 고정된 상태라는 보고서도 있었다. 그러나 그 보고서는 결국 틀린 것으로 판명 났다. 적어도 그 보고서는 불완전했다. 실제로는 아무도 여자들에게 옳은 질문을 던지지 않았기 때문이다.

"대다수 벤처투자자들과 여성 위생용품 브랜드의 리더들은, 예나 지금이나 남자예요." 알렉스가 내게 설명했다. "나는 그게 진짜 문제라는 것을 알았어요. 제가 실제로 겪고 있는 문제였으니까요! 저는 기존 탐폰에 뭐가 들어 있는지 알아낼 수가 없었어요. 그래서 존중받고 있지 않다고 느꼈고요. 제가 같은 브랜드를 계속 쓴 이유는 관성에 의한 것이었고, 딱히 다른 선택지도 없었거든요. 그 브랜드에 대한 충성도가 높아서가 아니었어요. 전 다른 여자들도 저처럼 느끼고 저처럼 행동하고 있다고 짐작했어요. 재료를 투명하게 공개하고 편리하게 쓸 수 있는 생리용품이 제공되기만 한다면, 게다가 제가 공감할 수 있는 브랜드가 있다면, 즉시 그 제품으로 바꾸리라는 것이라는 것을 알았어요. 다른 여자들과 이야기를 나눈 결과 그들도 그렇게 할 거라는 확신을 얻었고요. 우리는 현재 사용하는 위생용품 브랜드에 대해 조용히 불만을 품고 있었던 수백 명의 여자들과 이야기를 나눴어요. 그들의 답변은 우리의 짐작을 확신으로 바꿨어요. 우리는 롤라LOLA를 설립하고 여성들의 피부에 와 닿는 진짜 문제의 해결에 나섰어요."

4년 뒤, 롤라의 제품은 모든 월마트Walmart 지점에 시장 주도 브랜드들과 나란히 진열되었다. 그리고 매일 시장 점유율을 늘려나갔다. 알렉스와 조다나의 직감은 전통적인 시장 참가자들을 움직일 수는 없었다. 데이터는 기존 제품이 대다수 여성들에게 차고 넘치도록 충분하다고 주장했으니까. 그러나 두 설립자는 데이터가 전체 이야기를 보여주지 않는다는 것을 알았다. 그리고 그들과 이야기를 나눈 여자들은 그들의 직감을 뒷받침했고, 알렉스와 조다나에게 계속 밀고 나갈 힘을 줬다. 데이터가 자기망상에 대비한 보험에 불과할 때가 너무나 많다. 데이터는 사업승인의 신호가 되지 못한다(그리고 그래서도 안 된다). 실제로 연구 보고서는 너무나 빈번하게 사람들이 시작하기도 전에 포기할 핑계를 제공하는 결과를 낳는다. 당신의 직감이 당신이 뭔가를 간파했다고 알릴 때 숫자가 당신의 발목을 잡도록 내버려두지 마라. 당신 가슴 깊숙이에서 어딘가에 반드시 존재한다는 확신을 증명해줄 근거를 찾아 계속 나아가기를 두려워해서는 안 된다.

또한 여기에는 더 큰 교훈이 숨어 있다. 그 교훈은 숀 하퍼^{Sean Harper}와 나눈 대화에서 모습을 드러냈다. 숀 하퍼는 킨 인슈어런스의 공동설립자이자 CEO^{chief executive officer, 최고경영자}다. 내가 킨 인슈어런스를 주식시장에 상장시키려고 노력했지만, 결실을 거두지 못하고 결국 무산되었다는 사실은 앞서 이야기했다. 오로지 데이터에 의존하다 보면 스스로를 의심하게 될 여지가 너무나 많다. 데이터가 틀릴 수도 있다. 또는 데이터에 대한 당신의 분석에 결함이 있을 수도 있다. 그래서 당신을 잘못된 방향으로 이끌 수 있다. 그러나 "당신의 감에 따라 행동하면, 본능이 당신에게 말하는 대로만 행동하면, 스스로를 의심할 일이 생기지 않는다"고 숀은 주장한다. "자신의 감정과 논쟁을 벌일 수 있는 사람은 없다. 당신이 어떤 결정을 하든 궁극적으로 그 사실이 당신 마음에 평화를 준다."

조다나와 알렉스는 자신들의 직감을 무시하지 않았다. 두 사람은 그동안 사용해온 위생용품에 불만이 있었다. 다른 여자들도 마찬가지로 불만을 품고 있다는 것을 알았다. 그리고 그들은 완벽하게 옳았다. 우리 대다수는 본능만을 믿고 그대로 밀고 나가지 말라고 스스로를 설득한다. 숀 하퍼와 롤라의 설립자들 같은 승자들은 오히려 그렇게 하라고 적극 추천한다.

셋째, 직감을 믿는 것은 근육을 움직이는 것과 같다

전부를 걸고서 배를 불태워버리는 삶을 살기는 쉽지 않다. 대개는 단하나의 옳은 결정을 내리는 것으로 끝나지 않기 때문이다. 지속적으로 성공하려면 계속 움직이고 선택의 기로에 서야 한다. 〈샤크 탱크〉의 케빈 오리어리Kevin O'Leary, 별칭 미스터 원더풀Mr. Wonderful의 커리어는 교육 소프트웨어 기업을 공동창업하면서 시작되었다. 그는 그 업계에서 성장하고 거물이 될 수도 있었다. 그런데 그는 자신의 경험을 발판 삼아 사모펀드와 벤처캐피탈 분야로 건너뛰었고, 이후 TV에도 출연했다. 처음에는 캐나다 TV에(캐나다의 〈샤크 탱크〉 격인 〈드래건의 덴Dragon's Den〉), 그다음에는 미국 TV에. 케빈은 여러 업계를 아우르는 제국을 세웠고, 자신의 유명세를 이용해 캐나다 정계에까지 진출했다.

로리 그레이너Lori Greiner도 훌륭한 예다. 로리 그레이너는 원래 발명가였다. 귀걸이 정리대를 만들어 특허를 냈으며, JC페니JCPenny가 그 특허권을 샀다. 이후 그녀는 TV 스타로 도약했다. 현재 로리 그레이너는 전 세계에서 가장 인기 있는 가정용 제품을 포함해 120여 개 제품의 특허권을 보유하고 있으며, 800여 개의 제품을 생산·유통시켰다. 그리고 유명세를 바탕으로 TV 프로그램 제작사를 차렸다. 두 샤크 모두 엄청난 성공을 거둔 직후에도 멈추지 않았다.

. . .

나는 뉴욕시 시장실에서 일하는 고등학교 중퇴자였다. 그 일에 만족하면서 내 삶이 다시 정상궤도에 올랐다고 믿고 긴장을 늦출 수도 있었다. 그러나 나는 거기서 멈추고 싶지 않았다. 내 본능은 내게 해야 할 일이 훨씬 더 많다고 말했다. 먼저, 나는 고등학교 중퇴자라는 낙인을 지워야 한다는 것을 알았다. 10수 앞을 내다본 나는 그 얼룩이 내 앞길을 절대로 가로막는 일이 없도록 하고 싶었다. 그래서 퀸스 칼리지에서 학위를 받은 뒤에 법학대학원의 야간 과정에 등록했다. 포담 대학교 로스쿨 학위는 내 이력서의 가치를 한 단계 높여줄 것이었다. 내가 대학을 졸업했을 뿐 아니라 명문 로스쿨을 나와서 변호사 자격증을 따고 심지어 〈로 리뷰Law Review〉에 논문까지 실으면 고등학교를 중퇴한 것을 두고 아무도 트집 잡을 수 없을 것이라고 생각했다.

동시에 나는 시장실에 승진 신청을 했다. 당시에 나는 23살에 불과했지만, 공보수석비서관이 되고 싶었다. 나는 이미 내 실력을 입증했다는 것을 알았다. 그리고 승진하면 연봉도 꽤 오르게 된다. 어머니와 내가 빈곤에서 벗어나는 데 도움이 될 것이다. 상대적으로 젊은 나이 때문에 사람들은 내 차례가 올 때까지 기다리라고 말했다. 나보다 연배가 높은 사람들, 나보다 더 오래 일한 사람들이 나보다 더 앞에 서 있다고 말이다. 그때 내 본능은 내게 또 한 번 과감하게 선택하라고, 시장실을 떠나라고 말했다.

당신은 자기 삶의 운전석에 앉아서 운전대를 잡아야 한다. 정의는 당신을 위해 배분되지 않는다. 만약 당신이 착취당하고 있다고 느낀다면, 당신이 빛나야 할 시기에 발목을 잡히고 있다고 생각한다면 혼자 불만을 품은 채 꾹꾹 참으면서 인정받기를 기다리고 있을 시간이 없다. 최악은 자기연민에 빠지는 것이다.

복리의 법칙은 돈뿐 아니라 아이디어와 성취에도 적용된다. 새로운 성취를 더 빨리 확보할수록 생애주기에서 기하급수적으로 증가하는 성장의 과실을 수확할 수 있는 기간이 더 길어진다. 그것이 뮤지컬 〈해밀턴Hamilton〉에서 일라이자가 남편에게 애원하게 된 이유이기도 하다. "당신은 왜 시간이 없는 사람처럼 글을 쓰는 건가요?" 알렉산더 해밀턴은 미친 듯이 글을 쓴다. 왜냐하면 그는 모든 사람에게 시간이 부족하다는 사실을 알기 때문이다.

나는 시장실에서 하염없이 기다릴 마음이 없었다. 빈곤에서 확실하게, 영원히 벗어나려면 하루빨리 탈출 속도에 도달해야 했다. 그래서 대형 보험회사 뉴욕 라이프New York Life의 대관업무 부서로 이직했다. 이직 조건으로 로스쿨 학비 지원뿐 아니라 더 높은 기본급도 제안받았다. 시장실의 동료들은 내가 실수하는 것이라고 말했지만, 나는 아랑곳하지 않았다. 당연히 이직했다. 동료들은 내 미래에 이해관계가 없었다. 내 선택에 대한 책임은 오롯이 내게 있다.

이직한 직장에서 하는 일은 내 영혼을 짓밟았고 끔찍하리만치 지루했다. 처음으로 9시에 출근하고 5시에 퇴근하는 생활을 했다. 그런데 4개월 뒤에 시청으로부터 공보수석비서관 자리를 줄 테니 돌아오라는 제안을 받았다. 이직이 통했던 것이다. 나는 나이가 아닌 실력으로 줄 맨 앞자리로 튀어나갔다. 로스쿨 학비를 충당할 수 있을 만큼 연봉이 오르지는 않았지만(결국 엄청난 학자금대출이 생겼다) 적어도 어머니를 돌볼 수 있을 정도의 돈은 벌 수 있게 되었다.

다른 많은 사람의 인생 여정에서 발견하게 될 패턴을 내가 따르고 있다는 것을 당시에는 알지 못했다. 위험을 감수하고 과감하게 도약하는 것이 나만의 특이한 방식이 아닐 수도 있다는 생각을 못 한 것이다. 다만 내가 알게 된 것은 그 패턴이 정말로 효과적이라는 점이었다. 이제 나는 이 같은 방식이 나만의 방식이 아니라는 것을 안다. 동일한 방식으로 본능이 작용한 것을 제이슨 펠드먼Jason Feldman의 커리어에서도 본다. 제이슨 펠드먼은 코로나19 타액 검사키트 시장 주도 기업인 볼트 헬스Vault Health의 공동설립자이자 CEO로, 볼트 헬스는 전 세계의 정부 및 기업과 협력관계를 맺고 생명을 구하고 있다.

헬스케어 산업을 변화시키기 전 제이슨의 커리어는 분야를 가리지 않고 이곳저곳으로 옮겨 다니고 있었다. 제이슨 펠드먼은 미 국무부에서 커리어를 시작했다. 그러나 곧 유통업계에 뛰어들었다. 홈디포The Home Depot, 바디샵The Body Shop, 헤인즈Hanes를 거치면서 사다리를 올라간 뒤 아마존으로 가서 프라임 비디오 다이렉트Prime Video Direct 사업을 맡아서 콘텐츠 창작자들이 전 세계의 아마존 프라임 서비스를 통해 작품을 공개할 수 있도록 도왔다.

그다음으로 제이슨 펠드먼은 다이어트업계 거물인 제니 크레이그Jenny Craig의 CEO로 취임할 예정이었다. 그런데 미래에 제이슨과 볼트 헬스를 공동창업하게 될 사람들과 가진 미팅이 제이슨의 커리어 궤적 전체를 바꾸어 놓았다. 그들은 남자들이 심혈관 건강에 더 많은 관심을 기울여야 한다는 아이디어를 토대로 남성 헬스케어 스타트업을 막 시작할 참이었다. 원격헬스telehealth 서비스를 통해 그 목적을 달성하려는 계획을 세우고 있었다. 제이슨은 그들의 미션에 마음이 동했다. 그는 그들과 계약을 맺고 볼트 헬스의 공동설립자가 되어 그 회사를 경영하기로 했다. 그로부터 1년 뒤, 코로나19가 시장을 강타했다.

"우리 회사의 핵심 제품을 공식적으로 출시하고 마케팅 예산 대부분을 쓰기로 한 날 주식시장이 폭락했다"고 제이슨은 기억했다. 그들은 사업 방향을 전환해야 했다. 그리고 커리어 방향을 전환하는 데 도가 튼 제이슨은 그런 전환을 꾀할 적임자였다.

제이슨은 럿거스 대학교 선반에 처박혀 있는 타액 검사키트를 접한 적이 있었다. 그는 그 검사키트를 시장에 소개할 만하다고 판단했다. 면봉을 비강 깊숙한 곳으로, 사람들의 뇌에 닿을 듯이 찔러 넣어야 하는 그런 종류의 코로나 검사에 겁을 내는 사람들에게 유용할 것이라고 믿었다.

그는 타액 검사키트를 수백만 명의 손에 들려주기 위해 백방으로 뛰어야 했다. 미국의 주정부들 및 스포츠리그 전체와 관계를 형성하고 파트너십을 체결해서 검사 프로그램을 진행했다. 수년간 이리저리 뛰어든 경험이 있는 사람이 아니고서 또 누가 그런 식으로 확신을 가지고 뛰어들겠는가? "내 커리어에서 만난 모든 기회를 좇은 덕분에 성공과 실패를 통해 얻은 고유한 기술이 담긴 나만의 도구상자를 차곡차곡 준비할 수 있었습니다." 제이슨이 내게 말했다. "초기에 한 관리자가 인사고과 평가보고서에 나를 '제너럴리스트'로 분류했을 때 짜증이 났던 게 기억납니다. 그 관리자는 오랫동안 기업 사다리를 천천히 올라간 사람이었습니다. 그는 내게 하나에 집중해서 특정 분야의 전문가가 되지 않으면 어디로도 갈 수 없다고 말했습니다. 나는 아예 다른 길을 염두에 두고 있었는데 말이죠."

팬데믹이라는 상황에서 그 길은 수익으로 이어졌다.

제이슨이 이 업계에서 저 업계로 옮겨 다닌 이야기는 나 자신의 이야기와도 겹쳐진다. 시장실로 돌아가 공보수석비서관이 된 나는 다시 시장실을 떠났다. 내가 합류한 스타트업이 결국 망했을 때 시청은 또다시 나를 불러들였다. 이번에는 공보비서실장으로. 그때 나는 26살이었다. 시장의 임기는 1년도 채 남지 않았다. 시장의 팀은 배를 버렸고, 다음 일자리를 찾아 다른 곳에 줄을 섰다. 뉴욕시 공보실장은 미국에서 언론 관련 일 중에서 난이도로는 백악관 공보실장과 어깨를 나란히 했다. 세계에서 규모가 가장 큰 지역의 언론 행정업무를 관리 · 감독하느라 하루 24시간 전화기에 매여 있어야 했고, 한 위기를 겨우 수습하면 곧장 다른 위기를 처리해야 했다. 여전히 빈민가에서 어머니를 목욕시켜야 하는 수치스러운 비밀의 삶을 사는 내가 그 일을 제대로 해낼 수 있을지 확신할 수 없었다. 게다가 저녁에는 로스쿨에 가서 수업을 들어야 했다. 그러나 나는 시도는 해봐야 한다는 것을 알았다.

기회는 무한한 자원이 아니다. 들어갈 틈이 보였다면 놓치지 말고 그 틈으로 들어가야 한다. 뉴욕시 역사상 최연소 공보비서실장이 된 나는 그날부터 영원히 직업 안정성을 보장해주는 보증서에 서명했다고 생각했다. 그 일자리를 받아들이면 이후에는 그것보다 어려운 결단을 내려야 할 일이 평생 없을 것이라고 진심으로 믿었다. 내 이야기는 더 이상 고등학교 중퇴자의 이야기가 아니게 될 것이었다. '최연소 공보비서실장'이 나를 소개하는 모든 글의 첫 줄을 장식하게 될 것이다. 적어도 내가 그보다 더 좋은 직함을 달기 전까지는 말이다. 내가 간절히 바랐던 미래가 한낮의 태양만큼이나 뚜렷하게 보였다. 나는 배를 불태워버린지 딱 10년 만에 나와 어머니를 빈곤에서 구출했다.

그런데, 꼭 그렇지만은 않았다.

넷째, 자신을 구하는 것은 본능이다

2001년 4월 2일은 공보비서실장으로서 출근하는 첫날이었다. 마침내 어머니를 보살필 누군가를 고용할 수 있을 정도로 돈을 벌 수 있게된 것이 너무나 기뻤다. 비록 크기는 작았지만, 내가 혼자 살 집도 구했다. 평생 처음으로 데이트를 하고 난 뒤 데이트 상대를 내 집에 초대할수도 있게 된 것이다. 어머니의 건강은 점점 더 나빠지고 있었지만, 끝없는 악몽에 갇힌 채 살다 보면 상황이 악화되고 있다는 징후들에 다소무뎌지게 된다. 이제 와 돌아보면 그날 아침 어머니의 얼굴은 거의 보랏빛이었다고 해도 과장이 아닐 것이다. 그러나 어머니가 쓰고 있는 산소마스크나 잔고가 0인 은행 계좌 외의 것은 눈에 들어오지 않았다. 나는돈을 벌고 있었지만, 어머니의 병원비가 내 월급을 바닥내고 있었다. 나는 집으로 사람을 불러서 어머니를 목욕시키는 데 필요한 비용을 더 이상 댈 수 없었다. 우리에게는 땡전 한 푼 없었다. 나는 26살이었고, 압박감에 질식사할 것 같았다. 공보비서실장이라는 새 직함이 내 구명정이되기를 바랐다. 그날 아침 어머니는 내게 몸이 안 좋다고 말하면서 집에있어달라고 애원했다. 그러나 어머니는 늘 몸이 안 좋았고, 시청으로 복귀해 출근하는 첫날에 지각할 수는 없었다.

맨해튼 다운타운에 있는 시청 건물의 현관문으로 이어지는 대리석

계단을 뛰어 올라가는데 마치 연기자 파견업체에서 보낸 듯한 브루클린 악센트를 구사하는 젊은 경찰 크리스가 버튼을 눌러 현관문 잠금장치를 열어주면서 하이파이브를 하고 인사를 건넸다.

"매티, 돌아왔네요!"

나는 모퉁이에 있는 내 책상에 자리를 잡았다. 오전 10시에 사무실 책임자 앤절라 뱅크스Angela Banks가 나를 불렀다. "맷, 어머니가 전화하셨어. 내선으로 돌릴게."

어머니는 구급차를 불렀다고 했다. 호흡이 곤란한 상태였다.

내 첫 반응은 안도였다. 이제 누군가 다른 사람이 고삐를 넘겨받아서 뭔가를, 뭐라도 할 것이다. 나는 병원으로 곧장 가겠다고 말했다.

나는 우리의 초라한 작은 아파트에 들러 어머니가 장기 입원을 하기를 기대하면서 어머니의 옷가지 몇 개를 챙겼다. 내 기대는 소원에 가까웠다. 그동안 응급실을 방문할 때마다 답은 얻지 못한 채로 어머니의 휠체어를 밀고 나와서 차에 태워 집으로 돌아왔으니 말이다. 병원에 도착했을 때 도로 한가운데에 문이 활짝 열린 채 텅 빈 구급차를 보았다. 뭔가가 한참 잘못되었다는 불길한 첫 징조였다. 나는 아파트에 들르느라 낭비한 그 아까운 몇 분을 내내 후회하게 될 것이다.

"죄송해요." 내가 병원에 들어서자 입구의 접수원이 내게 말했다. "5분 전에 사망하셨어요."

. . .

내가 커리어에서 최고의 성공을 이룬 날이 내 인생 최악의 날이 되었다. 소년이었을 때 나는 어떻게든 어머니를 구해내고 싶었다. 오늘날까지도 그 일은 나라는 개인에게는 최악의 실패다. 그리고 영원히 아물지 않고 떨쳐낼 수도 없는 상처다. 세상에는 결코 극복할 수 없는 것들이 있는 법이다.

그날 아침 어머니의 고통은 멈췄다. 그러나 어머니의 유산은 내가 어머니의 여정에서 배운 것들 안에서 계속 살아가고 있다. 하나는 빈곤이나 장애라는 무거운 짐을 진 채 더 나은 삶을 살기 위해 애쓰는 사람들에게 내가 느끼는 엄청난 연민이다. 또 하나는 (그날 이후 내내 나를 움직이게 한) 우리는 해피엔딩을 보장받지 않았다는 교훈이다. 이 두 가지가 어머니가 내게 준 유산이다.

모든 것이 무너져 내리는 경험. 거의 모든 사람에게 어느 정도, 어떤 식으로든 그런 일이 일어날 것이다. 우리가 뭔가 위대하고 의미 있는 것을 성취하려는 야망이 있다면, 더욱 그럴 가능성이 크다. 그런 일이 일어났을 때 남는 것은 나 자신과 내가 지금까지 한 선택과 결정들뿐이다. 킨 인슈어런스의 숀 하퍼가 말했듯이, 당신의 감을 의심해서는 안 된다. 당신의 본능을 믿는 것이 후회 없이 사는 유일한 방법이다. 어머니에게 일어난 비극적인 사건에도 나는 여전히 계속해서 펼쳐지는 내 삶과 직면해야 했다. 만약 내가 고등학교를 중퇴하지 않았다면 지금 어디에 있을지를 생각해본다. 어머니는 여전히 돌아가셨을 것이다. 게다가 어머니에게 필요한 병원비를 댈 수 있게 해준 연봉 인상이 없었다면 더 일찍 돌아가셨을 수도 있다. 나는 어디에 있었을까? 시장실에 취업하지는 못했을 것이다. 아마 대학도 나오지 못했을 것이다. 어린 시절의 트라우마가 내 성인기에도 한계선으로 작용했을 것이고, 나는 내 잠재력을 짓밟은 어머니를 미워했을 것이다.

감정적으로는 절망에 빠졌는지 몰라도 나는 미래가 있는 커리어를 쌓았다.

. . .

모든 것을 놓아버리고 싶을 때 당신은 무엇을 하는가? 그냥 가던 길을 계속 가야 한다. 이 교훈을 입증하는 예로는 케일리 영Kaley Young의 이야기만 한 것이 없다. 케일리 영이 동생 키이라Keira와 크리스천Chris-tian을 데리고 〈샤크 탱크〉의 유명한 대문을 밀고 들어왔을 때 그녀는 너무나 많은 일을 겪고 있었다. 케일리는 19살에 대학교를 중퇴했다. 어머니가 유방암으로 시한부 선고를 받았기 때문이다. 케일리는 소방관인 아버지 키스Keith가 어린 동생들을 키우는 것을 도왔다. 그러나 아버지도 암에 걸렸다. 그라운드 제로Ground Zero: 대폭발이 일어났던 장소를 뜻하는 말로, 여기서는 9·11테러 현장을 가리킨다. 현장에서 일했던 경력과 관련이 있었다. 나는 9·11 직후 뉴욕시의 공보를 담당했으므로 그곳에서 케일리의 아버지와 마주쳤을 수도 있다.

키스는 휴무일에는 열정적인 아마추어 요리사가 되었다. 음식 전문방송 푸드 네트워크Food Network에 출연해 치킨 카차토레 요리 대결에서 요리 전문가 바비 플레이Bobby Flay를 이기기도 했다. 키스는 혁신적인 기업가이기도 했다. 그는 새로운 도마를 발명했다. 도마 모서리에 판을 달아서 음식 조각들과 즙을 받아냈다. 〈샤크 탱크〉에 여러 번 지원하고 매번 떨어졌지만, 마침내 〈샤크 탱크〉 출연 티켓을 따냈다. 키스가 사망한 지 3개월이 지난 후에.

케일리는 여전히 깊은 슬픔에 잠겨 있었기에 그 편지를 휴지통에 버릴 수도 있었다. 그러나 케일리는 아버지의 유산을 이어받기로 결심했고, 가족의 더 나은 미래를 위해 아버지가 남긴 것을 활용하기로 했다. 이제는 자신이 키우고 있는 두 동생과 함께 케일리는 비행기를 타고 로스앤젤레스로 날아와 쇼에 출연했다. 감정이 북받치는 순간이었다. 나는 뛰어나가서 케일리를 보호하고 싶었다. 버틸 수 있다고, 모든 것이 괜찮아질 거라고 말해주고 싶었다.

　도마도 멋졌지만, 케일리 가족은 도움이 필요했다. 키스가 더 많은 도마를 만들기 위해 투자한 장비들은 키스가 투병하는 동안 녹이 슬었다. 새로운 장비를 마련하고 제품을 시장에 출시는 데만 3만 달러가 필요했다. 우리는 심사위원들이 상의하는 동안 케일리에게 잠시 나가 있어달라고 부탁했다. 나는 마크 큐번Mark Cuban과 머리를 맞댔다. 다섯 명의 샤크 모두가 함께 케일리의 가족을 지원할 계획을 짰다. 도마 판매 사업의 지분 20퍼센트에 해당하는 10만 달러를 투자하기로 하고 여기서 발생하는 모든 수익을 9·11 관련 질환에 시달리는 소방관과 그 가족들에게 기부하기로 했다. 우리는 케일리 가족의 꿈을 실현하기 위해 전심전력을 다했다.

　그로부터 3개월이 채 지나기 전에 데이먼드 존Damond John의 팀이 케일리의 가족에게 윌리엄-소노마Williams-Sonoma 앞에서 제품을 선보일 기회를 마련해준 덕분에, 현재 그 도마는 미국 전역의 윌리엄-소노마 체인점에서 가장 많이 팔리는 도마가 되었다. 케일리와 그녀의 가족은 현재 경제적 안정을 확보했고, 놀라운 이야기를 만들어냈다. (그리고 그 모든 것은 엄청난 비극을 겪었음에도 불구하고 케일리가 포기하지 않고 계속 앞으로 나아갔기 때문에 가능했다.) 케일리는 모든 것을 걸었고, 그에 걸맞은 보상을 받았다.

. . .

　당신이 어떤 여정을 걷게 될지를 결정하는 것은 당신 삶의 상황들이
아니다. 나는 실패자가 될 모든 조건을 갖추고 있었다. 그러나 내 본능
을 믿은 덕분에 탈출로가 열렸다. 케일리도 마찬가지였다. 우리는 누구
나 그런 것을 우리 안에 지니고 있다. 정말이다. 그저 내면의 목소리에
귀를 기울이면 된다. 그 목소리가 아무리 작아서 잘 들리지 않더라도 말
이다.

CHAPTER 2

내면의 악마와 적을
정복하라

당신이 나와 같다면, 당신도 어릴 때 당신이 나이가 충분히 들면, 그러니까 대략 30살 정도가 되면 엄청난 지식의 보고가 마침내 당신에게 열려서 당신이 이 미쳐 돌아가는 세상을 헤쳐나가는 데 도움을 받게 되리라고 상상했을지도 모른다. 그 정도 나이가 들면 어린 시절의 트라우마를 극복하리라고, 당신이 앞으로 나아가지 못하도록 붙들고 늘어지거나 당신이 나쁜 선택을 하도록 부추기는 모든 악마를 정복하고 길들였으리라고, 그리고 모든 정답을 알게 되리라고 생각했을 것이다. 당신이 마침내 차분하고, 성실하고, 철저히 냉정한 어른이 되리라고 믿었을 것이다.

안타깝게도 나는 여전히 그런 마법 같은 순간을 기다리고 있다.

내 말을 오해하지 않길 바란다. 나는 위기에 꽤 잘 대처한다. 당신도 9·11 테러 직후 관련 언론 보도를 관리·감독하고, 2년 동안 주말도 없이 24시간을 그라운드 제로에서 살다시피 하면서 뉴욕시 재건을 도왔다면 자신이 무엇이든 헤쳐나갈 수 있는 도구를 갖췄다고 느끼지 않을까? 나는 9·11 추모관 건설 프로젝트의 책임자로 임명되기도 했다. 그때가 로스쿨 졸업학기이기도 했다. 그리고 그즈음 뜻하지 않게 뉴욕 제츠로부터 맨해튼 웨스트사이드에 새 미식축구장을 건설하기 위한 실현 불가능한 프로젝트를 맡아달라는 연락을 받았다. 뉴욕 제츠는 그 경기장이 최종적으로는 실패한 2012년 올림픽 유치 계획의 구심점이 되기를 희망했다. 그리고 뉴욕시의 관료들을 상대한 내 경험이 나를 그 일의 적임자로 만들었다. 내 커리어가 그토록 순항하고 있는 와중에도 나는 개인적으로는 여전히 어려움을 겪고 있었다. 그것도 당시에 내가 인지하고 있었던 것보다 훨씬 더 많은 측면에서.

나는 뉴욕 제츠의 임원이 되었고, 이후 뉴욕 제츠 구단의 운영을 총괄했다. 당시 나는 새로운 과제를 부여받았다. 태어난 지 3개월 된 남자아이와 브루클린 하이츠의 아름다운 아파트였다. 나는 마침내 안정과 행복을 느꼈고, 조금은 치유된 느낌이었다. 비극적인 어린 시절을 극복했다고 생각했다.

그런데 암에 걸렸다. 고환암이었고, 9·11 직후 그라운드 제로 현장에 노출된 것과 연관성이 인정된 암 목록에 포함되었다. 내 안에 거대한 종양이 자라고 있었다. 몇 주간 통증에 시달리고 부정의 시간을 보낸 후에 진단을 받았다. 내 목숨이 걸려 있는 상황에서도 나는 어떻게 하면 그 진단을 비밀에 부칠 수 있는가 하는 데 온 신경이 쏠려 있었다. 나는 여전히 수치심을 완전히 떨쳐내지 못했고, 힘겨운 어린 시절로 인해 느낀 불안감을 잠재우지 못한 상태여서 내 약점을 드러내는 것이 두려웠다. 내가 암에 걸렸다는 사실을 단 한 사람이라도 알게 되면, 내가 늘 갈망했던 안정적인 삶을 약속하는 근거가 될 고용계약서 초안이 백지화될 것이라고 확신했다. 내가 제츠에서 내 가치를 이미 입증했다는 것을 알면서도 나는 그 모든 것을 한순간에 잃을지도 모른다는 두려움, 다시 예전의 그 더러운 퀸스 아파트로, 정부 치즈를 먹던 그곳으로 돌아가게 될지도 모른다는 두려움에 시달렸다.

고환 제거 수술을 받은 바로 다음 날, 나는 사무실에 출근했다. 내 복부에 생긴 7센티미터 길이의 흉터는 여전히 피떡으로 뒤덮여 있었다. 그날은 코치들과 저녁 만찬이 예정되어 있었다. 나는 침대에서 억지로 빠져나왔고, 진통제도 전부 버렸다. 내가 아직 패배하지 않았다는 것을 증명하기로 마음먹었다. 나는 제츠의 수석코치 에릭 만지니 Eric Mangini 가 스태프들이 한가득 둘러앉은 식탁에서 재밌는 이야기를 들려주고 있는 룸으로 들어갔다. 그리고 아무 일도 없다는 듯이 의자를 잡아당겨 무심하게 앉았다. 내 다리 사이에 커다란 얼음주머니가 달려 있는 걸 못 본 척하기는 불가능했다. 그래도 나는 모르는 척 와인 잔을 들고 건배를 했다.

나는 내가 영웅처럼 행동하고 있다고, 강인함과 의지를 보여주고 있다고 생각했다. 그러나 이제 와서 생각하면 그날 저녁의 기억을 떠올릴 때마다 민망함이 밀려든다. 내가 그날 보여준 것은 나 자신의 나약함뿐이었다. 또한 나는 내 밑에서 일하는 모든 사람에게 내가 수술을 받은 다음 날 출근했으니 당신들 역시 어려운 일이 있어도 그냥 참고 버티라고 협박하는 메시지를 내보내고 있었다. 지금은 내가 얼마나 부족한 리더였는지 안다. 나는 까다롭고 타협할 줄 모르며, 융통성 없는 리더였다. 나 자신에게도 그런 사람이었기 때문이다. 자신에게 다정하지 않은 사람은 다른 사람에게 공감할 수 없다. 나는 나에 대한 판단을 유보하고 기회를 줄 사람이 아무도 없다고 생각했다. 사람들이 내 처지를 이해하거나 내가 슈퍼맨이 아니라는 사실을 받아들일 리 없다고 생각했다. 내 생각이 틀렸다.

. . .

당신이 무엇을 성취하든 그것으로 충분하지 않다고, 당신 스스로를 설득하기는 정말 쉽다. 당신의 약점을 포착하는 순간 당신을 쓰러뜨리려고 독수리들이 호시탐탐 노리고 있다고 믿기 쉽다. 그러나 독수리들이 진짜로 존재하든, 당신 머릿속에서 만들어낸 허상이든 우리는 그런 것들이 우리의 자존감을 쪼아대도록 내버려두어서는 안 된다.

배를 불태울 수 있으려면 먼저 자기 자신에 대한 자신감과 확신을 가져야 한다. 우리의 몰락을 유도하는 힘들에 밀려 넘어지는 것을 두려워해서는 안 된다. 우리를 무너뜨리려고 노력하는 세력들로부터, 과거의 수치와 실패로부터 힘을 되찾아 와야 한다. 그리고 우리 내면 깊숙한 곳에 도사리고 있는 모든 의심을 타파하고, 성공하는 데 필요한 고된 노력을 견뎌낼 의지를 다져야 한다. 이 장에서는 과거를 극복하고 한계가 없는 미래에 뛰어들 수 있도록 스스로를 준비시키는 데 필수적이라고 믿는 원칙들을 다룰 것이다.

비방꾼들을 물리치고 자신의 아이디어를
사랑으로 지지하라

　2016년 데이비드 장이 임파서블 버거를 뉴욕에 있는 자신의 식당 모모푸쿠의 메뉴에 올리기로 결정했을 때 그는 엄청난 냉소를 견뎌내야 했다. "아무도 비건 버거를 먹고 싶어 하지 않는다." 다들 입을 모아 말했다. 〈뉴욕 포스트New York Post〉도 예외는 아니었다. 〈뉴욕 포스트〉 칼럼니스트이자 음식 평론가인 스티브 쿠오조Steve Cuozzo는 '패트릭 브라운Patrick Brown의 임파서블 푸드Impossible Food: 대체육 선도 기업 실험실은 5년이라는 시간과 8,000만 달러를 들여서 80센트도 아까울 버거를 내놓았다'고 썼다. '모모푸쿠 니시에서 그 버거를 12달러를 주고 사 먹을 생각은 더더욱 없다.'

　나는 언론 발표회 당시 발표회장 뒤편에서 스티브 쿠오조 옆에 서 있었다. 데이비드가 버거를 소개하는 것을 지켜봤고, 의무적으로 버거 샘플도 먹었다. 그리고 속으로 쿠오조와 같은 생각을 하고 있었다.

　어른이 된 후로 내내 적정 체중을 유지하느라 고군분투하는 사람으로서 임파서블 버거의 칼로리가 진짜 고기로 만든 버거와 크게 다르지 않다는 걸 본 나는 누군가가 임파서블 버거를 주문할 수도 있다는 것을 이해할 수 없었다. 기왕 먹을 거면 진짜를 먹어야 하는 것 아닌가? 그러나 나는 데이비드의 충성스러운 파트너였고, 임파서블 버거가 지각변동을 일으킬 것이라는 그의 예측에 미소로 동의했다.

　나를 비롯한 나머지 사람들이 제대로 이해하지 못한 것은 그때가 급

격히 악화되는 기후위기와 비건 음식을 둘러싼 윤리적 동향이 주목받기 직전이었다는 것이었다. 데이비드는 세상 사람들 대다수보다 훨씬 더 일찍 그 위협을 인지했다. 그는 고기가 지구 재앙에 기여하고 있다는 사실을 이해했다. 그리고 그 사실이 사람들의 마음을 움직여서 대안을 모색하도록 만들 것임을 알았다. 모모푸쿠 니시는 임파서블 푸드와 계약을 맺은 최초의 식당이 되었다. 그리고 데이비드의 본능이 완벽하게 옳았음이 입증되었다. 데이비드 장과 나는 얼리어답터가 되는 대가로 임파서블 버거의 지분 일부를 넘겨받았다. 임파서블 버거는 〈뉴욕 포스트〉가 80센트도 아깝다고 선언한 지 4년 뒤에 다른 견해를 형성한 투자자들에게 40억 달러의 가치를 인정받았다. 그리고 내가 이 글을 쓰는 현재 임파서블 푸드는 가장 최근의 투자 모금에서 5억 달러를 모았다.[1] 데이비드에게는 미래가 우리 나머지 사람들보다 훨씬 더 뚜렷하게 보였다. 데이비드가 내 말을 들었거나 〈뉴욕 포스트〉 평론가의 말을 들었다면 데이비드는 기다렸을 것이고, 기회를 놓쳤을 것이다.

"그 안에 있어야 보입니다." 데이비드가 설명했다. "그 업계에서 하루하루를 보내면 통찰을 얻을 수 있습니다. 외부인보다 더 많은 것을 알게 되고 흐름이 보입니다. 장담은 할 수 없지만, 당연히 저는 일반인보다는 음식 산업이 어디를 향해 가고 있는지 더 잘 알 수밖에 없습니다. 임파서블 버거의 경우에는, 같은 앨범을 자가복제하고 싶지 않은 뮤지션이된 기분이었어요. 저는 우리가 변해야 한다는 것을 알았어요. 뭔가 다른 것을 시도해야 한다는 것을요. 웃기게도, 제가 젊었을 때 사람들은 제가 비건과 채식주의자들을 위한 메뉴를 제공하고 싶어 하지 않는다며 비난했어요. 그러나 시간이 지나면서 저는 세상이 어디를 향해 가고 있는지를 보게 되었어요. 사람들은 더 건강한 식단을 원했고 지구의 건강에 더 관심을 가지게 되었어요. 게다가 2050년에는 단백질원이 부족해질 거라고 전망되고 있죠. 우리가 원하든 원하지 않든 변화는 불가피합니다. 저는 티핑포인트tipping point: 작은 변화들이 누적되어 큰 변화를 일으키는 지점에 도달하기 훨씬 전에 그 변화에 맞춰 행동하고 싶었어요. 무엇보다 행동함으로써, 그 변화에 동참함으로써 세상이 더 빠르게 앞으로 나아가도록 도울 수 있다는 것을 알았으니까요."

. . .

처음 드론 레이싱에 투자했을 때, 나도 데이비드처럼 조롱거리가 되었다. 아무도 드론 레이싱을 스포츠로 보지 않았다. 사람들이 드론의 시점에서 세상을 보는 것에 관심을 가질 거라고 그 누구도 상상하지 못했다. 이 값비싼 '장난감들'이 폐창고에서 시속 160킬로미터의 속도로 파이프와 깨진 창문들 사이를 날아다니면서 서로 충돌하는 모습을 지켜보고 싶어 할 거라고 누가 상상할 수 있을까? 그러나 내게는 회의론자들에게 없는 것이 있었다. 그것은 내가 이해할 수 있을 만큼 완벽한 비전을 지닌 설립자에 대한 믿음이었다.

선견지명이 있었던 우리 팀의 20대 팀원이 처음 니콜라스 호바체스키Nicholas Horbaczewski를 내 사무실에 데려왔고, 그 설립자는 자신의 청사진을 펼쳐 보였다. 모든 아이가 하늘을 나는 꿈을 꾸지 않는가? 드론은 사람들에게 자신의 몸에서 벗어나 처음으로 새로운 시점에서 세상을 바라볼 수 있는 기회를 제공한다. 그런 감각은 매우 중독적일 뿐 아니라 이 새로운 스포츠가 세상에 선보일 고성능 드론 덕분에 대중도 그런 경험에 접속할 수 있게 될 것이다. 멋진 청사진이었지만, 니콜라스에게 이를 실현하고 자본화하고 규모를 키우는 데 필요한 의지와 역량이 없었다면 그 비전은 아무 쓸모가 없었을 것이다. 니콜라스는 그 미션을 수행하는 데 필요한 자격요건을 완벽하게 갖추고 있었다. 그는 하버드 비즈니스스쿨 출신으로, 터프 머더Tough Mudder(주말 참가자를 위한 장애물 코스로, 지금은 주류 이벤트가 되었다)에서 최고매출책임자를 지냈다. 또한 단편영화 제작자였고, 드론 레이싱을 그 어떤 경기보다도 세련되게 보이게 하는 기술이 있었다.

나는 니콜라스와 같은 세계에 속해 있지 않았다. 그러나 우리 팀과 나는 드론 레이싱에 관해 조사했고 니콜라스의 비전을 뒷받침해줄 만한 초기 지표를 찾았다. 유튜브Youtube를 검색하자 내가 존재하는지도 몰랐던 하위문화가 모습을 드러냈다. 전 세계의 공원과 차고에서 아이들이 이미 드론 레이싱을 하고 있었다. 그리고 그것을 본 나는 e스포츠electronics sports: 전자 스포츠 또는 사이버 스포츠가 부상하는 추세에 있었고, 드론 레이싱이 그런 추세에 꼭 들어맞는다는 것을 깨달았다.

우리가 발견한 것들은 완벽하게 구현된 레이싱이 아니었지만, 얼리어답터들은 이미 자기들끼리 모여서 임시 경주를 진행하고 있었다. 그런 드론 레이싱의 유튜브 영상은 흐릿한 사용자 생성 콘텐츠였음에도 불구하고 멋져 보였다. 배터리 수명을 늘리는 기술, 드론 레이싱을 운영하는 데 필요한 사무 지원, 흥미진진한 완성품을 생산하는 제작업무가 병행된다면 이것이 합법적인 스포츠가 될 수 있다는 것은 대단한 상상력이 없어도 쉽게 알 수 있었다. 다른 사람이 비디오게임을 하는 것을 관람하는 사람들과 마찬가지로 사람들은 드론 레이싱을 관람할 것이다. 그리고 니콜라스의 배경과 유튜브에 이미 존재하는 드론 영상들을 고려하면 취미 활동을 리그 스포츠로 승격시키는 핵심 요소인 스폰서 지위를 판매하는 것이 매우 가능성 있어 보였다.

그러나 대다수 사람들은 그것을 보지 못했다. 그들은 구체적인 매출액을 원했다. 그런 숫자는 없었다. 매출이 발생하기 전에 투자해야 할 때는 당신이 옳은 것처럼 보이려고 애쓸 필요가 없다. 그냥 옳으면 된다.

니콜라스는 그것이 '대형 프로젝트'였다고 회상했다. "나는 아직 검증이 끝나지 않은 불완전한 기술을 중심으로 글로벌 스포츠 프랜차이즈를 만들 방법을 찾고 있었어요. 드론 레이싱은 내가 이제껏 본 것들 중 가장 멋졌지만, 그 프로젝트가 복잡하고, 위험하고, 자본집약적이라는 것을 알았습니다. 내가 실패할 거라고 말하는 비관론자들은 실은 내가 이미 아는 것들을 이유로 들었어요. 쉽지 않은 일이라고, 나와 새로운 글로벌 스포츠 프랜차이즈를 만든다는 내 비전 사이에는 엄청난 장벽이 존재한다고요. 그래서 잘 들어봐야 했어요. 저 사람들이 말하는 것이 내가 이미 감수하기로 한 위험에 관한 것일까? 저 사람들도 믿게 만들려면 내가 어떤 것을 성취해야 할까?"

니콜라스는 바람직한 태도를 완벽하게 갖추고 있었다. 니콜라스는 이어서 말했다. "대다수 기업가들처럼 나는 불완전한 정보를 가지고 복잡한 문제를 검토하고 있었어요. 그래서 기회가 생길 때마다 나 자신의 가설에 도전하고 생각을 다듬어야 했어요. 그 기회가 비관론자들로부터 나온 비판들이라 할지라도요. 그런데 다른 한편으로 사방에서 큰 문화적 변화도 목격하고 있었어요. 스포츠 분야에서 게이밍과 혁신기술을 통합하는 것이 일시적인 유행이 아니라 스포츠 산업 미래의 초석이라는 것을 명확하게 알 수 있었어요."

나는 천재가 아니지만 여기저기 흩어진 정보와 단서를 모은 뒤에 니콜라스의 비전을 이해할 수 있었다. 다만 대다수 사람들이 이해하지 못하는 것을 이해하기 위해서 충분히 생각하고 충분히 탐색해야 했다. 니콜라스가 보는 것은 취미가 아니었다. 스포츠였다. 적어도 스포츠가 될 잠재력을 지니고 있었다. 물론 이전에도 많은 사람이 특화된 취미 활동을 스포츠로 승격시키기 위해 시도했다가 실패한 바 있었다. 그래서 드론 레이싱 리그라는 아이디어에 관한 이 이야기가 어떻게 끝날지, 얼마나 큰 호응을 이끌어낼지, 과연 주류 스포츠가 될 수 있을지 나는 정말로 모르겠다. 내가 아는 것은 니콜라스가 어떤 난제든 계속 뚫고 나가면서 그 해결책을 찾을 거라는 것이다. 우리는 이미 니콜라스의 최신 기술을 활용하는 새 파생기업 퍼포먼스 드론 워크스Performance Drone Works를 출발시켰다. 퍼포먼스 드론 워크스는 사람이 직접 갈 수 없는 곳에서 사람의 눈과 귀가 되어주는 소형 무인로봇을 개발해 군대와 사법기관에 전술적으로 도움을 주는 회사다.

· · ·

비방꾼들이 이기도록 두지 말라. 우리 삶이 앞으로 나아가려면 우리는 부정적인 말들을 무시하고 다른 사람이 뭐라 하든 개의치 않고 자신의 야망을 좇아야 한다. 인생은 창조자와 파괴자가 벌이는 끝없는 줄다리기다. 그리고 결국은 창조자가 이길 운명이다. 그것만큼은 역사의 흐름상 이미 정해진 운명이다. 다만 그렇다고 해서 파괴자를 물리치기가 조금이라도 더 쉬워지는 것은 아니다. 당신을 어떻게든 깎아내리려고 하는 비방꾼이 있다고 슬퍼하는 것은 마치 중력이 없기를 바라는 것과도 같다. 당신이 더 높이 올라갈수록 더 많은 사람이 당신을 깎아내리려고 애쓸 것이다.

물론 마냥 공격만 당하고 있으라는 것은 아니다. 오히려 비관론자들을 유용한 데이터의 원천으로 삼아라. 당신의 아이디어를 반사적으로 거부할 인구집단은 반드시 존재한다. 비관론자들을 그들의 대리인이라고 생각하자. 그들은 당신의 의지를 시험하고 강화할 것이다. 당신 회사의 존재 당위성 자체에 의문을 제기하는 사람에게 회사의 장점을 옹호할 수 없다면, 실제로도 회사가 존재할 필요가 없는 것일 수도 있다. 게다가 비관론자들의 존재는 위험을 감수하면 플러스알파, 즉 더 큰 보상을 얻을 여지가 따라올 것이라는 증거이기도 하다. 모든 사람이 어떤 아이디어의 타당성을 보거나 그 아이디어를 실현시킬 용기가 있다면 아무도 선두주자가 될 수 없을 것이다. 다른 사람들이 그 아이디어의 잠재력을 보기 전에 달려나갈 기회 자체가 없을 것이기 때문이다.

비방꾼들이 비방을 일삼는 것은 그들 자신이 고장 났기 때문이다. 나는 그들을 미워하지 않는다. 오히려 연민을 느낀다. 왜냐하면 그런 비방이 암흑에 파묻힌 내면에서 나오는 것임을 알기 때문이다. 그래도 그런 일을 당하면 여전히 아프고 쓰리다.

비방이 당신에게 들러붙는 것을 막고 싶다면, 먼저 왜 사람들이 우리를 쓰러뜨리려고 하는지 그 이면에 숨은 일반적인 동기들과 그런 동기들이 어떤 식으로 작동하는지 이해하면 도움이 된다.

정보 부족

당신이 보는 기회가 사람들에게는 전혀 보이지 않을 수 있다. 맥락을 파악하지 못했거나 비전을 이해하지 못했거나 미래를 예측하는 능력이 없기 때문이다. 임파서블 버거와 드론 레이싱이 좋은 예다. 또 다른 예는 9·11 추모관 건설 프로젝트에서 내가 COO chief operating officer: 최고운영책임자로 일한 것이다. 우리가 설계 단계에 들어갔을 때 뉴욕시는 최종적으로 무엇을 건설해야 할지를 두고 의견이 분분했다. 6만 5,000제곱미터에 달하는 부지 전체를 묘지로 여기고서 그 위에 아무것도 짓지 않고 그대로 두기를 원하는 이들도 있었다. 그러나 다른 많은 사람들은 그 현장의 일상을 복구하지 못한다면 그것은 곧 항복을 의미한다고 여겼다. 쌍둥이 빌딩을 완벽하게 재현한 복제품을 세우고 싶어 하는 사람들도 있었다. (건축업계는 대체로 쌍둥이 빌딩을 엄청나게 경멸했었다. 나머지 맨해튼 스카이라인과 비율상 조화를 이루지 못했기 때문이다. '비인간적인 크기와 규모'라고 말하는 이들도 있었다.2) 그들은 왜 우리가 그 외의 다른 선택지들을 고려하는지 이해하지 못했다.

우리는 특수한 상황에 놓여 있었다. 일반적으로는 사람들이 아직 애도하는 중에는 추모관을 짓지 않는다. 사건이 벌어지고 몇 년이 지난 후에 짓는다. 역사적 관점에서 그 사건이 어떤 의미를 지니는지를 곱씹어볼 시간이 필요하기 때문이다. 일반적으로는 도시의 금융가에 있는 넓은 부지에 추모관을 짓지 않는다. 어떤 사건을 추모하는 동시에 침체된 경제를 되살려야 하는 이중의 필요성을 충족해야 하는 경우는 드물다. 일반적으로는 최후의 안식처에 해당하는 땅에 추모관을 짓지 않는다. 특히나 일부 유해는 아직 회수하지 못한 상태였다. 우리는 상충하는 요구들을 화해시켜야 하는 과제를 떠맡았고, 아무도 만족시키지 못할 운명이었다.

로어 맨해튼 개발 기업Lower Manhattan Development Corporation의 동료들과 함께 나는 참고할 만한 다른 현장들을 몇 군데 방문했다. 테러 공격의 피해 수습이 여전히 진행 중인 펜타곤, 93번 비행기가 추락한 펜실베이니아주 섕크스빌의 들판, 앨라배마주 몽고메리의 인권운동 기념관, 오클라호마시티 국립 추모관. 다른 추모관들이 나름의 난제들에 어떻게 접근했는지를 살펴보면서 우리는 새로운 관점을 얻었다. 추모를 문자 그대로 해석해 오로지 죽은 이들을 추모하는 데만 초점을 맞추면 역사의 긴 궤적에서 그 추모관이 중요한 의미를 지니게 될 가능성이 줄어든다는 것을 깨달았다. 일단 한 세대가 지나고 나면 그런 유형의 추모관은 정서적 반향을 잃는다. 그래서 기억하고자 하는 사람들에게 추모관이 오히려 피해를 주는 결과를 낳는다. 무슨 일이 있었는지, 그 일이 왜 일어났는지를 역사적 맥락 안에서 전달하는 데 실패했기 때문이다. 우리에게 주어진 최대 난제는 죽은 이들을 기억하는 동시에 추모의 좁은 의미에서 벗어나 미국에 가해진 폭력의 거대성을 미래 세대가 즉각적으로 이해할 수 있도록 돕는 현장을 창조하는 것임을 우리는 깨달았다.

마야 린Maya Lin이 처음 악명을 날리게 된 것은 예일 대학교에 재학 중이던 1981년, 21살의 나이에 베트남 참전용사 추모관 설계 공모전에서 수상하면서였다. 마야는 추모를 문자 그대로 해석하기보다는 추상적인 비전을 구현했다는 이유로, 그래서 죽은 자들을 기리는 데 실패했다는 이유로 언론으로부터 엄청난 비난을 받았다. 완성된 추모관은 일부에 의해 '수치심의 검은 자상The Black Gash of Shame'으로 표현되기도 했다. 그러나 이후 마야의 비전은 인정받았고 유사한 비전을 추구하는 추모관의 전형이 되었다.3 우리는 그녀가 다른 누구보다도 우리 프로젝트의 상충하는 우선순위들을 잘 이해한다는 것을 알았다. 그래서 그녀를 세계무역센터 추모관 공모전의 심사위원으로 초빙했다.

공모전에는 미국의 49개 주와 전 세계 69개국에서 보낸 5,201개의 설계도가 접수되었다.4 마야를 비롯한 심사위원들은 엄청난 압박감 속에서 제출된 설계도를 일일이 검토했다. 추모관 부지 전체의 개발 계획을 완성하면서 우리는 최종적으로 쌍둥이 빌딩이 서 있던 1만 8,000제곱미터의 땅에 추모관 설계 공모전 수상작(작품명 '부재의 반추Reflecting Absence')을 건설하기로 했다. 피해자의 가족들이 방문할 수 있고 현장에 여전히 묻혀 있는 유해를 위로하는 묘비와 함께 그날의 상실과 비극을 설명하는 박물관을 함께 마련했다. 박물관 옆에는 높이 541미터로 북반구에서 가장 높은 빌딩인 원 월드 트레이드 센터One World Trade Center를 건설했다. 이 빌딩은 자유 타워Freedom Tower라고도 불린다. 프로젝트를 완성한 직후에 우리가 결과적으로 별개의 두 건축물을 내놓았다면서 모든 단체가 불만을 터뜨렸다. 그러나 어느 정도 시간이 지나서 모두가 한발 물러설 수 있게 되자 전체 현장이 하나로 완성되는 구성물로 해석되고 있다. 서로 충돌한 두 개의 요구, 성찰과 부활에 대한 요구가 모두 충족되었다. 논란의 여지는 있겠지만, 9·11 추모관은 세계에서 가장 유명한 추모관이 되었다.

우리가 이해한 맥락, 우리가 그 프로젝트를 위해 조사하고 계획하고 실행하면서 보낸 시간 덕분에 우리는 방해자들을 당당하게 제치고서 진정으로 특별한 것을 창조할 수 있었다. 그러나 당시에는 그 맥락을 지구 전체에 전달할 방법이 없었다. 오해를 받을 것이라는 사실을 받아들이고 역사에 최종 심판을 맡겨야 했다.

질투

때로는 당신의 성공이 다른 사람들에게 자신은 성공하지 못했다는 사실을 상기시키기 때문에 혹평이 쏟아지기도 한다. 한 연구는 기업 임원이 비전과 성취에 대한 상을 수여했을 때 생기는 파급효과를 살펴봤다.[5] 그 연구 보고서는 질투가 사람들을 얼마나 미친 짓을 하도록 만드는지를 보여주는 놀라운 예다. 임원이 권위 있는 상을 받아서 '슈퍼스타 CEO'라고 부르는 인물이 되었을 때, 데이터에 따르면 그 수상자의 경쟁자는 수상 결과 발표 직후에 미친 듯이 쇼핑을 하거나 새로운 합병에 나설 가능성이 컸다. 그런 합병 시도는 통계상 예측 수치보다 실패하는 경우가 더 많았다. 질투에 눈먼 경쟁자들은 자신의 계획에서 이탈해 잘못된 결정을 내렸다. 경쟁자가 언론의 찬사를 받았다는 이유만으로 그런 일을 벌이는 것이다. 또한 그런 부정적인 효과는 그 상을 받을 가능성이 가장 컸던 CEO에게서 더 크게 나타났다. 2등은 수상에서 밀려난 뒤 멍청한 일을 저지를 확률이 가장 컸다.

질투는 그토록 강력한 감정이다. 우리 주위의 비관론자들이 우리의 성공에 불만을 품을수록 그들의 판단력도 점점 더 흐려진다. 그런 점에서 우리는 그들의 객관성을 잃은 견해에 조금이라도 신뢰를 부여해서는 안 된다.

불편함

세 번째 유형의 비관론자 집단은 세상이 늘 그대로 있기를 바란다. 단순히 변화가 불편하다는 이유에서다. 그들로서는 당신이 실패해야만 자신이 행동에 나서지 않는 것을 정당화할 수 있다. 당신이 실패해야만 자신이 익숙한 영역에서 벗어나려는 시도는 위험하다는 믿음이 옳았음을 입증할 수 있다. 그들은 제자리에 머물면서 하던 일을 하던 대로 한다. 그리고 당신의 일시적인 실패가 당신을 후퇴시키면 행복해한다.

내가 제츠와 일하던 때 이것을 아주 명확하게 체험했다. 나는 팬들이 선수들에게 최대한 가까이 다가가길 원한다고 확신했다. 그 확신에 따라 인터넷 개척기에 SNS의 경계 확장을 시도하면서 여전히 중세에 있는 듯한 NFL을 현대로 끌고 나오기 위해 노력했다. 나는 팬들이 있는 곳으로 구단이 가는 것이 매우 중요하다고 믿었다. 대중이 항상 우리 구단의 공식 채널을 통해서만 교류하기를 원할 거라고 기대해서는 안 된다고 생각했다. 당시에 구단의 공식 채널은 고작 구단 웹사이트 하나뿐이었다. 내 구호는 우리가 모든 곳에서, 어느 곳에서든 팬과 교류해야 한다는 것이었다. 그런 교류 활동을 자본화하는 문제는 나중에, 일단 우리가 어느 정도 구독자를 확보한 후에 고민해도 괜찮다고 생각했다. 우리는 페이스북Facebook의 전신인 마이스페이스Myspace에서 상당한 규모의 추종자 집단을 모았다. 그때 NFL 사무국에서 마이스페이스 활동을 금지하는 통지서를 보냈다. 나는 트위터Tweeter로 옮겨갔다. 그곳에서 우리 팀 선수들을 대중문화의 슈퍼스타로 키우고 있었다. 그러나 또다시 NFL 사무국이 우리의 앞길을 가로막았다. NFL 사무국은 우리가 공식 채널 외의 통로를 통해 콘텐츠를 유포하지 못하도록 제동을 걸었다.

자신들이 통제할 수 있는 공간 안에서만 구단과 팬 간 소통이 이루어지는 방식을 유지하고 싶어 했다. 미식축구 팬들에게 다가서는 옳은 접근법이 무엇인지에 대한 근본적인 견해차가 존재했다. 한번은 NFL 사무국이 연단에서 공식적으로 구단들의 드래프트 픽을 발표하기 전에 구단의 트위터를 통해 우리 구단의 드래프트 픽을 알렸다. (돌아보면, 그다지 세련된 선택은 아니었다.) 우리가 그렇게 한 이유는, 공식적으로는 트위터의 우리 팬들이 그 소식을 듣고 싶어서 안달이 났으며, 기다리기 힘들어한다는 사실을 알았기 때문이다. 솔직히 말하면, 팔로어를 늘리기 위해 그렇게 했다. 우리는 드래프트 픽이 수천 번은 리트윗되리라는 것을 알았다. 그리고 허락을 구하기보다는 용서를 구하기가 더 쉬운 법이니까.

사무국은 당연히 분노했다. 그리고 그들은 우리의 전략을 혁신으로 받아들이고 우리를 따라서 팬과의 교류 접점을 늘리기보다는 우리가 하고 있는 것을 금지하는 규정을 통과시켰다. 엄청난 좌절감을 느꼈다. 그들은 단단히 착각하고 있었다. 그들이 전 NHL National Hockey League, 내셔널하키리그 하키 선수이자 피닉스 코요테스 Phoenix Coyotes 감독을 지낸 웨인 그레츠키 Wayne Gretzky 자서전의 한 구절을 읽었더라면 얼마나 좋았을까. '퍽이 가는 곳으로 스케이트를 타라.' 그랬다면 팬들에게 최대한 가까이 다가가려는 우리의 노력에 동참했을 것이다. 이것은 지금까지도 프로 스포츠계의 문제로 남아 있다. 몇몇 예외를 제외하면 대다수 스포츠팀과 리그는 현상 유지에만 신경을 쓴다. 새로운 소통 도구를 받아들이지 않으려고 비명을 지르고 발길질을 해대고 있다. 많은 주요 스포츠팀보다 북한이 먼저 틱톡 TikTok에 뛰어들었다.

노출

　마지막으로 어떤 사람들은 우리의 대담함에 두려움을 느낀다. 우리의 결단과 단행으로 인해 그들이 상대적으로 약하고 열등한 존재로 비칠까 봐 걱정한다. 그래서 선제적으로 우리를 파괴해야 한다고 믿게 된다. 자신이 부족하다고 생각하는 사람들은 종종 다른 누군가를 자신과 같은 수준으로 끌어내리거나 너무 밝게 빛난다면서 다른 누군가에게 창피를 주고 싶은 충동을 느낀다. 키 큰 양귀비 증후군Tall Poppy Syndrome 은 호주와 뉴질랜드에서 널리 통용되는 표현이다. 모든 꽃의 키가 같아야 하고, 만약 하나가 너무 크게 자라면 그 꽃은 잘라내야 한다는 관념을 담고 있다. 캐나다에서 발표한 '가장 키 큰 양귀비: 성공한 여성은 그 성공으로 인해 비싼 대가를 치른다'라는 제목의 한 논문은 성취도가 높은 직장 여성 1,500명을 대상으로 실시한 연구 결과 무려 87퍼센트가 일하면서 직장동료에게 훼방을 당해본 경험이 있음을 보여준다.6

　해당 연구에서 인용한 일화에는 단순히 불쾌한 기분이 드는 것도 있었지만, 공포스럽기까지 한 것도 있었다. 한 사람은 이런 이야기를 전했다. "이직한 뒤에 첫 두세 주 동안 상사가 직원들에게 매주 정기적으로 보내는 이메일에서 제 업무를 칭찬했어요. …직장동료들이 대놓고 질투하면서 한 주 내내 그 일에 관해 이야기하더라고요."

　"회사의 전 소유자들이었던 임원진 세 명이 저를 에워싸더니 계단 난간으로 몰고 갔어요. 아찔할 정도로 높은 곳이었죠." 또 다른 사람의 경험담이다. "그들은 적대감에 차서 저를 인신공격하고 신체적으로도 위협을 가했어요. 그러더니 저를 제 사무실로 밀어 넣고 나서 입구를 가로막았죠. 저는 꼼짝없이 갇히게 되었어요."7

비관론자들은 스타가 높이 솟아오를 수 있는 환경을 조성하기보다는 모든 사람을 때려서 엎드리게 만드는 편을 선호한다. 가장 보잘것없는 공통분모만 남을 때까지.

'양귀비' 표현은 영재 또는 특별한 재능을 지닌 아이를 키우는 수만 명의 부모들이 전 세계의 교육 시스템과 관련된 경험담을 공유하는 페이스북 커뮤니티에도 반향을 불러일으켰다. 그들은 나머지 학생들이 보통 내지는 평균이라는 사실이 노출되지 않아야 한다는 이유로 뛰어난 학생들이 빛날 수 있도록 필요한 지원을 받는 일이 얼마나 힘든지 토로한다. 이것은 평범한 사람을 키우는 문화를 만들어낸다. 우리 모두가 추구해야 하는 것과는 완전히 반대 방향으로 나아가고 있는 것이다.

· · ·

이것들은 사람들이 당신을 무너뜨리려고 애쓰게 만드는 강력한 동기다. 그러나 동기는 크게 중요하지 않다. 우리가 그런 비판에 어떻게 대처하는지에 따라 모든 것이 달라지기 때문이다.

다행히도 그런 비판에 잘 대처할 수 있는 한 가지 핵심 비법이 있다.

자기와의 대화가 가진 힘

〈샤크 탱크〉에 출연한 첫날, 나는 완전히 얼어붙어 버렸다. 공황상태에 빠졌다. 내 불안감이 나를 집어삼켰다. 그리고 나는 그 기회를 거의 날려버릴 뻔했다. 녹화에 들어간 지 10초가 지났을 때 나는 이미 익사하고 있었다. 단 한 마디도 끼어들 수가 없었다. 마크 큐번은 나를 이상하다는 듯 바라봤다. 아마도 의아했을 것이다. '도대체 누가 이런 사람을 부른 거야?' 그러나 나는 내가 그 상황을 역전시킨 순간을 기억한다. 나는 내 머릿속을 헤집고 있는 목소리를 단단히 붙잡았다. 그 목소리에게 나를 실패의 나락으로 끌고 내려가게 두지 않겠다고 선언했다. "맷, 잘 들어." 나는 스스로에게 말했다. "너는 이 자리에 어울리는 사람이야. 네가 여기 있다는 사실이 네게 여기 있을 자격이 있다는 증거야."

그것은 효과가 있었다. 매일 긍정확언을 실천하는 사람이라면 왜 그것이 효과가 있었는지 알 것이다. 자신과의 대화를 통해 스스로를 일으켜 세울 수 있다는 것은 이미 입증되었다. 다만 그것을 어떻게 실천하는지가 중요하다. 내가 제삼자의 입장에서 나 자신과 대화한 것에 주목하라. "맷, 너는 자격이 있어." '나' 대신 자기 이름을 사용하면 스스로와 거리를 둘 수 있어서 격려의 말이 우리 마음속에 반향을 일으킬 가능성이 훨씬 더 커진다. 이것은 스트레스와 사회불안을 최소화하는 방법에 관한 일련의 실험들을 통해 입증되었다.8 당신의 이익을 최우선순위에 두는 초자아 권위자를 만들어내고, 그 초자아의 말을 의심 없이 받아들인다. 이 방법은 획기적인 발견이고, 우리가 훈련을 통해 쉽게 익히고 실천할 수 있는 방법이다.

글로 적으면서 이 방법을 실천하면 한층 더 강력한 효과를 발휘한다. 한 연구에 따르면 사회적으로 소외된 집단에 속한 학생들이 자신감, 창의성, 공감, 자립 등 자신에게 가장 중요한 가치를 글로 적었을 때, 대조군보다 더 높은 성적을 받았다.9 또 다른 연구에서는 다이어트를 하는 사람들에게 인간관계, 종교, 건강 등 자신이 가장 중시하는 가치에 관해

적게 했다. 그 집단은 대조군보다 체중이 더 많이 감소했다.10 자신의 정체성을 강화하고, 신념과 가치관을 재확인하고 인정하면 외부(그리고 심지어 내면)의 도전에 맞닥뜨렸을 때 흔들리지 않고 버티기가 더 쉬워진다.

우리는 모두 자신의 머릿속에 있는 목소리를 단련해 가장 강력한 동맹군으로 만들어야 한다. 왜냐하면 당신의 삶에서 당신에게 가장 큰 영향력을 발휘할 대화는 당신 자신과의 대화이기 때문이다. 우리는 너무나도 자주 세상이 우리를 향해 총탄을 날리기도 전에 자신과의 대화가 자신을 짓밟도록 놔둔다. 누가 당신을 더 몰아붙이는가? 당신의 상사인가, 당신 자신인가? 당신의 약점이라고 외부에서 지적하는 것을 두고 당신의 상사가 뭐라고 나무랄지 예상하는 당신 자신이 아닌가? 우리는 스스로 노력의 흐름을 끊고, 우리가 싫어하는 비관론자보다 더 사악하게 군다. 그렇게 하면서 성공하기를 기대할 수는 없다. 오히려 당신은 당신이 친구에게 보일 법한 상냥함으로 스스로를 대해야 한다. 우리 삶에서 중요한 인정은 오로지 우리가 스스로에게 내리는 인정뿐이라는 사실을 이해하게 되면, 모든 외부의 조롱과 비판으로부터 우리 스스로를 보호할 힘이 우리 자신에게 있다는 사실을 깨닫게 된다.

. . .

그러나 한편으로는 우리가 추구하는 목표를 비판하고 우리를 산산이 부수려고 하는 사람들에게 노출되지 않도록 최선을 다해야 한다. 우리는 빅 아이디어를 실현하기 위해 긍정적인 에너지를 단 한 방울이라도 더 아끼고 모아야 한다. 누구와 의논할지, 당신 주위에 누구를 들일지,

당신이 가장 소중하게 여기는 것들을 누구에게 맡길지 신중하게 정하라. 나는 완전히 새로운 기업이나 아이디어를 키우고 있는 사람들에게 신생 벤처는 초창기에 깨지기가 매우 쉽다고 경고한다. 당신의 꿈을 극도의 세심함으로 보살피면서 품어라. 아직 발아 중인 계획을 밀고 나가는 데 적합한 환경을 조성하고 당신의 본능이 익사하는 일이 없도록 주의하라. 많은 사람이 자기혐오에 빠지기 쉽다. 그런 자기혐오가 너무나 수치스러워서 가장 가깝고 사랑하는 사람들에게조차 종종 숨기게 된다. 따라서 우리 머릿속 비관론자들에게 힘을 실어주는 부정적인 목소리들은 더더구나 필요 없다. 특히 신생 벤처가 가장 부서지기 쉬운 초창기에 그런 목소리들은 백해무익하다.

TV 쇼 〈브레인 게임Brain Games〉에서 아주 흥미로운 실험을 했다. 자유투를 잘 던지는 선수를 초대했고, 그 선수는 환호하는 군중 앞에서 자유투를 연속으로 아홉 번 성공시켰다. 그다음에 안대로 그 선수의 눈을 가렸다.[11] 선수가 자유투를 던질 때마다 군중들은 환호하는 대신 슛이 골대를 통과하든 말든 무조건 야유를 보냈다. 그 뒤 안대를 풀고 선수의 시력이 제자리를 찾은 뒤에 다시 자유투를 던지게 했더니, 이번에는 단 한 골도 넣지 못했다. 야유하는 군중으로 인해 슛 감각이 완전히 엉망이 된 것이다.

우리는 모두 다정하고 세심한 지지와 애정을 필요로 한다. 당신 주변을 잘못된 사람들로 채우면 당신의 에너지와 추진력을 빼앗기게 된다. 우리는 불필요한 비판으로부터 스스로를 보호해야 한다. 적어도 우리가 땅을 박차고 올라가 초기에 딴 목적 없이 순수하게 우리를 지지하는 사람들의 지원을 받아 가속도를 올릴 때까지는 그렇게 해야 한다. 나는 그런 지지자들을 실용적 낙관주의자들이라고 부른다. 그 사람들은 우리가 하는 일의 가치를 볼 수 있을 정도로 맥락을 파악한 사람들, 우리를 때려눕히는 게 아니라 기꺼이 응원해줄 사람들이어야 한다. 평론가들 앞에서 당신의 아이디어를 압박 테스트할 시간은 충분하다. 매우 중요한 인큐베이션 초기 단계는 그런 테스트를 할 때가 아니다.

〈브레인 게임〉의 실험은 계속해서 아주 조금만 외부에서 지원해줘도 그 정도에 비해 훨씬 더 크게 당신을 북돋아 줄 수 있다는 것을 보여줬다. 한 여자가 자유투를 10번 던져서 10번 다 실패했다. 그다음에 안대로 그녀의 눈을 가렸다. 안대를 쓴 상태에서 던진 슛이 두 번 연속으로 골대를 빗나갔을 때 쇼 진행자는 군중에게 미친 듯이 환호를 보내라고 지시했다. 여자는 자신의 슛이 연달아 들어갔다고 믿을 수밖에 없었을 것이다. 군중의 환호는 엔도르핀 분비를 촉진했고, 그 여자는 새롭게 자신감을 얻었다. 안대를 벗은 여자는 다시 자유투를 10번 던졌고, 그중 네 번의 슛이 성공했다. 첫 번째 시도와 비교하면 거의 믿기지 않을 만큼 좋은 성적이었다.

. . .

지금까지 한 말들이 모두 그럴듯하게 들릴 것이다. 그러나 당신의 발목을 잡고 늘어지는 것이 군중의 목소리가 아니라 당신 머릿속의 목소리, 당신 삶의 이야기일 때는 어떻게 해야 할까? 내가 오랫동안 짊어지고 다닌 수치심은 내 성장을 가로막았다. 내가 그 수치심을 어떻게 재규정해야 할지, 내 문제들을 어떻게 하면 내 초능력으로 변환할 수 있을지 알아낸 후에야 그 짐을 내려놓고 성장할 수 있었다. 내 분투를 통해 나는 투지, 용기, 그리고 앞에 펼쳐진 길을 볼 수 있는 통찰을 얻었다.

특히 더 암울했던 시기에 나는 레오니르 키어렐로Leonir Chiarello 신부를 만났다. 레오니르 신부는 전 세계의 가난한 자들과 박해받는 자들의 대변자다. 프란치스코 교황의 오랜 동료이며, 가톨릭교 스칼라브리니 선교회의 수장으로서 전 세계의 이민자 및 난민 프로그램을 총괄 감독한다. 이 선교회는 전쟁과 가난의 최전선에서 사람들을 섬기는 아주 깊은 전통과 역사를 지니고 있다. 레오니르 신부님과 나는 수치심이 사람을 얼마나 단단하게 옭아매는지에 관해, 그리고 우리 삶에 덧칠된 얼룩을 벗겨내기가 얼마나 어려운지에 관해 이야기를 나눴다. 신부님은 내게 눈을 감고서 다이아몬드 반지가 손가락에서 빠져서 하수구, 또는 내가 떠올릴 수 있는 가장 역겨운 장소에 떨어지는 장면을 상상해보라고 했다. 그는 말했다. "그로부터 수년이 흘러 그 반지를 발견해도 우리는 모든 오물을 씻어낸 후에야 그것이 내내 늘 다이아몬드였다는 사실을 깨닫게 됩니다."

당신의 가장 심각한 결함을
가장 놀라운 승리로 바꿔라

렉스 라이언은 2009년부터 2014년까지 뉴욕 제츠의 수석코치를 지냈다. 라이언은 엄청나게 많은 긍정적인 성품을 지녔다. 포기를 모르는 끈기와 그에 못지않은 열정이 있었다. 그러나 그가 코치로 일하는 동안 내내 감춰온 개인적 수치가 그의 커리어를 나락으로 떨어뜨릴 뻔했다.

2010년 시즌에 제츠가 플레이오프에 진출했을 때, 렉스의 영상이 떴다. 영상에서 그는 경찰관 복장으로 아내를 체포하는 척하고서는 성적인 분위기를 풍기면서 아내의 발을 숭배하고 마사지하고 있었다. 이와 유사한 영상이 계속 나왔고, 언론은 이 사건을 떠들썩하게 다뤘다. 부끄러움에 휩싸인 렉스는 자신의 결혼생활과 커리어가 끝장났다고 생각했다. 영상 속 행위가 불법이 아니라는 사실은 중요하지 않았다. 렉스는 그 영상들이 자신의 내면 깊숙이 자리 잡고 있는 인격적 결함을 폭로했다고 여겼다. 그리고 그런 인격적 결함으로 인해 자신이 그동안 성취한 모든 것이 물거품이 될까 봐 걱정했다. 남은 평생을 그 결함으로부터 도망 다녀야 할까 봐 두려워했다. 내가 그때 렉스의 사무실을 찾아갔던 게 기억난다. 렉스는 뉴욕 제츠의 커뮤니케이션 담당 부회장이자 구단 사람들 중에서 독실한 신자인 브루스 스페이트Bruce Speight와 함께 막 기도를 마무리하고 있었다. "렉스, 당신이 기도를 하는 사람인 줄 몰랐어요." 내가 말했다.

"이제는 그런 사람이 되었어요."

렉스에게는 종교적 대화 이상의 것이 필요했다. 렉스에게 필요한 것은 생각의 틀을 바꾸는 일이었다. 아내를 너무나 사랑해서 결혼한 지 20년이 지난 시점에도 아내와의 성생활에 그토록 헌신하는 남자가 몇이나 되겠는가? 게다가 아내의 발을 마사지하는 남편은? "부끄러워할 일이 아니에요. 〈오프라 쇼〉에 나가야 합니다! 결혼생활에 활기를 불어넣는 법에 관한 다섯 권짜리 책 계약도 제안받을 거예요!" 내가 말했다.

렉스 라이언은 스캔들을 이겨냈다. 그리고 제츠는 AFCAmerican Football Conference, 아메리칸 풋볼 콘퍼런스: NFL의 두 콘퍼런스 중 하나 챔피언십 경기에 진출했다. 오늘날까지도 렉스는 나를 볼 때마다 이렇게 외친다. "아, 여기 오프라가 오시네!" 최근 렉스는 내게 이렇게 말했다. "나한테는 당신 같은 사람이 필요했어요. 당신은 내 곁을 지켜줬어요. 절대 잊지 않을 겁니다."

렉스의 인간적인 면모를 잘 아는 많은 사람이 그의 편에 섰고, 그를 지지했다. "나는 아내를 사랑합니다." 렉스가 설명했다. "그리고 그 모든 일이 벌어진 뒤에 얼마나 많은 사람이 내게 다가와서 나를 지지한다고 말했는지 몰라요. 어찌 보면 제가 처음 부임한 날부터 그들에게 말했던 것을 스스로 입증한 셈이 됐죠. 나는 완벽하지 않습니다. 나는 그들에게 내가 실수할 거라고 말했고, 실제로도 실수를 했어요. 우리는 누구나 실수를 합니다. 그리고 일단 당신이 그런 지극히 인간적인 진실을 이해한다는 것을 알게 되면 사람들은 당신을 신뢰하기 시작하죠. 당신이 진짜라는 것을 아니까요. NFL 라커룸에서는 그 어떤 곳에서보다도 더 빨리 가짜가 간파당합니다. 내 수치가 내 강점이 됐어요."

렉스만이 아니라 당신의 수치도 당신의 강점이 될 수 있다. 당신의 발목을 붙잡고 있다고 걱정하는 것이 무엇이든 간에 그것은 당신 이야기의 일부에 불과하다. 모든 사람에게는 삶에서 자신이 곱씹는 것, 세상으로부터 감추는 것, 또는 말하기 부끄러운 것이 있다. 그러나 일단 모든 사람이 그런 유의 비밀을 내면에 감추고 있다는 것을 깨닫는 순간, 비밀은 더 이상 당신을 휘두를 수 없게 된다. 그렇다고 당신이 사람들을 부당하게 대해도 된다는 말이 아니다. (다행히도) 우리는 특히 지난 몇 년간 진짜로 나쁜 행동, 예컨대 편견, 차별, 괴롭힘, 그리고 그보다 더한 악행들이 실제로 법에 의해 처단되는 것을 목격했고, 그래야 마땅하다.

그런데 단순히 인간처럼 행동하는 것, 그리고 때로는 그런 인간적인 면모를 드러내는 것은? 그것은 승리이지 문제가 아니다.

"나는 내 속까지 다 보여줬습니다." 렉스가 말했다. "뛰어난 리더는 인간적이어야 합니다."

또 유머감각도 있어야 한다. 그로부터 10년도 더 지난 지금도 그 사건은 렉스를 따라다닌다. 2021년 12월 렉스 라이언은 ESPN 방송에 출연해 쿼터백 애런 로저스Aaron Rodgers의 발가락 부상에 관해 이야기하고 있었다. "제가 발가락 전문가거든요." 라이언의 말에 공동진행자는 웃음을 터뜨렸다.12 렉스의 말대로 인간적이어야 한다. 그리고 그 사실을 인정하고 받아들여야 한다.

. . .

내 파트너 데이비드 장의 이야기도 동일한 원칙을 다른 방식으로 보여준다. 임파서블 버거 외에도 2004년 뉴욕 맨해튼 이스트빌리지에 개장한 첫 레스토랑 모모푸쿠 누들바Momofuku Noodle Bar를 시작으로 레스토랑 제국을 건설했고, 잡지(〈럭키 피치Lucky Peach〉)를 창간했으며, TV 시리즈를 제작하는 등 데이비드는 외부인이 보기에는 마치 동화 같은 성공 스토리를 경험했다. 그와 가까운 사람들만이 그런 성공 스토리 이면에서 그가 양극성 장애에 시달리고 있다는 사실을 알고 있었다. 2018년 데이비드 장은 자신을 괴롭히는 악마에 대해 공개적으로 알리기 시작했다. 자신이 그동안 그 악마를 감추는 데 급급했고, 때때로 깊은 우울증에 빠졌다는 사실을 털어놓았다. 그는 자신의 어려움을 대중에게 공개했고, 더 나아가 책도 썼다. 한때 금기된 주제로 여겨졌던 것을 용기를 내 외부인과 공유했다는 점이 사람들의 호감을 샀다. "음식업에 종사하지 않는 사람들에게서도 많은 반응을 받아요." 데이비드가 말했다. "누구든 이런 이야기를 하는 것이 중요하다고 생각해요. 나는 내 역경이 사람들에게 진정한 반향을 일으킨다는 것을 경험했어요."

사람들은 우리의 결점을 받아들일 뿐 아니라, 그런 결점 때문에 우리를 사랑한다. 결점은 우리가 진짜 사람이라는 증거다. 그런 당신은 출신 배경이 어떠하든, 어떤 곤란을 겪고 있든, 성공으로 가는 길은 절대적으로 존재한다는 것을 보여준다. 변호사이자 법학대학원 교수, 비영리 단체 '평등한 정의 구현Equal Justice Initiative: 사형선고를 받은 사람들의 변호를 맡아서 130회 이상 사형 집행을 중단시켰다' 설립자인 브라이언 스티븐슨Bryan Stevenson은 널리 호평을 받은 자신의 회고록《월터가 나에게 가르쳐준 것 Just Mercy: A Story of Justice and Redemption》에서 이렇게 썼다. '우리는 누구나 자신이 저지른 최악의 행동보다 더 나은 인간이다.' 누구나 넘어진다. 남들이 당신의 옳고 그름을 심사하도록 주저앉아 있으면 안 된다. 그러면 반드시 심사당하기 때문이다.

. . .

그런가 하면 드리프트Drift라는 이름으로 활동하는 아이작 라이트 Isaac Wright의 이야기도 놀랍다. 드리프트는 사진작가이자 도시탐험가로 2018년 육군 낙하산 부대에서 복무하면서 사진을 찍기 시작했다. 아이작은 하늘 높은 곳에서만 경험할 수 있는 시점이 굉장한 사진을 만들어내고 무한한 가능성에 대한 놀라운 감각을 일깨운다는 것을 알게 되었다.

아이작은 자신의 열정에 모든 것을 쏟아부었다. 카메라 장비를 사기 위해 차를 팔아서 현금을 마련했고, 다리, 고층건물 등 자신이 갈구하는 풍경을 제공할 수 있을 정도로 높기만 하다면 그 어떤 구조물이라도 오르기 시작했다. 물론 그는 그런 구조물들의 소유주가 아니었으므로 사유지 침입 죄로 체포되어 절도죄(불법적으로 들어가서 사진을 찍은 행위에 대해)로 기소되었고, 100일 동안 교도소에 수감되었다.

아이작의 이야기는 그렇게 끝났을 수도 있다. 또 한 명의 젊은 흑인 남성이 수감되어 잠재력의 싹이 잘려 나간 비극적인 이야기로. 그러나 아이작의 이야기는 오히려 그렇게 시작되었다. 예술에 등을 돌릴 수는 없었다. 수감 중에도 아이작은 앞으로 더 좋은 날들이 기다리고 있다고 확신했다. "감옥에 있을 때도 나는 지금과 똑같이 나 자신을 믿었습니다." 아이작이 내게 말했다. "나는 간수들과 동료 수감자들에게 내 작품이 세상을 바꿀 거라고 말했어요. 그리고 이것은 그냥 그 길에 놓인 디딤돌일 뿐이라고요. 그때는 내가 앞으로 다가올 일을 대면할 준비가 되어 있는지 시험당하고 있다고 느꼈어요. 그러니까 계속 밀고 나가면 된다고 생각했어요."

아이작은 2021년 4월 9일 출소했다. 그로부터 꼭 1년 뒤 그는 다시 예술로 복귀한 모습을 찍은 사진과 함께 '밖으로 나온 첫날First Day Out'이라는 제목의 NFT^{non-fungible token, 대체 불가능 토큰: 희소성을 갖는 디지털 자산을 대표하는 토큰}를 내놓았다. 그 사진은 역대 최고가에 팔린 사진이 되었는데, 같은 이미지를 담은 1만 351개의 NFT로 680만 달러를 벌었다. 아이작은 자신이 수감되었던 오하이오주 해밀턴 카운티에서 베일 프로젝트Bail Project를 통해 수감자들의 출소를 돕는 사업에 100만 달러 이상을 기부하기로 약속했다.

이 이야기의 교훈은 무척이나 명확하다. 당신의 가장 큰 역경을 성공의 연료로 활용하라. 아이작은 사진을 찍기 시작한 그 순간부터 자신과 자신의 작품이 위대해질 운명이라는 것을 알았다. 아이작은 이렇게 말한다. "내 목표와 내 작품에 대한 비전은 무엇이 실제로 가능한지에 대한 인간 인식의 지평을 넓히는 것입니다. 사람들은 내 작품을 통해 광활한 세계를 봅니다. 내가 높은 곳에 올라가서 보는 바로 그 큰 세계를요. 무엇이 어떻게 더 확장될 수 있을지, 일상에서 무엇이 어떻게 더 가능할지에 관해 내 마음을 활짝 열게 만드는 그 세계를요. '여기서부터 우주 끝까지To the Moon and Never Back'라는 내 마인드셋은 경계를 찾고 거기서 뛰어내리는 것입니다. 많은 사람에게 그건 겁나는 일이죠. 그러나 우리를 한없이 약해지게 만드는 그 가느다란 선을 넘어야 성장의 실마리를 발견할 수 있습니다. 나는 가능성의 세계가 얼마나 광대한지를 사람들이 볼 수 있게 만들고 싶어요."

. . .

나는 고졸 검정고시 교육생들을 대상으로 강연을 한다. 그중에는 마치 노숙자처럼 자신이 뭔가를 할 수 있다고 상상조차 못 하는 사람들도 있다. 강연을 하는 나는 예전의 그 퀸스 출신 아이와는 완전히 다른 모습이다. 내 과거의 흔적은 맞춤 정장에 덮여 가려진다. 그래서 교육생들은 내가 태어날 때부터 3루에서 시작한 사람일 거라고 넘겨짚는다. 그럴 때면 나는 내가 어린 시절에 왜 그토록 고군분투해야 했는지를 가장 확실하게 이해하게 된다. 어려운 처지에 있는 사람에게 당신의 아픈 구석을 나누면 당신의 슬픔이 선물로 탈바꿈한다. 당신이 짐작하듯이 그 교육생들은 세상에 단련된 아이들이다. 불량배와 어울리는 아이들이나, 학대하는 부모를 피해 가출을 한 아이들이 많다. 내가 글로는 차마 쓸 수 없는 내 가슴을 갈가리 찢곤 하는 고통스러운 세부사항까지 풀어내면 강의실에 감돌았던 회의적인 의심은 완전히 사라진다. 눈물이 흘러내린다. 어느새 나는 성공한 이방인이 아니게 되고, 그들은 내게서 미래의 자신일 수도 있는 모습의 희미한 잔상을 발견한다. 강연을 시작할 때 그들은 자신의 출신 배경이, 고등학교 중퇴자, 노숙자, 가정폭력의 희생양이라는 낙인이 자신의 성공을 영원히 가로막을 것이라고 믿고 있다. 그러나 나는 그들에게 내가 살아 있는 증거라고 말한다. 그들이 그런 절망적인 상황에서 벗어날 것이고, 그 경험이 그들을 강하게 단련할 뿐 아니라, 특별한 존재로 만들 거라고.

"고용주가 당신이 노숙자 보호센터에서 스스로를 구제했다거나 변변한 지붕조차 없는 가정환경에서 고졸 검정고시에 합격했다는 사실을 알게 되면 뭐라고 생각할 것 같아요?" 나는 그들에게 말한다. "그들은 당신이 어떤 것을 해낼 수 있는 사람, 마음만 먹으면 뭐든 해내는 사람이라는 것을 알게 될 겁니다."

당신이 더 밑바닥에서 삶을 시작할수록 당신이 앞으로 거둘 성공들이 더 극명하게 대비되면서 돋보일 것이다. 내가 존경하는 사람 피라미드에서 최상층으로 분류되는 사람들은 어려운 환경에서 살아남은 동시에 용기와 희망을 주는 사람들이다. 그런 사람들은 편의점에서 일하면서 편의점을 차릴 수 있을 정도의 돈을 모으기 위해 근무시간이 끝나면 우버Uber 드라이버로 달리는 젊은이다. 살아남는 것만으로도 충분히 힘든 일이다. 그러나 그 와중에 살아남을 뿐 아니라 더 높은 곳을 향해 나아가는 것은 대단한 일이다.

우리를 끌어내리는 것은 우리의 과거 그 자체가 아니라 가는 길에 불가피하게 얻게 되는 찰과상과 타박상들이다. 너무나 공개적인 실패들, 시작조차 하기 전에 중단된 프로젝트들, 잘못된 판단과 결정들, 모든 성공한 사람들이 승리로 가는 과정에서 겪는 실망스러운 결과들. 우리는 모두 승리도 하고 패배도 한다. 다만 내가 주위의 성공한 사람들을 지켜보고 연구한 결과, 그런 사람들 거의 모두가 따르는 비법이 있다.

승리는 흡수하고 실패는 반사하라

마이클 루빈Michael Rubin은 아직까지는 누구나 이름만 대면 아는 그런 유명인은 아니다. 그러나 곧 그렇게 될 것이다. 타고난 기업가인 그는 고등학교 시절 스키 상점을 열었다. 12만 5,000달러의 매출을 올렸지만, 곧 파산했다. 10만 달러의 빚을 졌고, 16살 때 산 포르셰가 그에게 남은 가장 큰 자산이었다. 루빈은 파산 전문 변호사를 고용했다. 파산을 신청하기에는 나이가 너무 어렸지만, 결국 빚을 청산하고 가게 문을 닫았다. 이후 그는 대학교에 진학했지만, 입학한 지 6주 만에 자퇴하고 또 다른 장사를 시작했다. 그 장사가 엄청난 성공을 거뒀다. 그는 다시 방향을 전환해서 이커머스 사업을 시작했고, 얼마 후 사업을 24억 달러에 이베이eBay에 매각했다. 마이클은 그 사업에서 이베이가 관심을 보이지 않았던 패내틱스Fanatics라는 작은 사업 부문을 도로 인수했다. 패내틱스는 상표권 기반 스포츠용품을 생산·판매하는 업체였다. 그는 그 사업을 거대 규모로 성장시켰고, 패내틱스는 세계에서 가장 큰 상표권 스포츠용품 업체가 되었다. 패내틱스는 MLBMajor League Baseball, 메이저리그 야구, NFL, NBANational Basketball Association, 미국농구협회의 거래용 선수카드 판권을 확보했다. 그 과정에서 MLB가 톱스Topps와 맺고 있었던 것과 같은 수십 년 동안 이어진 사용 계약을 만료시켰다. 패내틱스의 현재 기업가치는 180억 달러에 달할 것으로 추정되고 있다.

나는 경험으로 알고 있다. NFL은 유엔UN, United Nations, 국제연합 같은 곳이다. 모든 구단주의 입장을 조율해서 단체로 단 한 명의 개인과 사업을 하도록 협의를 이끌어내기가 거의 불가능에 가깝다. 어떤 구단은 역사적 전통을 따진다. 마이클에게는 그런 것이 없었다. 그런데도 그는 세상에서 가장 부유한 사람들 중 일부를 상대로 성공적으로 사업을 진행했을 뿐 아니라 자신도 그런 사람이 되었다. 마이클의 비결은 무엇일까? 거절, 거절, 거절이 계속 이어졌지만, 그는 매번 다시 찾아가서 매번 거절을 당했다. "나는 내 패배들을 좋아합니다." 그가 내게 말했다. "내게 패배는 승리의 전조니까요. 나는 패배에서 배웁니다. 패배를 통해 성장합니다."

달리 말하면 그는 실패로 자신을 규정하지 않는다. 그도 실패할 수 있다. 그러나 그 실패로 인해 그가 실패자가 되는 것은 아니다. 이것이야말로 전혀 설명이 안 되는 깜짝 성공을 거둔 사람들에게서 발견하는 단 하나의 가장 중요한 특징이다. 가장 큰 성취를 거두는 사람들은 성공만을 자신의 정체성에 편입시키고, 그 성공을 근거로 자신에 대한 믿음을 강화한다. 〈브레인 게임〉의 실험에서 안대를 하고 있는 동안 자신이 자유투를 두 번 성공시켰다는 착각에 기대를 전혀 하지 않았던 자유투 성공률을 플러스로 바꿨던 사람처럼 말이다. 승리와 패배의 차이는 패배했을 때의 손실은 뒤로하고 떠나야 한다는 것이다. 교훈을 얻으라. 얼마든지. 그러나 실패가 남긴 시체를 뒤지고 나면 그 시체를 사막에 묻어버려라. 그 시체를 추모하겠다며 다시 돌아올 생각은 하지 말아야 한다. 이미 사라졌고, 되돌릴 수 없는 것이다. 큰 성취를 거둔 사람들은 성공에 대한 자신의 정의를 기꺼이 넓혀서 실패할 때마다 그 실패를 성공으로 가는 과정의 디딤돌로 바꾼다.

데이비드 장은 실패가 "성장을 위해 치르는 대가"라고 말한다. "우리는 홈런을 치고 싶어 합니다. 우리는 우리가 하는 일에 너무나 뛰어난 성과를 내고 싶은 나머지 주위의 모든 것을 부숴버리기도 합니다. 그러나 그렇게 하려면 먼저 실패할 수도 있다는 사실을 받아들여야 합니다. 오히려 실패를 부추겨야 합니다. 왜냐하면 그것은 우리가 배트를 크게 휘두르고 있다는 것을 의미하기 때문입니다."

나는 실패했을 때 그 실패를 다음과 같이 네 단계로 처리한다.

1. 나는 실패했다.
2. 그러나 나는 실패자가 아니다.
3. 나는 실패가 내게 어떤 교훈을 전하고자 했는지 발견할 것이다.
4. 그리고 다음번에는 승리할 것이다.

실패를 무시하거나 책임을 회피하라는 말이 아니다. 그렇게 하는 것은 망상이다. 당신에게 망상에 빠져야 한다고 말하는 것이 아니다. 다만 실패에 지적 호기심을 가지고 접근해야 한다. 무엇이, 왜 잘못되었는지를 파악하고 다음에는 어떻게 하면 더 나은 결과를 낼 수 있을지 성찰해야 한다. 실패가 당신의 정체성을 침범하게 내버려둬선 안 된다.

. . .

이 교훈은 손실 회피 성향이라는 진화론 개념과 연결된다. 손실 회피 성향은 간단히 말해 손해를 보기보다는 이득을 얻고 싶어 하는 인간의 선호를 가리키는 말이다. 우리는 대부분 100달러를 공짜로 얻으면 좋아하지만, 100달러를 잃으면 그보다 훨씬 더 크게 실망한다.

인류가 아직 자연에서 살았던 시절에는 그런 편향이 합리적이었다. 일용할 양식을 잃으면 죽을 수도 있지만, 식량을 평소보다 조금 더 얻는다고 해서 더 오래 살 수 있는 것은 아니었다. 우리의 수렵-채집인 조상들은 새로운 수익을 생성할 기회를 놓치더라도 현재 보유한 것을 안전하게 지키는 데 집중해야 했다. 그러나 지금처럼 식량이 풍부하고 무선 인터넷이 널리 상용되는 시대에서는 그것이 그렇게까지 중요하지 않다. 게다가 솔직히 말하면 잠재적 손실을 받아들이는 것이 정보비대칭성에서 큰 부분을 차지한다. 그리고 우리는 비대칭 정보 게임을 뛰고 있다.

킨 인슈어런스의 숀 하퍼는 위기 보정 전문가다. 그의 보험 사업 전체가 그런 위기 보정에 의존한다. 숀은 이렇게 말한다. "손실에도 한계는 있습니다. 현재 당신이 가지고 있는 것이 당신이 잃을 수 있는 최대치입니다. 그러나 뒤집어서 생각해보면 당신이 얻을 수 있는 건 그것보다 훨씬 더 크죠. 당신이 얻을 수 있는 이득에는 한계가 없습니다. 온 세상을 얻을 수도 있어요." 그러니 당신의 뇌를 재배선해서 손실에는 신경을 덜 쓰고 승리에 초점을 맞추게 하면 그만이다. 그럴 만한 가치가 있다. 그리고 그것이 궁극적으로 높은 성취를 거두는 사람들이 과거의 실패에도 불구하고 도약을 하는 방법이기도 하다.

실패가 좋은 것이라는 말을 하려는 게 아니다. 오히려 그 반대다. 우리 사회에서는 실패를 숭배하는 경향이 있다. 누구나 꼭대기에 도달하려면 반드시 한번은 실패해야 하는 것처럼 말이다. 우리는 실패할 수 있다. 그러나 실패가 성공의 전제조건은 아니며, 실패가 성공의 전제조건인 양 행동해서도 안 된다. 나는 실패를 축하해야 한다고 생각하지 않는다. 그 대신 결과와 상관없이 그 밑바탕에 깔린 계산된 위험 감수라는 행위를 축하한다. 실패 그 자체에 관해 말한다면, 나는 무슨 수를 써서라도 실패를 피해야 한다고 믿는다. 실패는 끔찍하다. 그리고 그렇지 않다고 말하는 사람들은 거짓말을 영속화시키는 것이다. 다만 실제로 실패했다면(거의 언제나 불가피하다) 그 실패를 최대한 활용하라. 그리고 다시는 똑같은 실패를 하지 않도록 최선을 다하라.

이제 어떤 여정을 시작하든 반드시 필요한 자신감을 쌓아가는 동안 우리가 마음에 새겨야 할 마지막 교훈이 남았다.

결국 중요한 것은 공감이다

암 진단을 받은 직후의 나는 재앙 그 자체였다. 나는 스스로에게 치유의 시간을 허락하지 않았다. 스스로에게 관대해지는 것을 전혀 허락하지 않았다. 그것은 단순히 나에게만 해가 된 것이 아니다. 조직 전체에 해가 되었다. 나는 같은 일이 반복해서 벌어지는 것을 보아왔다. 공감능력이 크게 떨어지는 관리자들은 스스로에게도 가장 엄격한 사람이다. 스스로를 함부로 대하는 사람은 다른 사람도 함부로 대한다. 그래서 결국 미션 자체가 곤경에 빠진다.

이와 달리 자신을 아끼고 자신의 이야기를 사랑하면 고통은 당신을 수렁에 빠뜨리는 닻이 아니라 당신을 앞으로 나아가게 하는 연료가 된다. 내 질병이 나를 변화시켰다고 말할 수 있다면 좋겠다. 그러나 나는 그로부터 몇 년이 지난 뒤에야 그 사실을 깨달았다. 당시에 나는 이혼 절차를 밟고 있었다.

그때까지 나는 내가 의지만 있으면 어떻게든 성공에 도달할 수 있다고 생각했다. 그러나 이혼은 내가 숨길 수 없는 것이었고, 누가 봐도 내 성인기 삶에서 최악의 실패로 여겨질 것이라고 생각했다. 이혼하고 나서 배척당하는 일이 실제로도 있다. 당신이 친구라고 생각했던 사람이 당신을 버린다. 사람들이 당신을 다른 시선으로 본다. 당신의 개인적 삶이 이전과는 전혀 다른 방식으로 화젯거리가 된다. 나는 항상 내가 아무리 나쁜 상황에서도 탈출로를 구체화하거나 설계할 수 있는 사람이라고 믿어왔다. 그런데 이혼에서는 그렇게 하지 못했다.

성공에 의해 좌우되는 자존감이 문제가 되는 이유는 나쁜 일을 일어났을 때 당신의 정체성이 모래성처럼 무너져 내린다는 것이다. 어릴 때 내 별명은 두기 하우저Doogie Howser였다. 1990년대 초 TV 드라마 주인공의 이름으로, 닐 패트릭 해리스Neil Patrick Harris가 연기한 그 주인공은 14살에 의사가 된 천재 소년이었다. 내가 미처 깨닫기도 전에, 내 자존감은 또래보다 일찍 이정표를 밟아나가는 사람으로 보이는 것에 달려 있게 되었다. 그러다 30대에 이혼을 했다. 그것은 두말할 것 없이 내가 전혀 엮이고 싶지 않았던 이정표였다.

아주 오래도록 나는 쓰레기가 된 기분이었다. 깜깜한 굴에 빠져 있었고 그 굴에서 도저히 기어 나올 수 있을 것 같지 않았다. 그러다 어느 날 밤 번뜩 깨달음을 얻었다. 그날 나는 너무나 우울하고 절박했다. 사흘 밤 내내 한숨도 자지 못하고 깨어 있었다. 혼자 호텔 방에서 핸드폰을 들여다보는 내 뺨을 타고 눈물이 흘러내렸다. 나는 침대에 누워서 내 뇌에게 제발 잠깐만이라도 잠들어 달라고 애원했다. 그때 갑자기 너무나 부드러운 목소리를 들었다. 결코 저항할 수 없는 권위를 내세우며 그 목소리가 내 머릿속에서 속삭였다. '매슈, 넌 멀쩡해.' 나는 유체이탈 같은 걸 믿지는 않지만, 그것은 내게 신의 개입에 가장 가까운 경험이었다. 그 목소리는 내게 의문의 여지가 없는 진실을 말하듯이 속삭였다. 나는 그 말을 되뇌었다. 그렇게 제삼자 관점으로 자신과의 대화를 반복했다. 그리고 깨달았다. 우리는 온전하게 태어난다. 그리고 서투른 첫 발걸음을 내디딘 그날부터 마지막 숨을 거두는 날까지, 우리는 자신의 두 다리로 설 수 있는 능력을 전부 갖추고 있다. 나는 멀쩡했다. 당신도 멀쩡하다.

그 뒤에 나는 내 행동이 직장에서 얼마나 큰 재앙이 되고 있는지 깨달았다. 나는 잘못된 판단과 결정을 내리고 있었다. 내가 인간이라는 사실이 '발각'될까 봐 스스로가 만들어낸 두려움에 사로잡힌 나머지 내 머릿속에는 다른 사람에 대해 생각할 공간이 남아 있지 않았다. 나는 조직의 모든 사람들에게 텔레파시를 보내고 있었다. 당신의 문제를 감추세요. 그 문제들을 고스란히 홀로 감당해내세요. 그리고 마음속에 어떤 감정이 휘몰아치든 겉으로는 용감한 얼굴을 하고 있으세요.

그런 분위기를 조성하는 리더는 충성심을 이끌어낼 수 없다. 이직률이 높아지고, 조직의 위기를 극복할 수 없게 된다. 압박을 받는 직원들은 자신의 어려움을 감추고 잘못된 판단과 결정을 내린다. 이혼하기 전까지 내 잠재의식은 자신의 개인적인 문제를 드러내고 인정하는 사람들을 못마땅하게 여겼다. 나는 내 어린 시절을 극복했다(적어도 그렇다고 생각했다). 다른 사람들 또한 자신의 역경을 극복했어야만 한다고 생각했다. 나는 그저 다른 사람들은 나보다 한계점이 낮을 뿐이라고, 스스로를 보호할 내면의 힘이 부족할 뿐이라고 예단했다.

헛소리였다. 다 헛소리였다. 이혼이 내 한계점이었고, 나는 꺾였다. 그러나 그 덕분에 나는 사람들을 어떻게 지원해야 하는지 훨씬 더 잘 이해하게 되었다. 자신의 자아 전체를 일터로 데리고 와서 수치심이나 창피함을 느낄 필요 없이, 자신이 어려움을 겪고 있다고 인정할 수 있는 환경을 조성하는 방법을. 우리는 사람들에게 정신적 여유 공간을 줘야 한다. 그래야 영리해질 수 있다.

이게 무슨 말인지 다시 살펴보자. 우리는 하루 중 깨어 있는 시간의 최대 70퍼센트를 일터에서 보낸다. 직장에서 숨을 돌릴 여유가 있으면 치유 과정이 더 빨리 진행되고, 그만큼 원래의 건강한 자아로 훨씬 더 빨리 복귀할 수 있다. 우리에게는 우리를 지켜봐 주는 사람이 필요하다. 우리를 돌봐주는 사람이 필요하다. 우리는 공감 받아야 한다. 일터에서 조차도. 아니, 아마도 일터에서는 더더욱. 공감해주면 그 사람은 당신을 위해 벽도 뚫고 나아갈 것이다.

일터에서 공감을 조성하는 것은 이른바 '워라밸work & life balance, 일과 삶의 균형'이라는 것과는 다르다는 점을 강조하고 싶다. 나는 이상적인 워라밸을 추구한다는 것은 거짓말이라고 생각한다. 성공하는 사람들은 언제나 엄청난 노력을 쏟는 기간들 사이를 오가며 간간이 회복기를 가진다. 비범한 일들은 오로지 비범한 노력을 통해서만 성취될 수 있다. 우리는 선택의 순간에 의도를 가지고 선택해야 한다. 그게 당연하다. 그리고 우리에게 중요한 것들을 우선순위에 두어야 한다. 나는 몇 년간 비행기를 타고 마이애미와 뉴저지를 오갔다. 뉴저지에 있는 아이들을 볼 수 있는 시간을 조금도 놓치고 싶지 않았기 때문이다. 그러나 모든 것을 다 가질 수 있다고 생각해서는 안 된다. 엄청난 사회적 성공과 당신의 개인 시간을 결코 침범하는 일이 없는 철저한 주 40시간 근무조건, 그 둘 모두를 가질 수는 없다. 세상이 그렇게 돌아가지 않는다. 그래서 당신에게 중요한 것을 추구하는 것이 그토록 중요한 것이다. 당신에게 중요한 것을 추구해야만 그것이 당신이 필연적으로 들여야 하는 노력과 시간을 기꺼이 들이게 하는 동력이 되기 때문이다.

· · ·

2018년에 공개된 다큐멘터리 〈프란치스코 교황: 맨 오브 히스 워드 Pope Francis: A Man of His Word〉에서 교황은 우리 중 얼마나 많은 사람이 마치 우리가 영원히 죽지 않을 것처럼 사는지에 관해 이야기한다. 그런 태도는 죽음이 필연이라는 현실을 무시한다. 우리는 필멸성이라는 진실과 화해해야 한다. 그렇게 해야만 우리를 괴롭히는 비관론자들을 완전하게 극복할 수 있다. 우리는 우리에게 단 한 번의 삶만 주어진다는 사실을 깨닫는다. 그리고 그 삶에는 끝이 있다. 따라서 결국 중요한 것은 우리가 이 땅에서 우리에게 주어진 시간에 무엇을 했는가 하는 것이다. 우리가 두려움에 움츠러들거나 과거의 트라우마에 자신을 파묻었다고 우리에게 상을 줄 사람은 아무도 없다.

내 핸드폰에는 위크로크WeCroak라는 앱이 깔려 있다. 그 앱은 하루에 다섯 번 내가 죽을 것이라는 사실을 상기시킨다. 이것은 고대 부탄인들의 지혜를 차용한 것이다. 지구에서 가장 행복한 사람들은 작디작은 부탄왕국에서 살고 있다는 여러 연구들을 떠올려보면 이런 의식이 더 의미 있게 느껴진다. 부탄 문화에서는 삶의 끝에 관해 정기적으로 생각해보는 수련을 삶의 토대로 삼고 있다. 필멸성에 관한 지속적인 자각은 사람들의 생각과는 정반대의 효과를 낸다. 죽음에 관해 생각하는 것은 미지에 대한 불안감을 조성하기보다는 우리의 스트레스가 일시적이며, 우리의 하루하루가 소중하다는 사실을 상기시킨다. 간단히 말해, 많은 것들이 중요하지 않다. 좋은 차, 돈, 명예… 그런 것들은 얼마든지 버릴 수 있다. 그러면 당신은 더 가벼워지고, 대담해지고, 도약할 준비가 된다. 현재만이 우리가 보장받은 삶의 유일한 약속이다. "우리는 모두 매일 조금씩 죽습니다"라고 프란치스코 교황은 말했다.13 그리고 이어서 이렇게 말했다. "죽음은 생명이 계속 살아가도록 합니다!"14

죽음에 관해 더 잘 알고, 죽음을 받아들이면 우리는 크게 살고, 큰 꿈을 꿀 수 있는 용기를 낼 수 있게 된다. 우리에게 주어진 단 한 번의 삶을 낭비할 수는 없다.

과감하게
도약하라

벼랑 끝에 당신이 서 있다. 결단을 내리고 미래를 바꿀 준비가 되었다. 그런데 뭔가가 당신이 나아가지 못하도록 붙잡고 있다.

나는 여러 번 점프에 성공했지만, 여전히 이 같은 상황에 직면하면 돌처럼 굳어버린다. 일이 늘 순조롭게 풀리는 것은 아니라는 사실을 안다. 내 직감은 완벽하지 않다. 그러나 나는 가만히 서 있으면 위대한 일들이 일어나지 않는다는 것도 안다. 가만히 있는 것보다 더 나쁜 것은 전심전력을 다해서 뛰지 않는 것이다. 우리는 누구나 우리가 직감을 믿고 행동하지 못하도록 막는 생각들을 한다. 그런 생각에 휘둘리지 않는 것이 성공의 비결이다. 이번 장에서는 우리의 발목을 잡는 생각들과 그런 생각들을 어떻게 하면 물리칠 수 있는지 살펴보겠다.

92

"너무 위험해요"

제시 데리스Jesse Derris는 내가 함께 일한 홍보전문가 중 가장 뛰어난 인재였다. 자신보다 2배는 나이가 많은 CEO와 정치인들에게 포장하지 않은 있는 그대로의 진실을 주저 없이 이야기하는 드문 천재였다. 나는 뉴욕 제츠 구단을 위해 제시를 고용했다. 당시 26살의 젊은 홍보인이었던 제시는 홍보업계의 전설이자 뉴욕 정계와 언론계의 중심인물인 켄 선샤인Ken Sunshine의 유서 깊은 홍보회사에 소속되어 있었다. 나는 제시에게서 믿을 수 없을 만큼 특별한 뭔가를 발견했다. 제시는 인간의 행동을 예측할 수 있었다. 그 예측이 너무나도 정확해서 우리가 자유사고를 하는 인간이라는 관념 자체에 도전하는 것 같았기 때문에 당황스러울 정도였다.

제시에게는 세상의 모든 것이 미리 정해진 각본에 따라 전개되었다. 그리고 그는 그 각본을 앞표지부터 뒤표지까지 전부 암기한 상태였다. 나는 그에게 흑마술을 부린다면서 책망하듯 말하곤 했다. 제시의 패턴 인지 능력이 신비로울 지경이었기 때문이다. 그런데 다른 모든 사람의 미래를 들여다볼 수 있는 것처럼 보이는 제시가 자신의 운명에 관해서는 두려움을 느끼고 흔들렸다.

제시는 자라면서 단 한 번도 기업가가 되리라고 생각해본 적이 없었다. 그는 자신이 전통적인 홍보인의 커리어를 밟을 거라고 생각했다. 실제로 켄 선샤인 에이전시에 합류한 지 2~3년 만에 파트너로 승진했고, 심지어 자기 이름을 회사명에 넣으려고 에이전시 측과 논의 중이었다.

그가 성공가도를 달리고 있다는 데는 의심의 여지가 없었다. 그러나 그 성공가도의 끝에 도달한다 해도 그는 회사명 최상단을 차지하는 이름의 남자와 단단히 얽히게 될 운명이었다. 회사는 대체로 켄 선샤인의 성공 또는 실패에 따라 흥하고 망할 것이었다. 이는 제시의 통제력을 벗어난 일이었다. 그는 남은 커리어 내내 파트너로서 사내 정치를 해야 할 것이었다. 내가 본 제시의 운명은 자기 회사를 운영하는 것이었다.

나는 제시에게 산책을 나가자고 요청하고 산책하면서 내 제안을 고려해보라고 부탁했다. 나는 그의 삶이 앞으로 어떻게 펼쳐질지 두 가지 그림을 그려줬다.

"첫째 그림은 당신이 지금 회사에 남는 겁니다. 40살이 될 때까지 그곳에서 열심히 버티는 거예요. 그때까지 당신의 이름이 회사 입구에 새겨지지 않는다면 당신이 비로소 도약할 의지를 가질 수 있기를 바랍니다. 물론 그즈음 당신의 핑곗거리 보따리 또한 기하급수적으로 커졌을 거예요. 아마도 부양해야 할 아이들이 생겼을 수 있겠고, 자녀들의 대학 등록금을 부지런히 저축해야 할 수도 있겠죠. 도약할 용기를 내지 못하면 남은 평생 이 산책이 다르게 마무리되었다면 어떻게 되었을까 아쉬움에 시달리겠죠."

"다른 그림은, 사직서를 내세요. 짐을 챙기고요. 내일 당장이요. 우리가 당신 은행 계좌에 200만 달러를 입금하겠습니다. 다음 주면 RSE 벤처스의 사무실에서 데리스앤컴퍼니가 탄생하는 거죠. 우리가 실패하면, 함께 맥주를 한잔 들이켜겠죠. 적어도 우리가 최선을 다했다는 걸 알 테고요."

그날 오후 맨해튼의 매디슨 스퀘어 파크를 계속해서 돌고 또 돌면서,

쉐이크쉑 버거도 사 먹으면서 나는 RSE 벤처스가 200만 달러를 날릴 일은 결코 생기지 않으리라는 것을 조금도 의심도 하지 않았다. 나는 제시가 뉴욕 최고의 홍보회사를 세울 수 있다고 믿었다. 그리고 뛰어난 사람들에게 좋은 일자리도 많이 제공할 것이고, 그가 평생 돈 걱정할 일은 없을 거라고 확신했다. 하지만 제시는 여전히 돌처럼 굳어 있었다.

그의 이야기는 사업뿐 아니라 가정에서도 훌륭한 파트너를 두는 것이 왜 중요한지를 잘 보여주는 사례다. 제시가 도약할 용기를 낼 수 있었던 이유는 당시 제시의 여자친구였던 조다나 덕분이었다. (이름이 낯익을 것이다. 여성위생용품 기업 롤라를 창업한 조다나와 이름이 같다). 그녀는 제시에게 내 제안을 받아들이는 것이 옳은 수라고 설득했다. 제시의 직감, 제시의 멘토, 그리고 이제 제시의 파트너까지 나서서 한목소리로 이것이 그가 가야 할 길이라고 말하고 있었다. 제시는 지금 자신을 믿는 사람들은 이 벤처가 실패하더라도 여전히 자신을 믿어줄 것이라는 사실을 알았다. 게다가 그는 언제든 돌아가서 '평범한' 직장에 취직할 능력이 있었다.

제시가 첫걸음을 내딛기 전에 주저한 것은 문제가 되지 않는다. 중요한 것은 오직 그가 그 첫걸음을 내디뎠다는 사실이다. (RSE 벤처스의 투자금 200만 달러는 제시의 에이전시가 영업을 기대 이상으로 잘해서 개업 첫해 이후에는 그 돈을 쓸 일이 전혀 없었다.)

제시의 이야기에서 내가 짚어보고 싶은 교훈은 두 가지다. 첫째, 때로는 다른 사람이 당신 안의 위대함을 당신보다 더 먼저 알아본다는 것이다. 당신의 강점이 그 사람에게 더 명확하게 보일 것이다. 당신이 씨름하고 있는 것이 무엇이든 간에, 그 사람은 그런 당신의 짐을 지고 있지 않기 때문이다. 게다가 당신보다 커리어에서 더 앞서 나가 있는 사람들은 자신이 이미 지나간 길이기 때문에 그 커리어의 궤적을 이해한다. 당신이 스스로 기대하는 바를 훨씬 뛰어넘는 미래 비전을 당신에게서 보는 사람들의 말을 무시하지 마라. 그럴 때는 오히려 당신이 너무 낮은 목표를 추구하고 있지는 않은지 자문하라.

둘째, 더 위험해 보이는 길이 실제로도 절대적으로 더 위험한 것은 아니다. 안전하게 보인 길이 알고 보면 훨씬 더 큰 불확실성으로 가득할 수도 있다. 제시는 자신의 믿음을 다른 사람들, 예컨대 켄 선샤인 에이전시의 파트너들에게 걸고 있었다. 그들이 자신의 운명을 빚도록 맡겨 두고 있었다. 물론 잘 풀렸을 수도 있다. 모든 것이 완벽하게 딱딱 맞아떨어져서 제시가 그 회사를 영원한 성공으로 이끌었을 수도 있다. 그러나 미식축구 세계에서 나는 최고위 임원이 동료들의 신임을 잃고서 결국 밀려나는 것을 목격했다. 안타깝지만 고용인과 그 고용인의 의중에 전적으로 의존하는 피고용인의 관계에서는 충성이 언제나 한 방향으로 흐르는 것으로 전제된다. 똑같은 일이 제시에게 일어날 가능성이 늘 존재했다.

연배가 더 높은 파트너가 변화하는 언론 지형을 따라가는 데 실패할 수도 있다. 그 결과 제시도 그와 함께 몰락할 수 있다. 은퇴할 나이가 가까워지면 순응하는 사람도 있다. 그와 함께 회사도 위축된다. '안전한' 길에도 실패의 가능성은 무궁무진하다. 너무나 많은 것이 제시의 통제에서 벗어나 있었다. 그것이 내가 산책하면서 제시에게 전달하고자 했던 내용이다.

당신의 번영이 다른 사람의 행동에 달려 있을 때는 언제나 위험이 따른다. 그러므로 당신은 당신의 운명에 대한 통제권을 최대한 확보하려고 노력해야 한다. 스스로 청사진을 그려볼 수 있도록 가능한 한 많은 힘을 원해야 한다. 가장 안전한 도박은 다른 누구도 아닌 자신에게 거는 도박이다. 도박장에서 기대 승률이 가장 높은 사람은 당신이다. 왜냐하면 당신은 스스로를 움직이게 하는 것이 무엇인지 정확하게 알기 때문이다. 그런 내부 정보는 금맥이다.

　그날로부터 7년 뒤로 바로 건너뛰어 보자. 결국 제시는 원래 직장에 그대로 머물렀어도 성공했을 것이다. 그러나 제시가 도약했기 때문에 그런 건 상관없게 되었다. 제시는 RSE 벤처스의 파트너가 되었다. 그리고 우리는 함께 80명의 직원을 둔 세계적인 홍보회사를 세웠다. 미국 전역의 톱 브랜드 100여 개 이상의 지분을 소유한 제시의 에이전시는 D2Cdirect-to-consumer: 제조사가 중간 유통 단계를 제거하고 온라인 자사몰, SNS 등에서 소비자에게 직접 제품을 판매하는 방식 공간에서 홍보업계 1위를 차지하고 있다. 자신의 능력과 멘토를 신뢰한 제시는 기존 회사에 묶여서는 결코 성취할 수 없었을 수준의 부와 자유를 누리고 있다. 제시의 고객사 15곳이 유니콘 기업으로 전환하는 동안 우리도 그 성공에 편승했다. 신비한 동물 유니콘을 닮은 그 스타트업들은 수십억 달러 이상의 기업가치를 인정받고 있다. 제시는 내가 알고 있던 대로 완벽한 선견지명이 있었고, 내가 상상한 것보다 훨씬 더 뛰어난 인사관리자이자 회사 운영자였다. 이 이야기의 놀라운 결말은 2022년 여름에 다가왔다. 그해 홍보업계의 거대 기업 베를린로젠BerlinRosen이 데리스앤컴퍼니를 인수합병했다. 롱아일랜드 사요셋의 중산층 가정 출신 청년이었던 제시는 이제 100만 달러의 몇 곱절에 달하는 부를 축적한 자수성가 부자가 되었다. 공원을 돌면서 내가 건넨 제안을 그가 받아들인 결과다. 그리고 과감히 뛰어들 용기를 냈기 때문이다.

물론 단 한 번도 뭔가가 보장된 적은 없었다. 당연하게도 제시의 이야기에서 많은 부분이 제시 고유의 것이고, 그의 놀랍고도 드문 재능 덕분에 가능한 것이었다. 나는 RSE 벤처스의 든든한 지지를 업고서 제시를 운전석에 앉히고 그의 회사에 시동을 걸 준비가 되어 있었다. 그러나 핵심은 RSE 벤처스의 자금이나 내가 없었다 하더라도 제시는 스타가 될 운명이었다는 거다. 왜냐하면 제시에게는 자신의 두려움을 정복할 용기가 있었기 때문이다. 당신의 내면 깊숙한 곳에도 그런 용기가 있다.

· · ·

우리는 모두 언젠가는 완벽한 순간이 올 것이라고 상상한다. 나이가 더 들고 재정적으로 더 안정되면 그때가 올 거라고 생각한다. 우리는 더 많은 경험으로 단련하면 우리가 더 큰 위험에 대처할 수 있게 된다는 착각에 빠진다. 그러나 오늘보다 내일 도박을 하기가 더 쉬워질 리 없다. 위험을 감내하는 능력이 우리가 더 나이를 먹는다고 해서 높아지지도 않는다. 의무가 늘어나고, 직위가 높아지면 회사에서 성공에 따라오는 과시적인 요소들에 등을 돌리고 당신이 의지하는 직원 군단 없이 뭔가를 시작하기가 그만큼 더 어려워진다.

이런 문제들을 최소화하는 방법들이 있다. 당신의 필요조건들을 좁게 규정하고 '욕구'와 '필요'를 계속 구별하면 된다. 그러나 결론은 언제나 같다. 다른 사람들의 손에 당신의 운명을 맡기는 선택이 당신을 위험에 노출시킨다는 것이다. 당신의 가장 야심 찬 꿈을 추구하는 것이 너무 위험하다고 생각하는가? 정답은 그렇게 하지 않는 것이 오히려 위험하다는 것이다.

다음에 다룰 생각도 사람들이 앞으로 나아가지 못하게 붙든다.

"일반 상식의 모든 내용에 어긋나요"

배를 불태워버린다는 것은 물론 은유적으로 사용한 표현이지만 내 친구 에밋 샤인Emmett Shine이 엄청난 성공을 거두고 있는 사업을 버린 이야기는 정식 기획 기사로 쓸 만한 일이었다. 에밋과 그의 파트너 닉 링Nick Ling, 수즈 다울링Suze Dowling은 진 레인Gin Lane을 탄생시킨 책략가들이다. 진 레인은 해리스Harry's, 스위트그린Sweetgreen, 스마일 다이렉트 클럽Smile Direct Club, 힘스Hims, 큅Quip, 와비 파커Warby Parker, 보노보스Bonobos, 에버레인Everlane 등의 거인들을 창업하고 키우도록 도운 마케팅 실세조직이다. 모든 주목받는 신생 실리콘 앨리Silicon Alley: 미국 뉴욕 맨해튼에 자리 잡은 인터넷 뉴미디어 콘텐츠 업체들이 밀집한 지역 스타트업들이 에밋에게 자기 회사를 맡아달라고 요청했다. 회사가 성공가도를 달리고 있었고 에밋은 돈도 많이 벌었지만, 시간이 지날수록 다른 사람들의 브랜드를 마케팅하는 것이 자신이 하고 싶은 일이 아니라는 생각이 들었다. 모든 노력이 다소 허무하게 느껴지기 시작했고, 더 의미 있는 일을 하고 싶은 마음이 간절해졌다.

"우리는 산 정상에 올랐어요." 에밋이 내게 말했다. "고객을 정말로 행복하게 만드는, 존경받는, 독립적인 브랜딩 에이전시를 만들었다는 데 엄청난 성취감을 느꼈어요. 그러나 우리는 다음 도전과제를 원했어요. 어찌 보면 10년간의 고된 노력이 이제 결실을 얻었다고 느끼기도 했고요. 잘나갈 때 마무리하고, 다른 걸 하고 싶었어요."

에밋, 닉, 수즈는 배를 불태워버리는 궁극적인 작업을 실행에 옮겼다. 그들은 새로운 것을 하기 위해 사업 전체를 전환했다. 브랜드를 팔기 위해 완벽하게 익힌 마케팅 공식을 사용해서 스타트업 설립자들을 억만장자로 만드는 대신, 고객사들이 그랬듯이 자신들이 중요하다고 생각하는 것을 추구하는 스타트업을 만들면 어떨까?

마케팅 캠페인을 기획하는 대신 그들은 자신들의 브랜드를 만들기로 결심했고, 진 레인에서 개발한 기술들을 토대로 회사를 창립하고 운영하기로 했다. "우리는 다른 사람들에게 그들의 회사를 위해 무엇을 해야 하는지 알려주는 게 좀 지겨워졌어요. 우리는 우리의 브랜드를 만들고, 그 브랜드를 운영하고, 제품의 상업 여정을 처음부터 끝까지 책임지고 싶었어요."

그들은 회사 직원들의 동의를 구하고 함께 패턴Pattern을 설립했다. 패턴은 집과 관련된 브랜드들의 집합이다. 사람들이 세상의 압박에 대처하도록 돕는 것이 패턴의 설립 목적이다. "우리 공동설립자들은 주위의 모든 사람이 일과 SNS에 지나치게 많은 관심을 쏟고 있다고 생각했어요. 우리는 집에서 보내는 시간에 굶주려 있었어요. '패턴'은 일상의 루틴을 일종의 의식들로 전환하는 일에 초점을 맞췄어요. 요리와 정리 같은 것에서 즐거움을 찾게 돕는 거죠."

세 사람의 첫 브랜드 이퀄파츠Equal Parts의 요리도구는 가정의 요리사들이 부엌에서 보내는 시간을 음미하고 그들이 삶의 균형을 찾는 것을 돕도록 디자인되었다. 그다음에는 가정용 창고 회사 오픈스페이시스Open Spaces를 창립했다. 그리고 겟잇라잇GIR, Get It Right과 레터포크Letter-folk를 인수합병했다. 겟잇라잇은 스패출러 같은 주방용품 생산업체이고, 레터포크는 사람들이 공간을 자신의 취향에 맞게 꾸미도록 돕는 창의적이고 현대적인 인테리어 용품을 공급한다.

이 이야기를 할리우드 영화로 각색한다면, 창립 12개월 만에 패턴의 기업가치가 수천만 달러로 평가받았다는 사실에 초점을 맞출 것이다. 그것은 진 레인이 브랜딩 사업을 할 때는 기대조차 할 수 없었던 높은 가치평가였다. 게다가 패턴은 에밋과 그의 팀에게 진정한 보람을 느끼게 해주는 벤처였다. 그들은 이미 성공을 가져다준 배를 불태워버렸다. 그리고 자신들이 배운 것을 다음 꿈을 좇고 훨씬 더 대담한 여정을 시작하는 데 활용했다.

그러나 진실은 늘 더 복잡하다. 패턴 창립은 에밋, 닉, 수즈가 예상했던 것만큼 쉽지는 않았다. 아무것도 없는 상태에서 브랜드를 탄생시키는 것은 어려운 일이다. 진 레인에서 여러 브랜드 탄생에 핵심 역할을 했지만, 그들은 그들이 모든 업무를 잘하는 것은 아니라는 사실을 깨달았다. 최상의 제품을 개발하고 유통공급망을 관리하는 일은 복잡했다. 그들은 어떤 면에서는 아무것도 없는 상태에서 시작하기보다는 이미 존재하는 브랜드를 가져다가 그 안에 숨은 가치를 발굴하는 편이 더 낫겠다는 데 생각이 미쳤다. 그렇게 자신들의 한계에 대한 자기인식과 부족한 점을 인정함으로써 다시 한번 자신감으로 무장한 그들은 곧 다시 최초의 계획으로 돌아가 반복하는 과정을 통해 600만 달러의 투자금을 모았다(RSE 벤처스도 그 투자자 중 하나다). 그리고 그 투자금으로 매출이

200만 달러에서 1,000만 달러 사이인 신생 브랜드(겟잇라잇, 레터포크 같은)를 인수해서 자신들이 현장에서 시험하고 검증한 브랜딩, 마케팅, 운영의 최적 조합을 적용해 성장을 촉진했다.

"우리의 초창기 가설 중 일부는 옳았습니다. 일부는 틀렸고요." 에밋이 설명했다. "공급망과 대출 흐름이 우리 앞에 새로운 문제로 부상했지만, 우리는 계속 학습했습니다. 사업모형은 우리가 2019년에 설계한 것과는 달라졌지만, 나는 그 사업모형에 자부심을 느낍니다. 우리는 흐름을 거스른 것이 아니에요. 그저 바람 소리에 귀를 기울이고 있는 것뿐이에요."

그들이 진 레인의 사업을 버렸을 때 동료들은 공식적으로는 그들의 대담한 결정에 찬사를 보내면서도 사석에서는 머리를 긁적거렸다. 잘나가는 걸 왜 망치는 걸까? 일반 상식은 당신을 제자리에 머물게 한다. 더 잘하기 위해서 망치는 거다. 배를 불태워버리면 다음 단계로 나아갈수 있게 된다.

"이미 너무 많은 시간과 에너지, 돈을 투입했어요"

우리는 모두 이 점 때문에 고민에 빠진다. 그게 인간의 본성이다. 나는 포담대 로스쿨 야간 과정을 마치기 위해 4년간 스스로를 극한으로몰고 갔다. 그리고 그 기간 내내 이런 노력을 합리화할 수 있는 유일한길은 내가 변호사가 되는 것뿐이라고 확신했다. 9·11 직후 몇 주 동안뉴욕의 위기대응을 관리할 수 있을 정도로 간신히 정신을 붙들고 있는 와중에도 내 뇌에 로스쿨을 마치는 데 집중할 수 있도록 작은 부분을 남겨두었다. 게다가 당시 나는 그때까지도 여전히 어머니의 죽음을 애도하고 있었다. 그해 가을부터 일할 곳을 구하기 위해 로펌을 돌며 취업 인터뷰를 했다. 세계에서 가장 큰 로펌 중 하나이며, 아마 명성도 가장 자자한 스캐든, 아프스Skadden, Arps로부터 일자리를 제안받았다. 나는 그 제안을 받아들일 준비가 완벽하게 되어 있었다. 고용계약서에 서명했고, 입사 보너스를 수령했고, 입사할 준비를 마쳤다.

그런데 그해 봄 나는 시장실에서 차출되어 로어 맨해튼 재개발 프로젝트 책임자로 임명되었다. 나는 아주 오랫동안 매우 명확한 비전을 간직하고 살았다. 그 비전에 따르면 나는 변호사가 된다. 그러나 이제 사회생활을 어느 정도 한 나는 스캐든 같은 로펌에서 파트너가 되는 길이 매우 길고 험난하다는 것을 알고 있었다. 소속 변호사 중 파트너가 되는 것은 극히 소수였다. 그런데 파트너가 되는 일도 짧은 기간 내에 이루어지는 것은 아니었다. 로펌 측은 파트너 변호사가 되기까지 대개 11년이 걸린다고 했다. 법조계의 슈퍼스타라면 8년이나 9년 만에 파트너 변호사가 될 수도 있을 것이다. "슈퍼스타는 어떻게 되는 건가요?" 내가 물었다. 일단은 그 누구보다도 더 많은 시간을 일해야 할 것이다. 그것이 기본 잣대다. 그리고 그 시간을 아마도 지하층 어디선가 보내야 할 것이다. 이건 다른 이야기지만, 그 시간들은 자신이 직접 성실하게 기록해야 하는데, 나는 그동안 맥도날드에서 일할 때를 제외하고는 내 근무시간을 직접 기록할 일이 없었다.

나 자신의 미래를 만들어가기 위해 몇 년을 보냈는데, 이제 결국 근무시간으로 평가받는 자리로 돌아가야 하는 것이다. 무엇보다 그 근무시간들을 오래된 서류 상자를 열고, '발견'이라고 부르는 절차에 따라 노란색 형광펜을 들고 코를 박은 채 모든 문장을 한 줄, 한 줄 검토하면서 보내야 할 것이다. 그것은 연옥에 더 가까워 보였다.

스캐든에서 일자리를 제안받은 것은 매우 큰 행운이었다. 그러나 나는 그곳에서 일하는 것이 내가 16살 때부터 해온 것처럼 위로 올라가는 속도를 높이는 데는 도움이 되지 않는다는 것을 깨달았다. 물론 로펌 변호사가 약속받는 특권과 위험을 최소화하고 싶은 충동, 그리고 무엇보다 로스쿨 졸업장을 따기 위해 들인 시간, 에너지, 돈, 즉 매몰비용 때문에 그 제안을 거절하기가 쉽지 않았다. 나는 9·11 추모관 건설이 마무리되면 로어 맨해튼 프로젝트 다음에 무엇이 올지 알지 못했다. 그러나 로펌의 신입 변호사가 되기 위해 연봉 감축을 받아들이는 게 옳은 결정은 아니라는 것만은 알았다.

나는 스캐든에 입사 보너스를 반환했다. 그리고 지금까지 변호사 시험을 치지 않고 있다. 변호사 시험에 합격할 자신이 없어서가 아니다. 내가 미래에 변호사로 일할 가능성 자체가 없다고 생각해서도 아니다. 다만 내가 그 시험을 치면, 그리고 그 문을 조금이라도 열어놓으면 로펌에 들어가고 싶은 유혹이 너무나 강할 것이라는 사실을 알기 때문이다. 시험을 치면 나중에 후회할까 봐 두려운 그런 커리어를 선택하기가 더 쉬워진다. 그래서 나는 내 배를 불태워버렸다.

· · ·

이 이야기에서 얻을 수 있는 교훈은 두 가지다. 첫째, 일단 선택지들을 수집하고 나서 그 선택지들을 이리저리 비교해보면서 마음을 정해도 된다. 나는 삶이 '당신의 선택에 따라 달라지는 모험 이야기'처럼 전개된다고 상상한다. 어릴 때 나는 그런 이야기를 읽는 걸 좋아했다. 결말을 바꾸는 것이 얼마나 대단한 능력처럼 느껴졌던가!

절대로 압력이나 관행이 대안을 꿈꾸는 것을 가로막도록 하지 말라. 실제로 선택할 수 있는 입장이 되어야 어떤 선택지에 대한 판단을 내리기가 쉬워진다. 나는 분명히 변호사가 되고 싶었다. 스캐든에 언제부터 출근할지를 정해야 하는 날이 오기 전까지는 그랬다. 그리고 막상 그날이 오자 나는 내가 그곳에 갈 때 무엇을 포기해야 하는지 비로소 알 수 있었다.

둘째, 매몰비용에 관한 교훈이다. 매몰비용이라는 개념을 제대로 이해하기는 어렵다. 우리는 우리가 돈, 시간, 노력을 낭비했다는 생각을 하고 싶어 하지 않는다. 환불 불가 표를 샀다는 사실만으로 콘서트에 반드시 가야 한다고 생각한다. 마침내 그날이 왔을 때 콘서트에 가기보다는 집에 있고 싶다는 생각이 아무리 강하더라도 말이다. 그러나 알아야 할 것이 있다. 돈은 이미 썼다. 과거다. 그러니 과거에 벌어진 일을 정당화하려고 애쓰기보다는 현재의 당신이 앞을 내다봤을 때 당신에게 최선의 선택이 무엇인지를 따져야 한다.

나는 사업에서 이런 문제가 생기는 것을 늘 목격한다. 매직스푼Magic Spoon의 내 친구들은 귀뚜라미 밀가루를 판매하기 위해 5년이라는 긴 세월을 보냈다. 그들은 곤충 단백질 산업에 깊숙이 관여하고 있었고, 귀뚜라미 스낵이 기념비적인 성공을 거둘 거라고 확신했다. 그들은 그 일에 돈, 시간, 노력을 들이부었다. 초창기에 자신들이 가졌던 믿음을 정당화해야 한다는 생각에 더 이상 버틸 수 없을 때까지 계속 전진할 수도 있었다. 그런데 어느 날 그들에게 더 좋은 아이디어가 떠올랐다. 바로 신세대를 위한 단백질 기반 아침 시리얼이었다. 다만 재료에서 귀뚜라미는 빼기로 했다. 그들은 그 시리얼에 전부를 걸었고, 아주 맛 좋은 제품을 개발했다. 배에서 뛰어내리기에 적절한 타이밍은 희망이 전부 사라졌을 때가 아니다. 대개는 그 타이밍이 그보다 훨씬, 훨씬 더 앞서 찾아온다. 뛰어내리기 적절한 타이밍은 더 나은 뭔가가 눈에 띈 바로 그 순간이다. 이미 투입한 노력(과 돈) 때문에 망설이고 있다면 현상을 유지함으로써 놓치는 기회비용에 관해 생각해야 한다. 매몰비용을 생각하면 기운이 빠질 수도 있다. 그러나 새로운 기회를 잡는 행운이야말로 당신을 수렁에서 구원할 동아줄이다. 과거는 과거다. 과거는 바꿀 수 없다. 매몰비용은 매몰되도록 놔두자.

"내가 가장 잘하는 일을 계속해야 해요"

새라 쿠퍼Sarah Cooper라는 이름을 들어봤을지도 모르겠다. 그 이름이 낯설더라도 최소한 온라인에서 새라 쿠퍼의 영상을 봤을 가능성이 있다. 새라 쿠퍼는 15년간 테크 산업에서 일했다. 야후Yahoo를 거쳐 구글Google에서 시각디자이너로 일하면서 수백만 명이 매일 사용하는 제품인 구글독스Google Docs 디자인에 참여했다. 그런데도 그녀는 코미디 작가, 코미디언이 되는 꿈을 꿨다. 새라는 테크업계를 웃음거리로 삼는 블로그 포스트를 올리기 시작했다. 몇 개는 화제가 되었고 심지어 책도 냈다. 그러나 새라 쿠퍼를 유명하게 만든 것은 트럼프Trump 대통령의 기자회견 립싱크 영상이었다. 그녀는 틱톡과 트위터에 짧은 동영상을 올렸고, 하루아침에 유명인사가 되었다. 마침내 넷플릭스Netflix 스페셜 제작 계약을 따냈고, 〈지미 키멀 쇼Jimmy Kimmel Show〉에서 지미 키멀 대신 객원 진행자로 활약하기도 했다. 새라 쿠퍼를 다룬 최신 기사는 그녀가 실리콘밸리에서 일한 경력은 언급하지 않는다. 그녀가 테크 세계를 풍자하면서 수년간 공들여 쌓은 코미디 콘텐츠에 관해서도 언급하지 않는다. 그녀를 오직 도널드 트럼프 립싱크 영상으로 하루아침에 스타덤에 오른 인물 그 이상도 이하도 아닌 것으로 묘사한다.

만약 새라 쿠퍼가 자신에게 주어진 레인에 머물러야 한다고 생각했다면, 즉 자본주의 기업에서 일한 경험에서 소재를 쥐어짜는 코미디언이라는 자리를 계속 지켜야 한다고 생각했다면 그녀는 결코 그렇게 단숨에 큰 성공을 거둘 수 없었을 것이다. 만약 새라 쿠퍼가 자신의 시각 디자인 기술을 낭비하는 것이 걱정되었다면 애초에 구글을 떠나지도 못했을 것이다.

"구글을 떠나기가 정말 힘들었어요." 그녀가 말했다.[1] "6개월을 고민했어요. '그만둬야 할까? 아니야, 모르겠어…'를 반복하면서요. 구글에서 일하는 것보다 더 좋은 것을 찾지 못할까 봐 두려웠던 거죠."

"내가 내 꿈을 포기하는 것 같은 기분이 들었다는 게 아이러니였어요. 많은 사람이 구글에서 일하는 꿈을 꾸니까요. 그러니 내 백업 커리어가 다른 사람들이 생각하는 훌륭한 커리어였던 거예요."[2] (나도 뉴욕 제츠에서 일할 때 같은 기분이 들었다.) 새라에게는 구글을 떠나서 완전히 새로운 것을 시도할 용기가 있었다. 그런 결단은 보상받았지만, 보상받지 못했더라도 큰 손해는 아니다. 우리가 과감히 움직일 때 종종 잊는 한 가지는 우리가 이미 익힌 기술은 어디로 가지 않는다는 사실이다. 비록 지금 당장은 그 기술이 어떻게 활용될지 보이지 않더라도 말이다. 나는 새라 쿠퍼가 언젠가 자신의 이름을 건 TV 쇼에 출연하는 모습을 상상할 수 있다. 자신이 등을 돌리고 떠난 테크업계를 풍자하면서 동시에 높은 자리에 있는 리더들을 웃음거리로 만드는 흠잡을 데 없는 재능을 펼쳐 보이면서. 그날이 오면 그녀의 여정이 완벽하게 이해될 것이다. 비록 오로지 그날이 되어야만 그렇게 이해하는 것이 가능할 수 있겠지만 말이다.

· · ·

재능은 증발하지 않는다. 나는 시장실에 취직하기 전까지 내 본업이었던 기자로 일하면서 익힌 기술을 지금도 매일 활용한다. 기업가들에게 질문을 던지고, 그들 자신이 진정 누구인지, 그들이 내게 좋은 인상을 주기 위해 보여주는 파워포인트의 슬라이드들 뒤에 무엇이 있는지를 캐내기 위해 집요하게 물고 늘어진다. 나는 또한 변호사 수십 명의 업무를 감독하기도 했다. 로스쿨에 다닌 덕분에 그들이 하는 업무를 훨씬 더 잘 이해할 수 있다. 그래서 나와 내 회사를 보호하고, 모든 거래의 주요 조건들을 결정할 수 있다. 기자로 일하면서 패턴 인지도 익혔다. 그것은 내가 매일 하는 업무에서 귀한 능력이다. 정치인의 스태프로 일하면서 나는 치열한 환경에서 살아남는 법, 정부 규제에 대처하는 법, 정부기관 내에서 협상하는 법을 배웠다. 내가 한 모든 일들이 내게 새로운 능력을 줬고, 내 커리어가 나를 어디로 데려가든 그 능력들은 내가 하는 일에 가치를 더했다. 낭비될지도 모르는 기술을 습득하는 것이 두려워서 앞으로 나아가기를 주저하는 일이 없도록 하라. 당신의 모든 기술과 경험은 장기적으로 당신이 더 효과적으로 일하는 데 도움이 될 수밖에 없다.

"남들이 보지 못하는 기회를 좇는 데는 어떤 보장이 필요해요"

이런 생각이 특히 나를 답답해서 미치게 만든다. 기회는 다른 사람이 그 기회를 보기 전까지만 기회다. 다른 사람이 기회를 보는 순간 선점자로서 이점이 사라진다. 얻게 될 이익이 거의 남지 않게 된다. 다른 사람들이 당신의 비전을 이해하고 인정할 때까지 기다리면 그때는 이미 한참 늦어버린다.

매직스푼 설립자들은 본능을 따랐고 귀뚜라미에서 시리얼로 방향을 전환했다. 그러나 만약 그들이 전문가의 말을 들었다면 결코 그렇게 방향을 바꾸지 못했을 것이다. 시리얼 진열대는 죽은 품목으로 여겨진다. 혁신도 없고, 부정적인 인식이 붙어 있고, 성장도 더디다. 설탕이 듬뿍 첨가된 시대착오의 식품 버전이다. 그러나 그들은 자신들이 귀뚜라미 스낵을 개발하면서 배운 것들을 완전히 새로운 맥락에서 활용할 기회를 포착했다. 사람들이 럭키참Lucky Charms이나 프로스티드 플레이크Frosted Flakes 같은 어린 시절의 시리얼에 대해 느끼는 향수와 현재의 헬스 트렌드 및 키토식 식단을 연결시키면 어떨까?

건강식으로 접근하는 시리얼들의 포장은 대개 그 시리얼을 먹는 것이 형벌처럼 보이게 만드는 경향이 있었다. 시리얼 먹는 것을 재미있는 일처럼 보이게 만들면 좋지 않을까? 그들은 흠잡을 데 없이 완벽한 제품 비전을 가지고 내 사무실로 왔다. 나는 그들의 비전이 새롭고, 색다르다고 생각했다. 그리고 시리얼 진열대를 기습 공격하는 데 성공할 것으로 보였다. 나는 그들에게 첫 투자금 수표를 써서 건넸고, 그로부터 3년 만에 매직스푼은 수십억 달러라는 아주 만족스러운 액수의 가치평가를 인정받았다. 2022년 6월 그들은 아마존 설립자 제프 베이조스의 동생 마크 베이조스Mark Bezos가 공동설립한 회사가 주도한 투자금 라운드에서 8,500만 달러를 모금했다.

다른 사람이 그 기회를 볼 수 있을 정도로 명확해지고, 위험이 제거될 때까지 기다리면 그 기회를 자본화하는 것은 불가능해진다. 나는 이것을 번개와 천둥의 차이로 설명한다. 빛은 소리보다 훨씬 더 빠른 속도로 이동한다. 우리는 빛이 번쩍하는 걸 보고 그다음에 잠시 침묵이 흐르다가 우르르 쾅쾅 울리는 소리를 듣는다. 대다수의 사람들은 번개에 반응하지 않는다. 그들은 놓칠 수 없는 증거인 천둥소리가 날 때까지 기다린다.

다른 이들이 모르고 있을 때 당신만 움직여야 정보비대칭성이 당신에게 이익이 된다는 사실을 받아들여라. 무리가 당신을 따라잡을 때까지 기다리면 그 기회는 무용지물이 된다. 다른 사람이 지나간 길을 따라가기는 쉽다. 아무것도 없는 상태에서 처음부터 시작하는 것이 훨씬 어렵다. 무에서 유를 창조하기. 이전에 존재하지 않았던 시장 창조하기. 당신이 그런 것들을 할 때 엄청난 성공을 거둘 가능성이 가장 크다. 번개가 칠 때 행동에 나서라.

그런데 이런 질문을 할 수도 있다. 어떤 훈련을 해야 다른 사람보다 먼저 그런 큰 기회를 볼 수 있을까? 첫째, 당신이 이미 어느 정도 배경지식을 갖춘 영역에서 활동하면서 패턴 인지 역량을 개발하라. 내가 전매 통찰proprietary insights이라고 부르는 것을 얻을 수 있는 상황에 스스로 들어가라. 유일무이한 제품이 있어야만 사업을 시작할 수 있는 게 아니다. 온전히 당신만의 것인 특별하고 실천 가능한 통찰만 있어도 된다. 당신이 이해하고 싶은 사업 부문을 중심으로 원을 그려라. 당신이 읽을 수 있는 모든 관련 자료를 읽어라. 아직까지 아무도 의문을 품지 않은 집단사고를 찾아라. 그 사업 부문에서 상식은 어떤 것이 있는가? 당신은 그 상식을 어떻게 뒤집을 수 있을까?

조 바이엔Joe Bayen은 프랑스에서 미국으로 온 뒤 일류 흑인 기업가가 되었다. 그는 빈곤층, 이민자 집단 같은 소외계층이 신용점수를 높이는 데 큰 어려움을 겪고 있으며, 그 결과 탈출 불가능한 빈곤의 악순환에 갇히게 된다는 통찰을 지니고 있었다. 먼저 그는 레니 크레디트Lenny Credit를 시작했다. 레니 크레디트는 학생들과 밀레니얼 세대에게 전화로 100~150달러를 빌려주는 마이크로론 사업이다. 이를 통해 그들이 신용 이력을 쌓도록 도왔다. 하지만 이 회사에 돈을 선뜻 빌려주는 은행 파트너를 구하기가 힘들었고, 결국 현금이 동났다. 조는 포기하지 않고 동일한 통찰을 다르게 접근하는 사업 전환을 꾀했고 그로 크레디트Grow Credit를 창립했다. 그로 크레디트는 넷플릭스, 스포티파이Spotify, 아마존 프라임 같은 서비스의 구독료를 내는 데 필요한 돈을 빌려줬다. 마스터카드Mastercard와 파트너십을 체결해 사용자들이 이렇게 적은 액수의 대출을 통해서 신용점수를 쌓을 수 있게 했다. 엄청나게 획기적인 발명품이나 지식재산권은 없었다. 오로지 그가 뭔가 대단한 것을 포착했다는 확신, 그리고 그것을 추구할 용기로 족했다.

"정말 아슬아슬했어요." 그가 내게 말했다. "내게 남은 마지막 10만 달러를 투자했어요. 그것도 신용카드로요! 그리고 2~3주 뒤에 마스터카드가 합류했고, 은행 두 곳이 그 뒤를 따랐어요. 우리는 10여 곳 이상의 투자자들로부터 1억 600만 달러의 투자금을 받았어요." 나도 그 투자자 중 한 명이다. 그리고 조의 미션을 굳게 믿는다. "결코 쉬운 일은 아니에요. 하지만 이타적인 동기로 움직일 때, 당신의 은행 잔고보다 더 큰 무언가를 추구할 때, 세상에 도움이 되는 뭔가 위대한 일을 하려고 노력할 때는 지치지 않고 달리기가 더 쉬워져요. 그리고 자신에 대한 믿음을 유지하기도 더 쉬워지고요."

조와 매직스푼의 설립자들은 다른 사람이 자신들의 아이디어를 인정해줄 때까지 기다리지 않았다. 그리고 자신들의 직감을 신뢰했는데, 그 신뢰가 얼마나 깊었던지 '실패'에 직면해서도 꾸역꾸역 계속 앞으로 나아갈 수 있었다. 만약 당신이 성공하리라고 확신하는 아이디어가 있다면, 그것을 실행하라. 비관론자들이 뭐라고 하든 말든 개의치 말고.

• • •

미셸 코르데이로 그랜트Michelle Cordeiro Grant의 이야기 역시 전매 통찰의 혁신적인 힘을 보여준다. 미셸은 빅토리아 시크릿Victoria's Secret에서 일했고, 그 회사의 마케팅 접근법이 여자들의 필요를 완전하게 충족하지 못한다고 생각했다. 빅토리아 시크릿은 도발적이며 성적 매력을 발산하고 싶은 여자들을 위한 시장을 독점하고 있었다. 그러나 강인하고 능력 있는 여자가 되고 싶다면 어떻게 해야 할까? 단순히 연인에게 매력적으로 보이고 싶어서가 아니라 자신을 위해 옷을 입는 여자들은 어디로 가야 할까? 미셸은 많은 여자들이 속옷 쇼핑을 별로 좋아하지 않는다는 것을 알았다. 즐거운 경험이 아니었다. 그러나 어디선가는 속옷을 사야만 했다. 미셸에게는 전매 통찰이 있었다. 그녀는 기존 브랜드들이 여자들과 연결되지 못하고 있다는 것을 깨달았다. 그런 통찰만으로도 미셸이 뭔가 혁명적인 것을 만들기 시작하기에 충분했다. 미셸은 커뮤니티와 사회적 공유를 동력으로 삼은 온라인 속옷업체 라이블리Lively를 창업했다. 미셸은 그 브랜드의 모든 측면과 관련된 포커스 그룹을 실시했다. 여자들이 무엇을 원하는지, 어떻게 하면 그들과 연결될 수 있는지 파악했다. "우리는 사람들이 '팬티'나 '언더웨어'라는 단어를 쓰고 싶어 하지 않는다는 것을 알게 되었어요." 미셸이 내게 한 가지 예시를 들어줬다. "'언디즈undies'가 편안하고 보편적인 표현으로 여겨지고 있었어요." 미셸의 사업모형이 옳은 접근법인지는 명확하지 않았다. "사람들은 왜 내가 커뮤니티에 투자하는지 물었어요. 거기에는 ROIreturn on investment, 즉 투자자본수익률이 없다고 말했어요. 그러나 나는 그 공간에 있는 다른 브랜드들과는 다르게 생각해야 한다는 걸 알았어요. 그리고 커뮤니티가 우리의 차별화 포인트가 되리라는 것도요."

미셸은 자신의 이메일 리스트가 화제가 되었을 때 자신의 브랜드가 확실하게 성공하리라는 것을 알았다. 그녀의 첫 이메일 리스트는 500명이다. 미셸은 회사의 콘텐츠와 목소리를 만들어가는 중이었고, 독자들에게 친구를 추천해달라고 부탁했다. 48시간 만에 500명의 수신인이 13만명으로 늘어났다. 서버가 다운될 정도였다. 미셸은 유일무이한 제품을 내놓은 디자이너가 아니었다. 완전히 새로운 제품을 발명하려고 나선 것도 아니었다. 그녀의 통찰은 단순히 사람들과 모든 여자에게 필요한 뭔가를 살 때 그들이 느끼는 감정에 관한 것이었다. 그로부터 약 2년이 지났을 때 미셸은 라이블리를 어마어마한 성공 사례로 성장시켰고, 일본 의류업체 와코루에 1억 달러에 팔았다고 보도되었다.

. . .

내 친구 마크 로어는 연쇄창업가다. 다이퍼스닷컴Diapers.com(아마존에 5억 4,500만 달러에 매도)과 제트닷컴Jet.com(월마트에 33억 달러에 매도)에서의 고액 엑시트exit: 투자금을 회수하고 수익을 확정하는 것를 달성함으로써 전설이 되었다. 다이퍼스닷컴은 아무도 온라인에서 기저귀를 합리적인 가격에 판매하지 않는다는 통찰에서 시작했다. 기저귀 배송료가 비싼 것이 그 이유였다. 이 문제에 마크가 접근한 방식은 누구라도 할 수 있는 것이었다. "저는 그냥 앉아서 구글 검색창을 열고 마구잡이로 온갖 키워드를 입력하면서 그 단어들이 얼마나 자주 검색되는지를 조사했어요." 마크 로어가 회상했다. "당시 아이가 막 태어난 터라 별생각 없이 '기저귀'를 넣고 검색했어요. 그리고 그 단어가 한 달에 수만 번 검색되는 걸 봤죠. 그때 온라인에서 기저귀를 파는 업체는 사실상 없었어요. 아마존에서조차 팔지 않았어요. 그래서 저는 생각했죠. '기저귀는 크지, 부피가 크고 사람들은 가게에 가서 기저귀 사는 걸 싫어해.' 그래서 우리가 저렴한 가격에 부모들에게 기저귀를 팔면서 주문한 다음 날 배송 받게 할 수 있으면, 그들을 고객으로 잡을 수 있을 거고, 기저귀 말고 다른 것도 사게 할 수 있다고요."

마크 로어는 기저귀를 손해를 보고 파는 주요 미끼 상품으로 삼고, 같은 사이트에서 옷, 유모차, 젖병 등 온갖 부가적인 아기용품을 고객들이 구매하도록 유도해서 거기서 남긴 이윤으로 손해를 충당했다. 처음에는 주문을 받은 뒤에 근처 코스트코Costco나 비제이스BJ's에 가서 판매대의 대용량 기저귀를 구매해서(자신의 사이트 판매가보다 더 높은 가격에 샀다) 고객에게 발송했다. 기저귀 판매로는 엄청나게 큰돈을 잃고 있었다. 그러나 다른 품목에서 그 손해를 메웠다. 마침내 아마존에서 그의 회사를 인수하지 않을 수 없었다.

"사업가가 되고 싶은 많은 사람이 자신에게 좋은 아이디어가 없다고 말하는 거 압니다." 마크가 내게 말했다. "그러나 나는 아이디어가 중요하다고 생각하지 않습니다. 진심이에요. 나쁜 아이디어가 잘 풀리는 것도 봤고, 훌륭한 아이디어가 실패하는 것도 봤어요. 모두 실행, 헌신, 추진력, 끈기에 달렸죠. 이미 잘나가고 있는 걸 아주 조금 비틀기만 해도 됩니다. 그걸로 충분해요."

우리가 인식하든 인식하지 못하든 이미 우리에게는 세상을 살아가면서 매일 노출되는 데이터가 있다. 그 데이터의 해석이 우리의 고유성이 된다. 자신에게는 보이는데, 다른 사람은 보지 못하는 것이 무엇인지를 알아채는 데서 우리의 재능이 나온다. 그런 통찰이 보상이 가장 큰 도약으로 이어진다. 지금 당장 도약하지 않으면 당신이 아닌 다른 누군가가 도약할 것이다. 그것도 곧. 스스로를 속이지 말라. 꿈을 좇지 않고 유보하는 것은 사실은 그 꿈을 다른 사람에게 양보하기로 결정한 것이나 마찬가지다. 만약 당신의 전매 통찰을 포착하면 그것이 곧 당신만의 것이 아니게 되리라는 것을 알아야 한다.

"나도 도약하고 싶지만, 내 전부를 걸 수는 없어요"

절반만 뛰어드는 것, 이를테면 물속에 한쪽 발을 넣으면서 언제든 그 발을 뺄 여지를 남겨두는 것은 오히려 우리에게 해가 된다. 이것을 입증하는 연구도 있다. 몇 년 전 펜실베이니아 주립대학교 와튼스쿨의 연구팀은 실험대상자들을 두 집단으로 나누고 동일한 과제와 함께 동일한 실행 계획안을 제공했다. 한 집단은 과제를 수행하면서 그 계획안 외에도 과제를 완수할 수 있는 추가 계획안을 생각해보라는 요청을 받았다. 달리 말하면 그들은 플랜B를 세워야 했다.3 그 집단은 플랜B가 없는 집단보다 성취도가 더 낮았을 뿐 아니라 더 나아가 성공에 필요한 동기 자체를 잃었다. 이기는 데 관심이 없어진 것이다.

플랜B가 있으면 더 안전하다는 느낌이 들고 불확실성에 대처하도록 도울 수 있다. 그러나 플랜B는 당신의 첫 번째 목표가 달성될 확률 자체를 낮추기도 한다. 플랜B를 고민하는 행동만으로도 원 계획안이 결실을 거둘 확률을 급격히 낮추는 피드백 고리가 발동되고, 계획을 성공시키는 것보다는 만약의 경우를 대비한 대안 계획을 세우는 데 감정 에너지가 너무 많이 새어나간다. 아널드 슈워제네거Arnold Schwarzenegger는 이런 연설을 한 적이 있다. 현재 그 연설은 유튜브에서 수백만 회가 넘는 조회 수를 기록하고 있다. 그 연설의 제목은 '나는 플랜B를 정말 싫어합니다'이다.

"플랜B는 안전망이 됩니다." 슈워제네거는 말한다. "그것은 내가 실패하면… 나를 보호할 뭔가 다른 것이 있다는 메시지를 전달합니다. 그리고 그건 좋지 않습니다. 왜냐하면 사람들은 안전망이 없을 때 더 좋은 성과를 내기 때문입니다."[4]

이것이 내가 배를 불태워버리라고 말할 때 전달하고자 하는 메시지다. 탈출로나 대안 계획을 찾느라 당신의 정신적 에너지를 낭비해서는 안 된다. 모든 에너지를 목표에 쏟아야만 한다. 안 그러면 그 목표에 아예 도달할 수 없게 된다. '다음에 뭘 해야 할까?'라고 생각해야 하는 바로 그 순간 '만약에 …라면?'과 같은 질문을 해서 자신의 꿈이 실현되는 것을 방해한다. 당신이 자신이 성공하지 못할까 봐 걱정하는 사람이라면, 내 말을 믿으라. 당신은 이미 실패했다.

. . .

나는 뉴욕 제츠 구단에서 8년을 일한 뒤 떠났다. 제츠는 아무도 떠나지 않는 그런 종류의 일자리였다. 내 동료 중에는 제츠에서 수십 년 일한 사람도 있었다. 그리고 나는 아주 짧은 시간 안에 그 조직의 최상단으로 올라갔다. 나는 그곳에서 커리어를 구축했다. 그러나 밤만 되면 뭔가가 나를 괴롭히면서 잠을 잘 수 없게 했다. 나는 주위를 둘러보았고, 이 일을 30년 동안 해왔으면서도 여전히 매 순간을 즐기는 사람들을 보았다. 나는 그런 사람이 아니었다. 새라 쿠퍼처럼, 나는 많은 사람이 꿈의 직장이라고 부르는 곳에서 일하고 있었다. 그러나 그 사실만으로 그 직장이 내 꿈의 직장이 되는 것은 아니었다.

나는 내가 어떤 다른 일을 할 수 있을지 즐거운 환상에 빠지기 시작했다. 만약 당신이 이 책에서 단 하나의 교훈만을 가져간다면 바로 이것이기를 바란다. '언제나 자신의 환상을 진지하게 대하라.' 당신의 뇌가 당신에게 뭔가를 말할 때 그것을 무시하지 말기 바란다. 나의 경우 그 환상은 낭비되고 있는 잠재력과 관련이 있었다. 낭비되고 있는 나 자신의 잠재력이 아니라(그것도 일부 있었지만 대부분은) 낭비되고 있는 제츠 구단의 잠재력에 관한 것이었다. 제츠 같은 유명 브랜드에는 기회가 끊임없이 찾아와 문을 두드린다. 우리는 페이스북, 유튜브, 스냅챗Snapchat, 핀터레스트Pinterest 같은 기업과 함께 등장한 거의 모든 혁신적인 소비자 부문 신기술에 투자하고 얼리어답터가 될 기회를 제안받았다. 그러나 미식축구 구단은 역사가 오래되었고, 이미 안정적이고 수익성인 높은 사업이다. 브랜드를 지킨다는 미명하에, 또는 NFL의 조직 어휘를 빌리자면 '방패NFL의 로고가 방패 문양이다를 보호한다'는 핑계로 엄청난 관성이 작용하고 있다.

나는 그런 태도가 언제나 과잉보호처럼 느껴졌다. 스포츠 리그와 구단들은 혁신기술을 받아들이는 문제에서 한참 뒤처져 있을 때가 많다. 결코 선두에 서는 법이 없다. 검증되지는 않았지만, 전도유망한 기술을 받아들이기에는 그들의 기준이 너무 높다. 미식축구라는 산업의 안정성을 고려하면 그게 영리한 선택일 수도 있다. 그러나 그렇기 때문에 나는 그 산업에 대한 흥미를 잃었다.

그 대신 나는 기업의 네트워크와 제츠 같은 팀에 대한 투자 관련 비전이 생겼다. 스포츠팀의 팬층과 스포츠팀의 명성을 활용해 수백만 명과 연결된 독보적인 사업 생태계를 창조하는 것을 상상해보라. 물론, 나는 제츠의 팬들에게 다가가기 위해 트위터 운용을 진두지휘했고, 우리는 NFL에서 가장 많은 팔로어를 보유했다. 그러나 그 이후 수많은 기회가 스쳐 지나가는 것을 손 놓고 지켜봐야 했다. 나는 내 능력을 최대한 발휘하지 못하고 있다고 느꼈다. 나는 영원한 성장과 혁신이 일어나는 곳에 있고 싶었다. 전반적으로 순조롭게 흘러가는 업무를 감독하고 싶지 않았다. 내가 무엇을 하든, 하지 않든 제츠에는 TV 중개권이 있었다. 사람들은 여전히 제츠 경기를 보기 위해 표를 살 것이었다.

그래서 그만뒀다.

제정신이었느냐고 묻고 싶을지도 모르겠다. 그 당시 나는 안정적인, 적어도 현재 시점에서 안정적인 직장에 잘 다니고 있었다. 물속에 한쪽 발만 넣을 수도 있었을 것이다. 부업으로 작은 회사에 투자하면서 내가 회사 창업을 돕는 데 정말로 재능이 있기는 한지 시험해볼 수도 있었을 것이다. 그러나 그것은 절반의 노력에 그쳤을 것이다. 중대한 책임을 져야 하는 진짜 본업 사이사이에 무리하게 끼워 넣은 부업 투자로는 제대로 된 성과를 올릴 수 없었을 것이다.

그래서 구체적인 계획도 없이 일단 떠났다. 나는 투자를 시작하는 데 필요한 자금을 모으기 위해 여기저기 소문을 냈다. 미팅도 했다. 그리고 휴가도 갔다. 내가 무모했다고 말할 수도 있다. 그러나 진짜로 무모한 것은 행복하지 않을 길을 따라 삶을 계속 이어가는 것이었다. 우리는 우리가 가진 것을 지키는 데 너무 많은 시간을 쓰는 나머지 놓치고 있는 것으로 인한 잠재적 손실을 무시한다.

이제 와 돌아보면 혁신에 대한 미식축구계의 거부에 불만을 품은 것이 나만은 아니었다. 스티븐 로스는 내가 제츠를 떠난 무렵 마이애미 돌핀스 구단을 인수했다. 나는 미팅 자리에서 그와 만난 적이 있었다. 내가 제츠를 떠난 뒤 그는 왜 내가 떠났는지 알고 싶어 했다. 그에게는 미식축구 사업을 이해하는 사람, 자신의 경영이 올바른 방향으로 나아가도록 도울 수 있는 사람이 필요했다. 그러나 회사를 창업하는 사람으로서 그는 미식축구 구단 경영과는 다른 유형의 에너지를 간절히 찾고 있는 내 입장을 백분 이해했다. 스티븐은 나중에 내가 제시에게서 발견한 것과 마찬가지로 내 안에서 뭔가를 발견했다.

객관적으로 말하면 스티븐이 나를 만났을 당시, 내 배경에는 내가 다른 회사 설립자에게 훌륭한 투자자나 멘토가 될 수 있을 거라는 단서가 말 그대로 하나도 없었다. 무엇보다 사모펀드 커리어에 필요한 이력이 내게 없는 것만은 확실했다. 그런데도 내가 만난 세계에서 가장 성공적인 건설 개발업자이자 혁신적인 기업가 중 한 명이 자신의 사유재산에서 수천만 달러를 떼어내 나에게 기회를 줬다. 스포츠를 중심으로 여러 D2C 사업으로 마구 뻗어나가는 투자 포트폴리오를 구성할 기회 말이다. 하버드 출신도 아니고, 록펠러 가문의 후손도 아닌, 고졸 검정고시로 커리어를 시작한 퀸스 출신 젊은이에게 이런 기회는 흔치 않았다. 그는 내 잠재력을 알아봤다. 왜냐하면 그가 이미 유경험자였기 때문이다. 스티븐 본인의 긴 커리어 궤적에서 성공의 구심점은 집단사고와는 무관하게 인재를 포착해서 배정하는 능력이었다. 집단사고는 대개 우리 사회의 승자들을 지명한다. 스티븐은 내 출신 배경이 내 재능보다 우선시되어서는 안 된다는 것을 알았다. 그는 사람들의 성공이 그들이 어디에서 왔는지가 아니라 그들이 어떤 사람인지에서 나온다는 것을 알았다.

나와 스티븐은 완벽한 조합임이 판명 났다. 나는 제츠 구단에서 일하면서 배운 것들을 활용해 돌핀스의 사업이 궤도에 오르도록 도왔다. 그러나 나는 내 시간의 대부분을 RSE 벤처스를 설립하는 데 썼다. 그리고 우리는 RSE 벤처스를 통해 훌륭한 리더가 이끄는 훌륭한 브랜드들을 찾아내 그들과 협력하면서 세상을 변화시켜 갈 것이다. 그것은 내가 제츠 구단에 머물렀다면, 내가 미지의 세계로 뛰어들 결심을 하지 않았다면 결코 가질 수 없는 기회다.

. . .

그렇다면 당신을 멈추게 하는 것은 무엇인가?

어떤 사람들은 가족의 생계를 책임지고 있기 때문에 무작정 뛰어들 수 없다고 말한다. 그들은 핵심을 놓치고 있다. 모든 걸 걸고 뛰어드는 것은 후방지원이 없다는 것과는 다른 것이다. 은행에 모아둔 예금이 있을 수 있다. 내가 제츠를 떠났을 때는 그랬다. 당연하다. 제츠를 떠난다고 곧장 거리에 나앉게 되는 것은 아니었다. 인간관계를 모조리 끊거나 자신의 명성에 먹칠을 해서 다시는 취업을 못 하도록 하라는 것이 아니다. 집을 담보로 제2금융권에서 돈을 빌리거나 자녀의 대학 학자금으로 마련해둔 돈을 건드리거나 자동차에서 먹고 잘 필요도 없다. 다만 당신의 비전에 전념해야 한다. 플랜B를 세우면, 그리고 플랜B를 위한 플랜B를 만들면 그런 대비책들이 목발이 되어서 달려 나갈 수 없게 만든다.

이런 생각을 할 수도 있다. 분산투자는 어떤가? 위험을 분산시키는 것이 중요하다고 모두가 강조하지 않는가. 달걀을 전부 (검증되지 않았고, 불확실하고, 보장되지 않은) 한 바구니에 넣으면 안 된다고. 그러나 나는 확신을 키워야 의심도 약해진다고 믿는다. 분산투자의 비율은 당신이 성공을 얼마나 확신하는지와 역관계에 있다고 생각한다. 당신의 에너지를 기회들의 지형에 넓게 퍼뜨려서 실질적으로는 어느 하나의 기회에도 전념할 수 없게 하는 것은 비생산적이다. 나도 그런 도약을 감행하기가 어렵다는 것을 안다. 기업인수목적회사special purpose acquisition company, SPAC를 설립하기로 결심했을 때, 그래서 이후 뉴욕 증권거래소에서 벨을 울리게 된 그 여정을 시작했을 때, 나도 끊임없이 흔들렸다. 타이밍이 좋지 않다고 생각했다. 그리고 실제로도 타이밍이 좋지 않았다. 그러나 나는 우리 팀이 장애물을 극복할 수 있다고 믿었고, 내게는 다양한 분야의 전문가(마케팅 전문가, 브랜딩 전문가, 기타 내가 아는 가장 뛰어난 사업 두뇌를 지닌 사람들)로 SPAC 팀을 구성하겠다는 매우 차별화된 비전이 있었다. 그래서 우리가 선택한 회사의 가치를 발굴해서 상장시킬 수 있다고 생각했다. 결론을 말하자면, 나는 내 전략이 빗나갔다고 생각하지 않는다. 그러나 극복 불가능한 것들도 있게 마련이다. 2020년 초부터 인플레이션이 심화될 거라는 두려움이 커지고, 나스닥NASDAQ이 역사상 최악의 1월에 거의 근접한 나쁜 실적을 보이는 상황에서(한때 고점에서 18퍼센트 이상 떨어지기도 했다) 계속 밀고 나가기보다는 프로젝트를 중단하는 것이 최선의 선택지가 되어버렸다.

지금도 나는 그때 포기하길 잘했다고 생각한다. 그 과정에서 나는 교훈을 얻었고, 그 일로 숀 하퍼와 연결되었다. 숀 하퍼는 놀라운 기업가이고, 우리가 SPAC 파트너십을 종료한 지 한 달도 채 지나지 않았을 때 홀로 7,500만 달러의 투자금을 모으는 데 성공했다. 나는 이번에는 위험을 감수했음에도 불구하고 보상을 받지 못했다. 그러나 위험을 감수하지 않으면 애초에 보상을 받을 가능성 자체가 생기지 않는다. 나는 눈을 똑바로 뜬 채로 그 위험에 뛰어들었다. 그래서 그 경험이 다음번에는 뭔가 더 대단한 것으로 나를 이끌어줄 것이라는 데 한 점의 의심도 없다.

. . .

내 실패에 관해 이야기하는 이유는 일이 언제나 잘 풀린다고 거짓말하고 싶지 않기 때문이다. 나는 당신이 모든 것을 다 가질 수 있다고 말하지 않을 것이다. 아무도 성공을 보장할 수는 없다. 뭔가를 추구할 때는 늘 다른 뭔가를 잃게 된다. 당신이 희생하게 될 모든 것을 고려하라. 가족과의 시간. 당신의 예금. 그것이 무엇이든 당신을 유혹하는 다른 것을 할 기회. 그러나 그다음에는 당신이 얻을 수 있는 보상, 유형과 무형의 보상들을 떠올려라. 당신이 그 일을 왜 하는지보다는 어떻게 해야 할지를 생각하는 데 더 많은 시간을 쏟아라. 적어도 처음에는 그래야 한다. 이것이 당신 인생에서 최고의 여정이 될 것이라고 믿으라. 그 길에서 겪게 될 개별적인 성공들과 실패들은 훨씬 더 큰 이야기의 장들에 불과하다.

직관에는 반하지만 당신이 받아들여야만 하는 관념은 우리가 위험과 맺고 있는 관계가 본질적으로 역관계라는 것이다. 우리는 위험을 감수하기 전에 문제에 대한 이론적인 해답을 찾고 정립해야 한다고 믿는다. 이것을 다른 말로 '신중함prudence'이라고 부른다. 나는 그것과는 정반대로 해야 한다고 믿는다. 우리가 어떤 목표를 추구하기 전에 문제에 대한 완벽한 해결책을 내놓아야 한다고 믿으면, 어려운 상황에서 우리가 얼마나 큰 성과를 낼 수 있는지 우리의 능력을 입증할 기회를 스스로 빼앗는 꼴이 된다. 문제에서 해결책이 나온다. 문제를 어떻게 해결할지 대략적으로만 구상한 채로 그 문제에 접근하면, 언제나 행동하는 쪽을 선호하면, 당신의 원초적 뇌가 나서서 나머지 일을 전부 처리할 것이다.

그렇게 어느 순간 당신이 거기에 있다.

물속에 있다.

그리고 이제는 돌아갈 수도 없다.

2부 돌아갈 수 없다

BURN THE BOATS

CHAPTER 4

불안을
최적화하라

우리가 최고의 성과를 내도록 자극하는 불안의 힘에 관해 생각할 때면 곧장 에릭 만지니가 떠오른다. 나는 에릭이 2006년부터 2008년까지 뉴욕 제츠의 수석코치였을 때 그와 함께 일했다. 디테일에 집중하는 그의 치열함에 힘입어 그가 부임한 첫해 제츠는 포스트시즌에 진출했다. 4승 12패로 형편없는 성적을 기록한 바로 그다음 시즌에 이룬 성과다. 그리고 만지니는 다른 사람은 결코 감당하지 못했을 '만지니어스Mange-nius'라는 애칭을 얻었다.

만지니는 늘 조금이라도 개선시킬 수 있는 여지를 찾았다. 그는 제츠의 팀 훈련의 모든 내용을, 심지어 훈련 중 틀어놓는 음악까지 꼼꼼하게 챙겼다. 그의 목표는 끊임없이 선수들의 루틴에 개입해서 선수들을 그들이 익숙한 구역에서 끌어내는 것이었다. 그는 선수들에게 발레를 시키거나 권투를 가르치는 등 일상적인 패턴에서 억지로라도 벗어나게 할 수 있다면 뭐든 시도했다. 2006년 포스트시즌이 다가오자 그는 팀 훈련 장소를 동굴 같은 실내 미식축구장으로 옮겼다. 36미터 높이에 펼쳐져 있는 지붕은 NFL의 가장 뛰어난 키커가 찬 공도 닿을 수 없을 정도로 멀어 보였다. 그래서 귀를 먹먹하게 만드는 메아리를 만들었다. 이게 문제가 되었을까? 만지니에게는 아니었다. 그에게 그것은 경기장의 특징일 뿐 성가신 골칫거리가 아니었다. 그는 선수들이 어떤 방해를 받더라도 최고의 실력을 발휘하는 법을 배우기를 원했다.

메아리로 충분하지 않다고? 만지니는 연습경기 중에 헤비메탈과 랩 음악을 아주 큰 볼륨으로 틀어놓았고, 선수들은 서로의 목소리를 들을 수 없었다. 스피커에서 터져 나오는 소리를 막기 위해 손을 말아 귀에 댔지만 소용이 없었다. 선수들은 팔을 이리저리 휘두르면서 손짓으로 소통할 수밖에 없었다. 그것은 완전히 혼돈 그 자체였다. 모두 만지니가 의도한 것이었다.

만지니의 광기에도 논리가 있었다. 스피커와 메아리는 팀이 (현재는 철거된) 미니애폴리스의 메트로돔 원정경기에서 실내경기장에 들어서면 대면하게 될 귀를 찢는 군중의 소음을 대신한 것이었다. "훈련하듯이 시합을 하게 된다"는 것이 만지니의 신조였다. 그의 목표는 시합 날에 대비할 수 있도록 그와 똑같은 스트레스를 선수들에게 가하는 것이었다. 다만 선수들이 실력이 발휘하지 못할 정도가 되지는 않게 주의했다. "나는 그들이 불편함에 익숙해지도록 만들고 싶었습니다." 그가 내게 말했다. "그래야 성장할 수 있으니까요. 소음은 선수들로 하여금 어쩔 수 없이 비언어적인 방식으로 소통하도록 만들 것이고, 그건 시합할 때 중요한 이점으로 작용했습니다. 그리고 제가 시합 당일의 환경을 재연해서 선수들이 그에 익숙해지게 할 수 있다면 팀은 큰 이점을 얻게 되죠."

만지니는 심지어 제츠의 훈련실을 '뇌 전투장brain battlefield'으로 바꾸었다. 전직 대령 출신인 루이스 소카Louise Csoka 박사가 감독했다. 소카 박사는 미국 육군 최초의 역량향상센터performance enhancement center를 만들었다. 소카 박사를 우리 훈련시설에 초청해 함께 일한 것은 흥미진진한 경험이었다. 그는 컴퓨터 화면에 연결된 전극을 선수들에게 붙였고, 선수들은 자신의 뇌파를 관찰하면서 이리저리 바꿔보는 시도를 했다. 그 훈련은 상황인식situational awareness과 자기조절력self-regulation에 관한 이론을 바탕으로 설계된 것이었다. 선수들은 자신이 미식축구장에서 멋진 동작을 수행하는 장면을 시각화하고 그 장면을 머릿속에서 실시간으로 재생한다. 엄청난 스트레스를 받는 순간에조차도 긴장이 이완된 상태에 들어갈 수 있도록 훈련을 통해 호흡조절법도 익혔다.

효과가 있었을까? 나는 모른다. 애초에 특별한 효과를 기대하고 시도한 훈련이 아니었다. 우리는 와일드카드로 진출한 플레이오프 게임에서 뉴잉글랜드 패트리어츠New England Patriots에게 졌고 2007년에는 팀이 완전히 무너졌다. 그해 우리의 시즌 전적은 다시 4승 12패로 돌아갔다. 만지니는 마법사가 아니었다. 단순히 그가 시도한 것들이 충분하지 않았을 수도 있다. 그러나 선수들을 그들의 한계까지 몰고 간다는, 그리고 그런 상황에서 발생하는 스트레스를 관리하는 능력을 향상시킨다는 그의 아이디어는 상당히 합리적이었다. 불안에 관한 과학 연구들을 살펴보면 더더욱 그런 생각이 든다. 1908년 하버드의 두 심리학자가 훗날

여키스-도슨 법칙Yerkes-Dodson law으로 알려진 이론을 제시했다. 이것은 두려움과 불안에 관한 입증된 이론이다.1 두 사람의 연구는 우리의 성과와 불안의 관계가 종형 곡선을 그린다는 사실을 발견했다. 최상의 실력을 발휘하려면 두려움도 어느 정도는 필요하지만 지나치면 안 된다. 그렇다 보니 우리 삶에서 스트레스 요인을 전부 제거하기보다는 목표를 추구할 때 스트레스를 적절하게 분배하면서 그 스트레스를 촉매제로 삼아야 한다는 까다로운 과제가 생긴다.

이 장에서는 불안의 최적 수준을 찾는 법을 다룬다. 불안은 우리가 의욕을 잃지 않고 계속 더 높은 곳을 바라보면서 효율적으로 일하게 만들 수 있다. 다만 그 불안이 우리를 마비시키거나 번아웃 또는 재앙으로 몰아갈 만큼 크면 안 된다. 당신의 여정에서 불안을 최대한 활용하기 위해서는 다음의 4단계를 거쳐야 한다. 첫째, 스스로를 감시한다. 자신이 성과와 불안 관계의 종형 곡선 꼭대기에 있는지, 옳은 목표를 추구하고 있는지 확인한다. 둘째, 불안을 당신이 성과를 올리는 데 필요한 효과적인 동력으로 삼는다. 셋째, 당신이 한계점에 몰렸다는 징후는 없는지 촉각을 세워라. 넷째, 불안을 관리하는 도구들을 통해 불안을 일정 수준으로 유지하는 라이프스타일을 마련하라.

몸과 마음을 감시하는 데 시간을 할애하라

네 테 쿠아에시베리스 엑스트라Ne te quaesiveris extra. 랠프 월도 에머슨의 《자기 신뢰》를 여는 첫 문장이다. 라틴어로 '당신 자신을 자신 이

외의 곳에서 찾지 말라'는 뜻이다. 우리는 우리에게 답이 있는지 고려조차 해보지 않은 채 전문가와 상담하고, 유튜브 영상을 보고, 서점 책장을 훑는다. 자기인식은 온전히 당신의 통제하에 있는 가치 창조를 위한 최고의 재료다. 그저 당신 내면으로 시선을 돌린 채 묻기만 하면 된다. 나는 지금 편안한가?

만약 답이 '그렇다'라면 뭔가 잘못된 것이다. 편안하다는 것은 당신에게 여분의 역량이 남아 있다는 뜻이다. 그리고 이는 잠재력을 최대한 발휘하고 있지 않다는 뜻이다. 다음 여정을 위해 회복하고 에너지를 비축하는 중인 것이 아니라면 편안한 상태여서는 안 된다. 편안함은 위대한 사람들이 정체기에 빠지는 이유다.

케이틀린 울리Kaitlin Woolley 교수와 아일렛 피시바크Ayelet Fishbach 교수는 불편함이 어떻게 개인의 성장을 유도하는지 연구했다. 그들은 즉흥 코미디 수업, 개인적으로 힘들었던 경험에 관한 글쓰기, 자신과 정반대의 관점을 지닌 사람에게 공감하기와 같이 정서적으로 위험할 수 있는 일련의 활동들을 할 때 불편함을 가장 크게 느꼈던 실험대상자들이 가장 크게 성장했다는 사실을 발견했다. "성장에 내재된 불편함을 피하기보다는 그것을 발전의 징표로 여기면서 불편함을 추구해야 한다. 성장 과정은 대개 불편하다. 우리는 불편함을 포용하는 것이 의욕을 고취시킨다고 생각한다."[2] 불편함을 대하는 관점을 바꿔서 그것이 구조 요청이 아닌 피드백 고리로 느껴지도록 하라.

오직 헬리콥터만이 제자리에서 빙빙 돈다. 인간은 올라가거나 내려간다. 사람(과 기업)은 자신의 현재 지위를 유지하면서 동시에 계속 성장하는 데 필요한 엄청난 노력을 들이지 않으면 몰락한다. 가장 성공적인 기업들은 자신의 아이디어 중 에너지가 약해진 것은 스스로 잡아먹는 한편 끊임없는 재창조 문화를 체화하는 이중 전략을 실행한다. 불편한 상태는 고통스럽다. 그러나 고통은 당연하다. 성장에는 고통이 따르기 때문이다. 당신의 하루를 들여다봤는데, 그것이 대부분 당신이 이미 마스터한 과업들로 채워져 있다면 당신은 지나치게 편안한 상태다. 당신이 지금 하는 일이 성공했을 때 그것이 당신의 프로필을 업데이트할 정도로 대단한 것이 아니라면 굳이 그 일을 할 필요가 있을까?

· · ·

내가 내 인생에서 도둑질당했다고 여기는 것이 딱 한 가지 있었다. 나는 퀸스 칼리지가 정말 좋았다. 그러나 내가 더 좋은 학교에서 최고 수준의 학생들과 어깨를 나란히 할 수 있었을지 확인할 기회를 얻지 못했다. 나는 집에서 어머니를 돌보며 살아야 하는 고등학교 중퇴자인 신분에서 대학 진학을 결정했기 때문이다. 그래서 집에서 멀지 않고 등록금이 저렴한 공립대학의 야간 과정을 다녀야 했다. 나는 내가 보통 가정에서 평범한 어린 시절을 보내고, 대다수 아이들이 고민하는 사소한 문제들을 겪으면서 자랐다면 내 인생이 어떻게, 얼마나 달라졌을지 궁금했다. 숙제를 끝냈는가? 졸업 댄스파티에 같이 갈 여자친구가 있는가? 이런 문제들 대신 나는 우리 모자가 그 주에 저녁 끼니를 해결할 수 있을지, 어머니가 침대에서 꼼짝 못 하게 되었을 때 어떻게 목욕을 시켜야 하는지, 오늘 밤이 어머니가 숨을 거두는 날이 될지, 또는 어머니가 가장 깊은 절망에 빠진 순간에 내뱉은 "전부 끝내겠다"는 협박을 실행에 옮길지를 걱정해야 했다.

내 능력에 대한 자신감이 부족하지는 않았다. 기회만 주어졌다면 하버드대 같은 곳에도 갈 수 있었을 거라고 생각했다. 그러나 나는 또한 그것이 내 에고가 하는 말이라는 것도 알았다. 그런 말은 누구나 할 수 있다. 그것이 진실인지 아닌지 증명할 길이 없다. 그 사실이 나를 좀먹었다. 나는 학교에서 나 자신을 증명해 보이고 싶은 욕구, 나도 다른 사람만큼이나 똑똑하다는 것을 알리고 싶은 욕구를 충족하지 못한 채 살았다. 그래서 내가 최상층에 속하는지 시험해볼 기회를 간절히 원했다.

내가 하버드대 학생이 되는 것은 불가능했다. 나도 알았다. 45살인 내게 그 문은 닫힌 지 이미 오래다. 그러나 그보다 더 나은 것은 없을까? 나는 사람들을 가르치고 지도하는 일을 무척 좋아했다. 또한 공식적인 형태로 그 일을 할 수 있기를 늘 바랐다. 그렇다면 하버드대에서 학생들을 가르치면 어떨까? 거기에 생각이 미치자 나는 꼭 그렇게 하고 싶어졌다. 그 마음이 너무나 간절해져서 내 뱃속에서 나비처럼 펄럭거렸다. 어떻게든 현실로 만들어야 했다.

하버드대 측과 몇 개월에 걸쳐 대화를 나눈 끝에('사회 환원'을 하고 싶다면서 하버드대에 전화를 걸어 오지만 성공적인 강의를 하기 위해 노력을 쏟을 마음은 전혀 없는 전문가들을 솎아내기 위한 긴 절차다) 하버드대는 마침내 내게 겨울학기를 위한 강의 제안서 제출을 허락했다. 겨울학기는 정규학기 중에는 피상적으로만 다루는 특정 주제 영역에 깊이 몰입해 탐구하는 집중 단기 과정이었다. 내게 주어진 과제는 현대적이면서, 탐구가 덜 되었고, 내가 논쟁의 여지 없는 전문가에 해당하는 주제를 찾아야 한다는 것이었다.

"맷에게는 일반적인 교수 임용 조건에 부합하는 배경 조건이 전혀 없었어요." 렌 슐레싱어 Len Schlesinger가 회상했다. 지난 40년 이상을 하버드 비즈니스스쿨의 전임 교수로 재직한 렌 슐레싱어는 나와 공동수업을 진행하는 협업 교수가 되었다. "전문가와의 대화가 진행되는 방향은 대략 이렇습니다. 나는 그 사람이 강의를 왜 하고 싶은지, 왜 우리가 그 강의에 관심을 가져야 하는지를 내게 설명할 수 있는 사람을 찾습니다. 몇 년 전부터 나는 이 질문으로 대화를 시작하는데, 매번 통합니다. '당신이 이 세상에서 그 누구보다도 더 잘 아는 것이 있다면 그것은 무엇인가요?' 맷에게 물었을 때 그는 즉각적으로 답했습니다. D2C 시장이라고요. 그는 자신이 투자자로서 그 시장에 관해 안다고 설명했습니다. 다른 투자자들, 기업가들과 밀접하게 일한 경험이 있고, 어떤 것이 효과적이고, 어떤 것이 효과적이지 않은지에 대한 확고한 관점이 있다고 말했어요. 게다가 우리가 그 시장에 대해 그가 강의하도록 초대한다면 자신의 네트워크를 활용할 것이라고 했으니 금상첨화였죠."

학생들과 이야기하면서 나는 D2C 시장이 비즈니스스쿨 커리큘럼에서는 틈새시장이라는 것을 알게 되었다. 교수진 중에 현장에서 활동하는 사람이 거의 없었고, 학생들이 주 단위로 점점 더 커지는 그 공간에 노출될 기회도 없다시피 했다. D2C 공간에서는 한때 파워포인트의 슬라이드에 불과했던 아이디어가 2~3년 만에 유니콘 스타트업이 되기도 한다. 이 기업들은 하버드 비즈니스스쿨에서 활용하는 사례연구 대다수보다 훨씬 더 최신 사례들이다. 비즈니스스쿨에는 강의실과 기업가들이 활동하는 현재 세계를 실시간으로 연결할 수 있는 창구가 부족했다. 그리고 그런 창구가, 세계의 상위 D2C 브랜드 몇 곳을 수년간 후원한 내가 협상 테이블에 가져올 수 있는 조건이었다. 결국 렌을 설득하는 데 성공했다. 이제 나는 그 약속을 지켜야 했다.

비즈니스스쿨 환경에서 얼마나 많은 가치를 전달해야 하는지에 관한 선결기준 없이 우리는 엄청나게 빡빡한 커리큘럼과 일정을 짰다. 나흘간 22명의 D2C 설립자들을 초청해 학생들에게 강연하게 할 예정이었다. 학생들이 이 강의가 없었다면 만나거나 접할 방법이 아예 없었을 그런 기업가들과의 소중한 대화 자리가 마라톤처럼 연달아 이어졌다.

그런데 강의일이 다가올수록 점점 더 불안해졌다. 내가 과연 이걸 해낼 수 있을까? 22명의 설립자들과 학생들 앞에서 깊이 있는 대화를 나누고, 또 그 과정에서 그들의 머릿속을 이리저리 들쑤시면서 독창적이고 강력한 통찰을 찾아내기 위한 준비 작업에는 정말로 많은 노력을 들여야 할 것이다. 당시 렌은 비즈니스스쿨에서 강의를 한 번도 해보지 않은 사람만이 이렇게 야심 찬 강의안을 제안할 수 있다고 내게 말했다.

현재 나는 팟캐스트Podcast 인터뷰 준비를 치밀하게 한다. 내가 구할 수 있는 모든 자료를 읽고 연구하는 데 몇 시간이고 쓰면서 처음 만나는 사람과 대화를 이어가는 데 필요한 최대한의 준비를 해둔다. 하버드 비즈니스스쿨 강의를 위해 나는 수업 진행 절차를 발명해야 했다. 그리고 그 절차를 22번의 수업에서 반복해야 했다. 내가 불안을 느끼는 것은 여러모로 당연해 보였다. 결국 내가 당시 본업으로 처리하는 다른 모두 업무에 더해 거의 1년 치에 달하는 수업 준비 작업을 해야 했다. (물론, 당신은 이 책에서 그렇게 마련된 사례연구의 일부를 접하는 혜택을 누릴 것이다. 당시에는 내가 이 책에서 나누는 이야기들의 밑작업을 시작했다는 사실을 몰랐다.)

100명의 학생들에게 내 초청 연사들—로리 그레이너, 제시 데리스, 크리스티나 토시, 게리 베이너척Gary Vaynerchuk 등—은 나와 함께 거의 모든 각도에서 D2C 공간을 해부했다. 우리는 가능한 한 깊이 분석하려고 노력했다. 나는 그 수업들이 감각과부하를 일으키는 몰입형 경험이 되기를 바랐다. 너무나 강력해서 그들이 결코 잊지 못할 경험이 되기를 바랐다. 하루는 아침에 스포츠계의 유명인사 그론카우스키Gronkowski 형제 다섯 명을 초대했다. (장남은 프로야구 선수였고, 나머지 형제들은 모두 NFL 선수로 활약했었다.) '그롱크'라는 애칭으로 불리는 미래의 명예의 전당에 헌정될 타이트엔드tight end: 태클의 2야드 이내에 라인업을 하는 오펜시브 엔드이며, 블로킹과 패스를 받는 역할을 한다 롭 그론카우스키도 그중 한 명이었다. 그론카우스키 형제는 학생들이 땀을 흠뻑 쏟을 만한 훈련 코스를 진행했다. 스타트업 설립자의 고된 삶을 은유적으로 경험하게 한 것이다. 하루는 로스앤젤레스에 있는 체인스모커스Chainsmokers를 실시간 스트리밍으로 만났다. 그들은 투자에 초인적인 에너지를 불어넣는 유명인사의 힘을 보여줬다. 한편 매직스푼 설립자들과 아침식사를 하기도 했고, 크리스티나 토시와 함께 새 쿠키 제품을 맛봤다.

"이런 나흘짜리 강의를 하러 오는 사람이 현장 전문가인 경우에는 자신이 전문가라는 사실에만 기대어 실질적인 노력은 들이지 않기가 매우 쉽습니다." 렌이 설명했다. "그러나 맷은 강의에 완전히 다른 관점을 끌어들였고, 이런 집중강의에 대다수 사람들이 들이는 노력보다 훨씬 더 많은 노력을 들였습니다."

나는 강의를 위해 모든 것을 아낌없이 풀었다. 자택 3층을 모의 강의실로 꾸몄다. 커다란 칠판, 분필, 지우개도 들여놨다. 나는 칠판에 손으로 글씨 쓰는 연습을 하기 위해 책을 샀다. 한밤중에 파워포인트 슬라이드를 손봤다. 하버드대는 내게 최선의 노력을 요구했고 나는 그 요구에 부응하고 싶었다. 내가 그럭저럭 괜찮은 경험을 제공하는 데 그친다 해도 삶은 계속되었을 것이다. 하지만 하버드대가 다시 나를 강사로 초청하는 것과 상관없이 나는 위대한 일을 할 수 있다는 것을 스스로에게 증명하고 싶었다.

"맷은 피드백을 간절히 원했어요." 렌이 말했다. "그리고 실제로 피드백을 수용했고, 그에 맞춰 즉시 방향을 수정했어요. 하버드대에서 가르치는 것에 대한 불안이 대개는 피드백에 반응하지 못하게 막습니다. 불안한 나머지 마비되는 거죠. 그러나 맷의 불안은 그가 더 노력하도록 채찍질했습니다."

강의가 끝났을 때 나는 학생들에게 개별 면담 시간 신청서에 등록하라고 말했다. 나는 내가 그들의 인생과 커리어에 어떻게 도움을 줄 수 있을지 알고 싶었다. 마지막 작별인사를 하는데 한 학생이 쪽지를 건넸다. 자신이 여태껏 하버드 비즈니스스쿨에서 수강한 강의 중에 이 강의가 가장 강렬했다고 쓰여 있었다. 나는 지금도 액자에 들어 있는 그 쪽지를 책상에 올려두고 있다. 그 쪽지는 내 불안을 받아들이고, 겁이 나도 전심전력을 다할 때 어떤 일이 일어나는지를 기록한 증언이다. 내 강의는 하버드 비즈니스스쿨에서 가장 인기 있는 집중단기강의 중 하나가 되었고, 나는 현재 매년 하버드 비즈니스스쿨의 임원 펠로로서 공동 수업을 하고 있다. 렌은 이렇게 전했다. "정말 많은 학생이 이 강의를 통해 마침내 자신의 미래 모습을 볼 수 있었다고 말합니다. 특히 우리가 소개한 기업가의 3분의 2가 여자였어요. 그리고 이 강의를 수강한 학생의 60퍼센트가 여학생이었고요. 하버드 비즈니스스쿨의 다른 강의에서는 보기 힘든 현상이죠."

나는 그 강의를 성공시키기 위해 많은 공을 들였다. 왜냐하면 그 강의의 성공이 내게 정말 중요한 목표였기 때문이었다. 그리고 그것이 우리가 스스로에게 던져야 할 두 번째 질문이다. 당신의 목표는 옳은 목표인가?

불편하기 위해서 불편해지는 것이 아니다. 그럴 가치가 있기 때문에 불편해져야 한다는 것이 핵심이다. 당신의 '왜'를 제대로 이해해야 한다. 무엇이 걸려 있는가? 건너편에 도착한 자신의 모습을 상상하라. 이미 그 일을 했고, 잘 해냈다. 그때 당신이 어떤 사람이 되어 있을지 생각해보라. 당신이 어떤 기분일지 생각해보라. 그리고 그 이후 펼쳐질 기회들에 관해 생각해보라. 그것이 당신을 간절하게 만드는가? 당신이 그 목표를 추구하기 위해 거의 모든 것을 기꺼이 희생할 각오를 하게 만드는가? 나는 늘 이런 사고훈련을 수행한다. 나는 나 자신을 미래로 이동시킨다. 학생 100명의 삶을 풍성하게 만든 뒤에 하버드 비즈니스스쿨 강의실에서 걸어 나오는 내 모습을 상상한다. 그리고 스스로에게 묻는다. 그 자리에 서기까지 내가 견뎌내지 못할 일이 무엇인지를.

내 답은 내가 달성하기로 마음먹은 목표가 지향하는 의미 있는 결과를 위해서라면 못 할 일이 거의 없다는 것이다. 오래전부터 계획한 휴가 여행을 취소하거나, 주택의 구입을 보류하거나, 몇 주 또는 몇 달에 걸쳐 전심전력을 다하면서 밤늦게까지 준비하느라 일시적인 즐거움들은 포기할 수 있었다. 나는 낯선 사람이 보낸 조롱하는 트윗, 친구들의 의심과 전문가들의 비관론도 견뎌낼 것이다.

내 TV 쇼의 파일럿 에피소드에 출연한 커플은 이런 교훈을 완벽하게 체화해서 보여준다. 사만사와 에드는 동화 같은 이야기를 쓰는 데 필요한 모든 재료를 갖췄다. 에드의 가족은 주얼리 산업에 종사했고, 결혼반지를 맞춤 제작해서 청혼할 준비가 다 되어 있었다. 사만사와 에드는 꿈의 결혼식을 올리는 데 필요한 자금도 충분히 모았다. 두 사람 다 대기업에서 일하기에 미래의 안정성도 어느 정도 보장되어 있었다.

"반지 따위 잊어버리자." 사만사가 말했다.

그들은 결혼반지 살 돈을 주택 구매 계약금으로 썼다. 그리고 그 주택을 에어비앤비로 돌려서 부수입을 올릴 계획을 세웠다. 그런데 코로나 사태가 발생했고 그들은 에어비앤비 계획을 포기한 채 그 집으로 이사했다. 이후 주택시장이 활황을 맞이했고, 두 사람은 그 집을 되팔아서 10만 달러의 이득을 봤다. 아직 결혼식을 올리지 않아서 여전히 수중에 있는 자금을 그 돈과 합치자 위험을 감수하고 회사를 인수하기에 충분한 돈이 생겼다고 판단했다.

"우리는 결혼식 계획을 짜기 시작했어요. 근데 별로 설레지 않더라고요." 사만사가 설명했다. "그냥 결혼식이라는 것이 우리가 아닌 다른 사람들을 위한 것이라는 생각이 들었어요. 진정으로 우리에게 도움이 되는 일 같지 않았어요. 우리의 인생과 커리어에 동력이 되거나 앞으로 나아가게 하지도 않을 거고요. 회사를 꾸리고 성장시키는 게 훨씬 더 보람찰 것 같았어요."

당신의 목표를 위해 뭔가를 포기할 수 없다면 그 목표는 아마도 틀린 목표일 것이다. 그 목표는 당신이 원하는 것이어야 한다. 그리고 옳은 이유로 그것을 원해야 한다. 분명히 나 또한 틀린 꿈을 좇던 시기가 있었다. 그리고 그것은 내가 불순한 목표를 추구할 때였다. 허영심이나 타인의 인정, 아부 또는 양심 등, 내가 결과에 홀린 나머지 현실을 보지 못했을 때였다. 우리는 모두 때로는 망상에 빠진다. 꿈꾸는 성공을 떠받칠 수 있는 토대가 없는 상태로 큰 성공을 좇는다. 우리가 그 목표를 달성할 능력이 없어서일 수도 있고, 아니면 단순히 그것이 달성 불가능한 목표여서일 수도 있다.

RSE 벤처스의 초창기에 내가 그랬다. 나는 그 당시 유망한 기업가라는 것을 증명하고 싶어 안달이 났다. 내가 탄생시킨 초기 기업들 중 하나가 리프 시츠Leap Seats였다. 나는 내가 업계의 판도를 뒤집을 통찰을 지니고 있다고 너무나 확신한 나머지 그것이 성공할 운명이 아닐 가능성을 고려조차 하지 않았다. 제츠 경기와 돌핀스 경기를 관람할 때마다 경기장의 수많은 빈 좌석들이 눈에 들어왔다. 미식축구 경기에서 시즌티켓 구매자의 의자에 앉는 대다수 사람들은 그 시즌티켓을 구매한 본인이 아니었다. 구매자의 친구나 제3자 재판매 사이트에서 티켓을 산 사람이었다. 경기장을 채운 7만 5,000명의 관객 중에서 5만 명이 어떤 사람인지 우리는 알고 싶어도 알 수 없었을 것이다. 이것은 온라인 티켓 판매가 가능해지기 전의 이야기다. 우리는 그런 관객들에 대한 정보접근권이 없었고, 그래서 그들에게 물건을 팔 수가 없었다.

나는 경기장과 가장 가까운 관람석인 로어볼lower bowl의 좌석을 팔 수 있겠다는 아이디어가 떠올랐다. 그 좌석 중 일부는 첫 쿼터 이후에는 계속 빈자리로 남아 있기도 했다. 우리 앱에 회원가입을 하고 10달러를 내면 나머지 경기 시간은 더 좋은 좌석으로 이동시켜주자. 경기종료 후 경기장에 들어와서 전직 제츠 선수와 사진을 찍는 것 같은 특별한 이벤트 참가권을 50달러 정도에 팔 수도 있을 것이다. 나는 티켓 판매 사업을 잘 아는 CEO 안드레아 파그나넬리Andrea Pagnanelli를 영입했고, 우리는 아무것도 없는 상태에서 전체 앱을 개발했다. 나는 그 아이디어에 크게 반한 나머지 단 한 번도 잠시 멈춰서 내가 뭔가를 놓치고 있지는 않은지 스스로에게 묻지 않았다.

나는 놓치고 있었다.

온라인 티켓 판매 사업이 점차 부상하는 중이었으므로 그런 맥락에서 이 프로젝트가 가까운 미래에 더 이상 합리적이지 않게 된다는 현실을 놓치고 있었다. 적어도 별개의 단독 서비스로는 전혀 의미가 없었다. 그 아이디어는 하나의 기능이지 사업모형이 아니었다. 내가 티켓마스터Ticketmaster에서 일했다면 그것은 나를 승진시켜줄 만한 그런 부류의 아이디어였다. 그러나 나는 티켓마스터에서 일하지 않았다. 내가 그 앱을 온라인 티켓 판매업자가 되기 위한 중간단계로 삼으려는 것이 아니라면(그리고 나는 결코 그런 것을 원하지 않았다) 그것은 투자할 가치가 없는 아이디어였다.

확신과 망상을 구별하는 경계선은 매우 가늘고, 기업가는 바로 그 경계선 위에서 살아야만 한다. 만약 아주 조금이라도 스스로를 속이지 않는다면, 예컨대 내가 하버드 비즈니스스쿨에서 아무런 문제 없이 강의할 수 있다고 믿었듯이, 아주 조금이나마 망상에 빠지지 않으면 당신 역량의 한계선에 있는 뭔가를 시작할 수는 없을 것이다.

그러나 스스로를 영원히 속일 수는 없다. 자신이 어떤 사람인지, 세상이 어떻게 돌아가는지, 무엇이 실제로도 달성 가능한지를 알 수 있는 자기인식이 필요하다. 나는 결국 리프 시츠 프로젝트를 폐기했다. 안드레아 파그나넬리가 다른 사업에는 완벽하게 어울리는 인재라고 판단했고, 무엇보다 안드레아 같은 인재를 놓치고 싶지 않았으므로 그녀를 재배치할 기회를 잡기로 했다. 나는 빛을 보았다. 그리고 내가 틀렸음을 인정하는 것이 겁난다는 이유로 스스로 옳은 결정을 내리는 것을 막지 않았다.

두려움을 연료 삼아 기어를 한 단계 올려라

16살에 시급 9달러짜리 일을 시작하기 위해 하원의원 게리 애커먼의 사무실에 들어섰을 때 나는 겁에 질려 있었다. 나는 그 돈을 받을 가치가 있음을 스스로 증명해야 한다는 것을 알았다. 나는 두려웠다. 매일매일 내가 모른다는 사실이, 그러니까 아는 것이 거의 없다는 사실이 들통날까 봐 두려웠다. 그 두려움은 내가 가치를 더할 수 있는 일이라고 생각되는 것은 뭐든 하도록 등 떠밀었다.

어느 날 오후 애커먼의 캠페인 매니저가 우편물 발송 업무를 도와줄 사람을 구했다. 매니저는 구세대 사고방식을 가지고 있고, 줄담배를 피우는 50대 중반의 무뚝뚝한 남자였다. 그는 후원자들에게 보내는 수천 장의 개인 맞춤형 편지를 (오래된 점 행렬 인쇄기로) 출력해야 했다. 1991년의 일로, 컴퓨터는 13살 이상의 사람들에게는 여전히 미스터리였다. 나는 그때까지 컴퓨터를 가져본 적이 없었다. 우리 집에는 식기세척기조차 없었다. 그러나 나는 영웅이 되고 싶었다. 너무 두려운 나머지 영웅이 되어야만 했다. 나는 그에게 내가 그 업무를 처리하겠다고 했다. "제가 컴퓨터를 좀 할 줄 알거든요." 나는 그 업무를 하겠다고 자원했다. 나는 똑똑하니까 컴퓨터를 다루는 방법을 알아낼 수 있을 거라고 자신했기 때문이다. 그날 모두가 퇴근한 후 나는 밤새 그 일을 어떻게 해야 하는지 시험하고, 시도하고, 배웠다. 아무리 해도 봉투의 투명한 비닐 주소창에 주소가 보이도록 인쇄되지 않아서 울음을 삼켜야 했다. 매니저가 출근했을 때 그 업무는 완료되어 있었다. 그리고 나는 상자 더미 위에 엎드린 채 깊은 잠에 빠져 있었다.

"그는 자신이 컴퓨터에 관해 아주 잘 안다고 주장했어요. 인구집단별 목록을 정리하는 데 필요한 능력이었어요." 애커먼의 캠페인 매니저는 그로부터 수년 뒤에 〈PR 위크PR Week〉와의 인터뷰에서 그렇게 말했다. 미디어에서 나를 다루기 시작했을 무렵에 나온 기사였다. "(그는 자기 능력을 과대포장했어요.) 하지만 배웠어요. 독학으로 했고, 저는 그게 인상 깊었습니다."3 예비선거가 끝나고, 총선거 기간이 시작되자 할 일이 사라졌다. 모든 스태프가 해고되었다. 나만 빼고.

나는 어렸지만, 두려움은 내가 사회적 성공을 거두는 데 필요한 중요한 교훈을 얻도록 등 떠밀었다. '어떤 업무가 주어지든, 그 업무가 아무리 하찮고 사소해 보여도 그 업무에서만큼은 스스로를 필수 인력으로 만들어라.' 만약 누군가가 어떤 일을 당신에게 맡길 정도로 중요하다고 생각했다면, 그 일은 잘 해내야 할 만큼 중요한 일이기 때문이다. 13살 때 동네 맥도날드 지점에서 키즈 파티룸 청소 업무를 맡았을 때도 나는 스스로 대체 불가능한 인력이 될 방법을 찾아야 한다는 사실을 알았다. 씹다 버린 껌이 붙어 있지는 않은지(아이들만 씹다 만 껌을 아무 데나 붙이는 게 아니었다!) 바닥에 엎드려서 버섯 모양 테이블 아랫면을 샅샅이 살펴본 덕분에 금세 파티룸 관리 매니저로 승진했다. 그리고 매일 영업 종료 후 식당의 모든 틈새와 구멍에서 맥너겟 조각이 하나도 남김없이 제거되었는지를 확인하는 업무를 맡게 되었다. (당시에는 닭고기 부스러기를 찾는 일이 씹다 버린 껌을 찾는 것보다는 한결 나은 업무처럼 보였다.)

두려움은 당신에게 온갖 훌륭한 일이 일어나게 해줄 수 있다. 마크 로어는 두려움이 어떻게 자신을 다음 단계로 나아가게 했는지 설명했다. "생사가 걸렸다고 할 만한 상황일 때, 실패하면 가족의 끼니를 걱정해야 할 수도 있을 때 초인적인 힘을 발휘하고, 이전에는 결코 가능하리라고 생각하지 못했던 일들도 해내게 됩니다." 마크가 내게 말했다. "돈을 어느 정도 번 뒤에도 나는 스스로를 그런 상황에 집어넣었습니다. 최종적으로 월마트에 매각한 이커머스업체 제트를 설립할 때는 내가 아는 모든 친구와 가족에게 투자를 받았어요. 그래야 내가 그 회사가 망하지 않고 번창하도록 싸울 테니까요. 부모님의 돈을 잃거나 친척, 친구들의 돈을 잃을 수는 없잖아요. 명예가 걸린 일이었고, 그래서 플랜B 따위는 없다고 느꼈죠."

크게 이기려면 당신의 두려움을 행동으로 변환시킬 수 있어야 한다. 불안을 도구로 삼으라. 당신이 더 높이, 더 높이 날아오르도록 당신을 밀어올리는 엔진으로 삼으라.

두려움이 당신을 나락으로 떨어뜨리도록 두지 말라

코미디언 게리 걸먼Gary Gulman은 20년 이상 스탠드업 코미디를 했다. 그럭저럭 먹고살 만했지만 남들에게 내세울 만한 성공은 거두지 못했다. 그의 주변 사람들 중 아무도 몰랐던 사실은 그가 어린 시절부터 불안과 우울에 시달렸으며 거기에 집어삼켜지기 직전이었다는 것이다. 2015년 뉴욕 하이라인 볼룸에서 넷플릭스 스페셜 프로그램을 찍으면서 그는 그 일이 자신의 커리어가 크게 도약하는 순간이 될 것이라고 생각했다. "제가 이제까지 한 것 중 최고의 공연이라고 생각했어요." 걸먼이 말했다. "그런데 관객 반응이 뜨뜻미지근했어요. 그냥 통하지 않았던 거죠. 게다가 그 스페셜을 실제로 넷플릭스에 팔기까지 1년이 걸렸고, 넷플릭스에서도 좋은 평가를 받지 못했어요."4

그 직후 걸먼의 아버지가 돌아가셨고, 그런 상황들이 걸먼을 일하는 것은 고사하고 2년 이상 심신이 마비될 정도로 심한 우울증에 빠뜨렸다. 그는 뉴욕을 떠날 수밖에 없었고, 자신이 자랐던 매사추세츠주 피바디의 고향집으로 주소를 옮기고, 어릴 적 침실에서 지내야만 했다. 어느 날 공연을 마치고 호텔 방에 혼자 앉아 있던 그는 거의 자살에 성공할 뻔했다. "코미디언은 게으르기로 유명하죠. 그러니 월요일 아침에 불쌍한 청소부 아줌마가 출근해서 그렇게 지저분하게 쓴 방에 들어오면 얼마나 놀라겠어요?"5

결국 시간을 들여 치료받으면서 우울증은 완화되었다. 그는 정신병원에 스스로 입원했고 점점 개선되는 약물을 처방받으면서 추가로 전기충격요법도 받았다. 조금씩 회복되자 그는 자신이 지난 25년 동안 연습하고 다듬은 코미디 공연 루틴으로 돌아가는 대신 자신의 불안증을 재료 삼아 일하기로 했다. 그는 새로운 코미디 극본을 썼다. 〈더 그레이트 디프레시 The Great Depresh〉에서 그는 자신의 불안증과 우울증에 관해 처음으로 공개적으로 이야기한다. … 그리고 코미디 감독이자 코미디

업계의 슈퍼스타 저드 애퍼토Judd Apatow의 전폭적인 지지에 힘입어 그 쇼를 HBO에 팔았다. 〈더 그레이트 디프레시〉는 평단으로부터 엄청난 호평을 받았다. '그토록 어두운 주제를 다루면서, 어떻게 감히 그토록 웃길 수가 있을까? 걸먼이 그만큼 재능이 뛰어난 코미디언이라는 증거' 라고 한 평론가는 썼다.6 그 쇼 덕분에 걸먼의 커리어는 부활했을 뿐 아니라 새로운 단계에 올라섰다. 이 모든 것이 가능했던 이유는 그가 자신의 결함을 포용하고 불안증에 고삐를 물리고 통제했기 때문이다. 그리고 그는 마침내 불안이 자신을 가로막지 않고 자신을 위해 일하도록 만드는 데 성공했다.

. . .

2004년 5월 20살에 캔자스시티 로열스Kansas City Royals 투수로 데뷔한 잭 그레인키Zack Greinke는 당시 최연소 메이저리그 선수였다. 그는 들쭉날쭉한 루키 시즌을 보내면서 간간이 탁월한 재능이 있다는 신호를 보냈고, 곧 그 재능을 한껏 펼칠 미래의 스타로 평가받았다. '처음부터 잭은 야구공으로 마법을 부렸다.' 〈스포츠 일러스트레이티드Sports Illustrated〉에 기고한 글에서 조 포스난스키Joe Posnanski는 그레인키를 이렇게 평했다. '그레인키는 루키 시즌에 팀의 '올해의 투수'로 선정되었는데, 로열스 구단 역사상 최연소 기록으로, 그것만으로도 드문 사례였다. MLB 역사를 훑어봐도 거포들을 은퇴시키겠다는 기세로 던진 20대 투수는 찾아보기 힘들다.'7

그러나 그레인키의 내면은 엄청나게 심각한 사회불안증과 싸우고 있었다. 팀 동료들은 그레인키가 부끄러움을 많이 타고 사람들과 잘 어울리지 못한다고 느꼈다. 그 정도가 너무 심해서 2005년 그레인키의 성적이 부진하자, 그해 겨울 로열스는 그레인키를 명예의 전당에 오른 선수 조지 브렛George Brett에게 보냈다. 사교적인 성격의 브렛과 함께 살면서 대인관계 기술을 익히게 하려는 의도였다.[8]

그러나 효과가 없었다. 2006년 그레인키는 봄 훈련을 위해 팀으로 돌아왔지만, 결국 정신적인 문제로 트레이닝 캠프에서 나왔고, 프로야구 자체를 그만둘 뻔했다.

'그레인키는 너무나 신경이 곤두선 나머지 불펜 세션 내내 단 한 개의 스트라이크도 던지지 못했다.'〈로스앤젤레스 타임스Los Angeles Times〉가 보도했다. '공을 던질 때마다 점점 더 제구력을 잃었고 공의 속도가 빨라졌다. 세션이 끝나자 참관인들이 혼란에 빠진 듯 슬픈 표정으로 멍하니 지켜보는 가운데, 그는 마운드를 내려왔다. 마운드를 내려오면서 그레인키는 생각했다. 프로야구를 포기하기로. '왜 나는 스스로를 이렇게 고문하는 걸까? 어차피 정말로 하고 싶은 것도 아니면서.' 그는 그때 느꼈던 감정을 회상했다. "경기를 하는 건 즐거웠지만, 그 외의 것들은 전혀 즐겁지 않았거든요. 이런 생각이 들더군요. 내가 정말로 하고 싶은 걸 하겠어.'"[9]

2006년 2달 동안 그레인키는 팀을 떠났다가 시즌 중간에 복귀해 그해 남은 시즌 대부분을 마이너리그에서 공을 던지면서 보냈다. 그는 사회불안증을 졸로프트Zoloft라는 약으로 치료했다며, 졸로프트 덕분에 자신이 다시 공을 던질 수 있게 되었다고 말했다. 그로부터 15년 이상이 지난 지금, 그레인키는 여전히 공을 던지고 있다. 그리고 슈퍼스타 수준의 커리어를 쌓았다. 220승 이상을 올린 그는 아마도 프로야구 명예의 전당에 헌정될 것이다. 이 글을 쓰는 현재 그레인키의 기록은 현역 선수로는 두 번째 최다승 기록이고 MLB 역사에서는 73번째 최다승 기록이다. 그리고 그는 연봉으로 3,300만 달러 이상을 벌었다.

. . .

걸먼과 그레인키는 밑바닥의 밑바닥까지 떨어졌다. 그들처럼 정신병원에 입원하거나 수백만 달러짜리 프로야구 커리어를 떠나는 현실에 직면하지 않더라도, 당신은 여전히 불안으로 인해 엄청난 고통을 받을 수 있다. 그런 불안이 당신을 앞으로 나아가게 하는 동력이 되는 것에서 당신의 수행 역량에 해를 끼치는 것으로 바뀌면, 다시 말해 최적의 불안에서 나를 쓰러뜨리는 불안으로 전환되면 순식간에 당신의 꿈을 망칠 수 있다.

살아오는 내내 나는 불안 및 불면과 싸웠고, 내가 통제할 수 있는 것과 없는 것에 대해 집착에 가까운 걱정을 했다. 친구들은 내가 자신들이 아는 가장 편집광적인 모험가라면서 나무란다. 때로는 그런 성향이 도움이 되지만 도움이 전혀 되지 않을 때도 있다. 중요한 순간에 직면했을 때, 완전히 마비되어서 아무것도 제대로 못 하게 될 수 있다. 내 몸이 반항하고, 내 뇌가 스위치를 끄지 못해서 그저 내가 휴식을 취할 수 없다는 이유만으로 내 성공이 위험에 처한다. 그런 것이 투쟁도피 반응이고, 그래서 늘 초긴장 상태에 있게 된다. 위험 신호에 특히 민감해지는 것이다. 이것은 내 커리어에 큰 변화를 가져온 〈샤크 탱크〉에 처음 출연하는 날이 다가왔을 때 심각한 문제를 일으켰다.

나는 로스앤젤레스의 한 호텔 방에 있었고, 이틀 밤 연속으로 눈을 말똥말똥 뜨고 누워 있었다. 오전 8시에 소니스튜디오 세트장으로 가서 마크 큐번, 로리 그레이너, 데이먼드 존, 케빈 오리어리와 함께 그 특별한 자리에 나란히 앉기로 되어 있었다. 쇼에 출연하는 첫날이었고, 그날 내가 어떻게 하는지에 따라서는 마지막 날이 될 수도 있었다. 나는 내 투자 실무 능력을 조금도 의심하지 않았지만, 내 본업이 TV에서 기업가들을 조련하는 능력으로 변환될 수 있을지에 관해서는 전혀 감도 오지 않았다. 나는 수백만 명의 낯선 사람들, 더 나아가 내가 매일 함께 일하는 사람들 앞에서 실수하고 창피를 당할까 봐 두려웠다.

그런 걱정은 전혀 이성적이지 않았다. 준비가 부족할 때 느끼는 두려움과는 거리가 멀었다. 나는 넘치도록 준비되어 있었다. 하버드 비즈니스스쿨 강의를 준비했을 때처럼 말이다. 나는 아들과 함께 〈샤크 탱크〉의 모든 에피소드를 하나도 빠짐없이 시청했다. 거의 200편에 달했고, 그 안에서 거의 800번에 달하는 투자자 제안 발표가 이루어졌다. 나는 사업과 관련된 내 모든 신념을 정수만 뽑아서 간결한 코멘트로 압축한 엄청난 양의 메모를 작성했다.

또한 신체적으로도 준비했다. 〈샤크 탱크〉 제작진을 처음 만난 날 (그 것은 내가 쇼에 출연하기 거의 1년 전의 일이었는데) 나는 정상체중보다 20킬로그램이 더 나갔다. 그래서 쇼에 출연하기 전 몇 달 동안 그 20킬로그램을 단 1그램도 남기지 않고 모조리 빼기로 결심했다. 그래야 앞으로 10년 동안 CNBC에서 그 쇼가 재방송될 때마다 내 모습을 보면서 움찔하지 않을 테니까. 나는 거기서 멈추지 않았다. (멈춰야 했는지도 모른다.) 의자에 구부정하게 앉는 버릇을 고치기 위해 등에 다는 99달러짜리 플라스틱 장치를 사서 한 달 동안 착용했다. 앉아 있는 중에 자세가 나빠지는 순간 진동을 느꼈다. (어이없게 들릴 수도 있겠지만 실제로 효과가 있었다.) 외모에 지나치게 신경을 썼다고? 아마도 그랬던 것 같다. 그러나 화면에서 내가 어떻게 보일지 걱정하느라 일이 방해를 받는다면 그것은 대처할 가치가 있는 문제다. 당신 자신과 당신의 동기를 이해하라. 자기 자신과 맞서 싸우는 것은 결코 해결책이 될 수 없기 때문이다. 자신이 어떤 사람인지를 받아들이고, 당신이 준비를 완벽하게 마쳤다고 느끼게 해주는 모든 것을 하라.

그렇게 준비했는데도 그날 호텔 방에서 맑은 정신으로 깨어 있던 나는 스스로에게 '왜?'라고 물었다. 이것은 선택의 문제였다. 나는 왜 자발적으로 이런 상황에 스스로를 집어넣었는가? 왜 내 커리어와 사업을 위험에 빠뜨릴 수도 있는 일에 나섰는가? 그날 아침, 밤새 한숨도 못 자고 뒤척였던 나는 타일 바닥에 엎드려 두 손에 머리를 파묻은 채 어떻게든 숨을 쉬려고 애쓰고 있었다. 머릿속에서는 9·11 직후의 날들을 떠올렸다. 그 당시 나는 정신이 나가겠다 싶을 정도로 무리해서 근무시간을 채우면서도 사나흘 밤을 연속으로 한숨도 못 잤다. 나는 헤드폰을 끼고 2시간 내내 에미넘Eminem의 〈루즈 유어셀프Lose Yourself〉를 반복해서 들었다. 예전의 초라하고 허기진 퀸스 출신 소년의 마인드셋으로 돌아가려고 노력했다. (퀸스 출신인 것은 지금도 변함없다.) 스튜디오에 도착해 그린룸으로 들어간 나는 내가 간신히 정신줄을 붙들고 있다는 사실을 숨길 수가 없었다.

나는 (마찬가지로 퀸스 출신인) 데이먼드 존을 대기실로 불러 조언을 구했다. 어떤 조언이라도 듣고 싶었다. "뭐, 어쨌거나 여기 왔잖아요. 여기 있다는 사실 자체가 당신이 여기 있을 자격이 있다는 증거예요."

케빈 오리어리가 내게 말했다. "카메라는 거짓말을 하지 않아요. 우리처럼 보이려고 애쓰지 말아요. 그냥 당신 그 자체로 충분하니까요." 둘 다 훌륭한 조언이었다. 그렇게 나는 세트장에 들어섰다. … 그리고 얼어붙었다.

쇼를 위한 대본 같은 건 없었다. 리허설도, 지시자도 없었다. 도움을 청할 곳이 전혀 없었다. 청중만큼이나 샤크들도 문을 열고 들어오는 기업가와 초면이었다. 그리고 질문이 총알처럼 발사되었다.

나는 예전부터 샤크들이 무릎에 올려놓은 노트패드에 뭘 그렇게 적는지 궁금했다. 숫자였다. 왜냐하면 실시간으로 계산해야 하기 때문이다. 음악이 흐르기 시작했고, 첫 기업가가 등장했다. 나는 들었다. "안녕하세요, 샤크들. …" 그 뒤로 약 1분 반 동안 나는 전장의 안개fog of war: 1837년 프로이센의 카를 폰 클라우제비츠Carl von Clausewitz가 《전쟁론》에서 처음 언급한 표현으로, 군사 작전에서의 불확실성을 의미한다 속에서 길을 잃었다. 샤크들은 곧장 서로의 말은 무시하고 한꺼번에 말을 쏟아내기 시작했다. 모두가 남들보다 목소리를 높였고, 곧 아수라장이 되었다. 당연하게도 누구도 새로운 얼굴을 끌어주기 위한 노력은 하지 않았다. 물론 생사가 걸린 문제는 아니었다. 나도 그걸 알았다. 그렇다고 해도 내 투쟁도피 본능이 나를 지배하는 것을 막을 도리도 없었다. 나는 두려움을 벗어던지고 스스로를 믿어야 했다. 내가 빛날 수 있다는 것을 믿어야 했다. 나는 크게 숨을 들이마시고 생각했다. 나는 할 수 있다.

· · ·

2장에서 다뤘던 자기와의 대화를 기억하는가? 효과가 있었다. 그날의 첫 투자자 제안 발표에서 나는 내가 알고 이해하는 산업에서, 그리고 자신이 무엇을 하는지 아는 것처럼 보이는 설립자에게 투자자가 되어주는 계약을 따내기 위해 케빈과 경쟁하고 있었다. 나는 그의 눈을 들여다보면서 나와 함께하면 그의 앞에 어떤 삶이 펼쳐지게 될지를 그려줬다. 그의 회사가 한 단계 도약할 수 있도록 도울 수 있고, 그의 약점을 내가 보완할 수 있다고 설명했다. 그가 어려움을 헤쳐나가는 동안 늘 곁에 있겠다고, 내게는 없었던 영웅이 그에게 되어주겠다고 약속했다.

케빈이 그 기업가의 관심을 돌리려고 노력했지만, 그의 마음은 이미 내게로 기울었다. 그는 나를 똑바로 바라봤다. "당신과 계약하겠어요!" 그가 말했다. 나는 허공에 대고 주먹을 흔들었다. 앞으로 나가 그를 안는데 케빈이 으르렁거리는 소리가 들렸다. "쳇, 내가 졌군."

투자자 제안 발표 사이에 잠시 정리하는 시간이 왔고 모든 사람이 다시 자기 자리로 돌아가 앉았다. 샤크들 중 가장 자상한 심사위원인 로리 그레이너가 나를 보며 내 팔에 손을 얹고 속삭였다. "맷, 100점이 만점이라면 당신은 95점이었어요. 사실 100점을 받는 사람은 없답니다. 지난 10년 동안 지켜봤는데, 세트장에 나온 첫날부터 마치 익숙한 출연자처럼 구는 사람은 당신이 처음이에요." 나는 배를 불태워버렸다. … 그리고 이제 샤크들과 나란히 헤엄치고 있다.

촬영을 마친 나는 뛸 듯이 기뻤다. 그렇더라도 나는 촬영 전에 겪었던 그런 불안에 늘 시달리면서 살고 싶지는 않았다. 당신 역시 불안이 나처럼 커지게 놔두지 않길 바란다. 나와 게리 걸먼, 잭 그레인키가 빠졌던 것 같은 어두운 곳으로 빨려 들어가지 않도록 막아주는 도구상자를 건네주고 싶다.

이제 내가 불안을 헤쳐나가도록 도와주는 최고의 비법 네 가지를 소개하겠다.

당신을 안심시켜줄 연구 결과를 찾아라

이 장 초반에 내가 언급한 검증된 불안 이론 여키스-도슨 법칙 같은 용어들이 이 책에서 이따금 불쑥 튀어나오는 데는 다 이유가 있다. 고백하자면, 나는 머리와 마음에 관한 과학, 즉 데이터에 집착한다. 내가 뭔가를 정말로 해낼 수 있다는 것을 보여주는 연구 결과를 찾을 수 있으면, (그 뭔가가 무엇이든 간에) 그런 지식이 내 의심을 극복하도록 도와주기 때문이다.

내가 파리에서 마라톤 대회에 참가했을 때만큼 그 사실을 잘 보여주는 예도 없다. 나는 대회 전날 밤 한숨도 자지 못했다. 실제로는 시차 때문에 48시간을 뜬눈으로 보냈다. 파리에서 잠이 오지 않을 때는 무엇을 해야 할까? 개선문을 멍하니 바라보며 마라톤 대회가 시작하기만을 기다려야 할까? 나는 극한의 근지구력 테스트를 무사히 통과할 지름길이 없는지 묻기 위해 제츠의 팀 닥터 대미온 마틴스Damion Martins에게 전화를 걸어 그를 깨웠다. 뉴저지는 그때 한밤중이었다. "그런 걸로 전화한 거예요?" 그가 물었다. 그는 뛰는 동안 오렌지 주스를 벌컥벌컥 마셔대라고 말했다. "뇌가 기뻐할 거고, 창자는 당신을 증오하겠지만, 대회를 치르는 데 필요한 에너지를 공급받아서 레이스는 마칠 수 있을 거예요." (30킬로미터를 뛰었을 즈음 그의 말이 정말 옳다는 것을 깨달았다.)

더 많은 정보를 얻고 싶어서 나는 구글 검색을 시작했다. 수면 부족을 보완하는 법을 찾고 싶었다. 물론, 수면 부족이 크게 문제 되지 않는다는 과학적 증거, 나와 같은 처지에 있는 사람들이 잠을 못 자서 큰일이라고 생각했지만, 아무 문제가 없었다는 과학적 증거를 찾을 수 있다면 훨씬 좋을 것이다.

수면 부족은 무조건적으로 정신 수행 능력에 부정적인 영향을 미치지만, 신체 수행 능력은 72시간 동안 잠을 못 자더라도 유지된다는 상당히 설득력 있는 연구 자료를 찾았다.[10] 빙고! 나는 안심했다. 그리고 다시 한번 내 머릿속에서 모든 것이 괜찮아졌다. 나는 마라톤을 시작했고, 뉴욕 마라톤 대회의 기록보다 10분이나 단축할 수 있었다.

어느 상황에서든 당신을 안심시킬 수 있는 데이터가 늘 존재할까? 그건 아니다. 그러나 지구상에 80억 명의 사람이 살고 있다는 것은 어디엔가, 누군가는 지금 당신이 겪고 있는 것을 이미 겪었을 확률이 크다는 것을 의미한다. 그 사람이나 해당 연구를 찾으면 그들의 실수를 반복하는 일을 피할 수 있다. 의사결정을 할 때 사실 정보를 참고하고, 사실 정보로 당신의 걱정을 극복하라.

매일 명상하라

내가 아는 크게 성공한 CEO 대다수가 초월명상법transcendental meditation: 완전한 내면적 평정 상태에 도달함으로써 상식적인 의식 세계를 초월하고 마침내 삶의 본질을 깨닫는 것을 목표로 하는 명상법을 수련한다는 것을 알게 되었다. 레이 달리오Ray

Dalio부터, 빌 게이츠Bill Gates, 아리아나 허핑턴Arianna Huffington에 이르기까지 긴장을 이완하고 마음을 평안하게 가라앉히기 위해 명상을 도구로 사용하는 성공한 사람은 수없이 많다.11 명상은 회복탄력성, 정서지능, 창의성, 인간관계, 주의집중력을 강화하는 것으로 알려져 있다. 나 또한 그런 목소리에 동참해서 명상을 당신의 불안을 완화하는 도구상자의 주된 도구로 삼아야 한다고 말하겠다.12 나는 이것이 매우 중요하다고 믿으며, 명상은 당신이 스스로에게 줄 수 있는 가장 큰 선물 중 하나라고 생각한다.

내가 명상을 매일 완벽하게 해낸다고 말한다면 그것은 거짓말일 것이다. 그러나 나는 명상을 꾸준히 해야 한다는 사실을 늘 의식하면서 되도록 자주 명상하려고 노력한다. 자기돌봄은 대단히 중요하기 때문이다. 나는 나와 일하는 기업가들과 직원들에게 자신을 제대로 돌보는 것이 최상의 수행 능력을 유지하는 데 얼마나 중요한지 반복해서 말한다. 그것은 내가 개인적으로 자주 실패하는 영역이기도 하다. 일이 바빠지면 내 몸을 돌보지 않게 된다. 나는 혈압이 지나치게 높고, 적정 체중을 유지하는 것이 힘들다. 그리고 밤에 잠을 잘 자지 못한다. 그러나 이런 것을 일종의 명예 배지로 여기는 사람들이 있다. 그런 사람들은 그것이 자신이 근면하게 일하고 있다는 증거라고 생각한다. 그건 잘못된 인식이다. 스스로에게 자기돌봄이라는 선물을 주지 않는 것은 우리의 사회적 목표 추구에 도움이 되지 않을 뿐만 아니라 오히려 해가 된다. 그리고 여러 면에서 삶을 어렵게 만든다. 좋은 자기돌봄 습관을 더 일찍 형성할수록 그 습관을 더 오래 유지할 가능성이 커진다. 작은 것부터 시작하라. 다만 일관성을 유지하라.

내가 존경하는 사람들 중에는 자기 행동을 습관화하고 가능하면 의사결정이 필요한 지점들을 제거한다고 말하는 사람들이 있다. 효율성, 그리고 자신의 창의성을 끌어낼 수 있는 역량을 극대화하기 위해서다. 스티브 잡스와 알베르트 아인슈타인Albert Einstein은 매일 같은 옷을 입었다. 옷을 고르는 시간을 줄이기 위해서다. 마치 법을 지키듯 매일 아침 같은 시간에 샤워하고 커피를 마시고 명상하는 사람들이 있다. 또 하루를 시작하는 첫 몇 시간을 자신이 해야 하는 가장 힘든 일을 하는 시간으로 배정한다. 어떤 면에서 나는 그런 사람들을 보면서 감탄한다. 그러나 동시에 나는 우리 모두가 삶에 다르게 접근한다는 것을 알고 있으며, 탁월함으로 가는 경로가 다양하다는 것도 안다.

내 삶에는 루틴이라는 것이 전혀 없다. 아내는 내가 샤워 루틴도, 아침식사 루틴도 없다는 사실을 놀라워한다. 나는 시도 때도 없이 이메일을 확인한다. 비상 상황에서 비상 상황으로 뛰어다닌다. 나는 루틴에 얽매이는 것을 매우 싫어한다. 즉흥적인 통찰을 위한 뇌 공간이 남지 않을까 봐 걱정되기 때문이다. 그런 즉흥적인 통찰이 내가 촉각을 세우고 탐지해야 하는 가장 중요한 산출물들이다.

나는 당신이 명상을 해야 한다고 생각한다. 그러나 동시에 당신이 명상하지 않는다고 해서 그것이 당신이 배를 불태우지 못하는 이유가 되지 않는다는 점을 강조하고 싶다. 명상 외에 다른 것들을 시도해보라. 당신에게 가장 잘 통하는 것을 찾아라, 그리고 그것을 계속 활용하라. 당신이 할 수 있는 것을 하고, 완벽하게 해내지 못하더라도 스스로를 용서하고, 계속 노력하라.

여우 동굴에서 함께 지내기에 딱 맞는 사람을 고르라

내 아내 새라는 모든 면에서 내 초능력이다. 내가 아는 사람 중에서 가장 침착하고 이성적인 사람이며, 내 불안을 다스리는 열쇠다. 새라는 내가 하는 모든 일에서 나와 함께하는 완전하고 절대적인 파트너다. 우리는 서로가 이 세상에서 상대의 잠재력을 최대한 발휘하도록 돕는다. 새라는 이 세상에 존재하는 모든 실용기술서를 내면화한 것처럼 보이는 보기 드문 사람이다. 내가 집에 왔을 때 새라가 자동차 밑에 들어가 소음기를 갈고 있거나 지붕 위에 올라가 지붕널을 깔고 있다 해도 전혀 이상할 것이 없다. 새라의 놀라운 기술을 찬미하는 내 인스타그램 Instagram 영상들은 조회 수가 수만 건에 달한다. 새라는 모든 것에 관한 삶의 지혜를 지니고 있다. 내가 말하고자 하는 핵심은 파트너의 존재다. 파트너는 당신의 힘을 몇 배로 강화하는 증폭제이거나 당신의 에너지를 빨아 먹는 뱀파이어다. 중간은 없다.

나는 이 점이 매우 과소평가되고 있다고 생각한다. 우리는 관계에 대해 충분히 이야기하지 않고, 성공을 일구는 데 옳은 파트너가 얼마나 중요한지 이야기하지 않는다. 혼자 성공할 수 있는 사람은 아무도 없다. 그러나 인생에서든 사업에서든 당신이 현실을 볼 수 있도록 해주는 파트너를 골라야 한다거나 당신의 약점을 보완할 수 있는 파트너를 선택해야 한다는 기존의 상식은 신화에 불과하다. 그런 파트너는 오히려 극심한 충돌을 야기하기 쉽다. 우리는 정반대인 사람들이 서로를 끌어당겨서 사랑에 빠지기 쉽다거나 공동설립자들은 서로에게 없는 능력을 지니고 있어야 한다고들 말한다. 그러나 서로 다를 때보다 서로 비슷할 때 관계가 훨씬 더 탄탄하고 더 오래 지속된다. 나는 가장 최근 학기의 하버드 비즈니스스쿨 강의에 초대한 모든 설립자에게 현재의 인생 파트너와 사업 파트너를 선택한 이유와 그 파트너십이 성공적일 수 있었던 이유를 물었다. 그러자 대부분이 가치관의 합치를 이야기했다. 또한 성공적인 파트너십에서는 서로 다른 능력을 지닌 파트너들이 업무를 분담할 수 있느냐가 아니라 파트너들의 가치관이 서로 겹치는 면이 넓어서 같은 방향을 바라보고 나아갈 수 있느냐가 중요하다고 말했다. 파트너들이 미래에 대한 비전이 다르면, 무엇이 중요한지에 관한 생각이 다르면, 파트너들이 어떤 능력을 지니고 있는지는 더 이상 중요하지 않게 된다.

투자를 위한 사전조사를 할 때 나는 반드시 그 기업가의 파트너를 만난다. 파트너를 만나면 곧바로 그 사람에 관해 아주 많은 것을 알 수 있기 때문이다. 두 사람의 관계는 어떤가? 파트너가 힘의 원천인가, 갈등의 원천인가? 기업가가 이야기하는 중에 불쑥 끼어들어 깎아내리는 말을 내뱉는다거나 보일 듯 말듯 눈알을 굴리는 등 멸시의 신호가 보이면 곧 문제가 생길 것임을 예상할 수 있다. 우리가 파트너십에서 구해야 하는 것은 하나의 감성, 하나의 목소리, 통일된 하나의 열정이다. 누군가가 옳은 인생 파트너를 골랐다면, 솔직히 그 사실만으로도 그 사람이 자신의 사업 파트너와 직원을 잘 선택하리라는 것을 알 수 있다. 뛰어난 사람들은 자신과 동일한 특성을 지닌 사람을 잘 알아본다. 이와 달리 누군가가 자신의 파트너에 대해 "그 사람 덕분에 주제를 파악하고 땅에 두 발을 딱 붙이고 서 있는다"고 말하면 나는 활주로를 떠나지 못하고 붙들린 비행기를 떠올리면서 속으로 의문을 품는다. '그게 왜 좋은 거라고 생각하지?' 비행기는 원래 하늘을 날아야 하는 존재다. 당신도 마찬가지다.

아킬레스건을 공개하고
고칠 수 있도록 도움을 요청하라

가장 쉬운 전략이지만, 또한 우리가 잘 고려하지 않는 전략이기도 하다. 다른 사람이 우리에 대해 선입견을 가지거나 우리가 인정한 약점이 우리에게 불리하게 작용할까 봐 걱정하기 때문이다. 내 친구 마이크 태넌바움Mike Tannenbaum은 현재 크게 호평받는 ESPN의 미식축구 해설위원이다. 나와 스티븐은 제츠의 총괄 매니저로 일하던 그를 돌핀스의 부구단장으로 영입했었다. 나는 마이크를 엄청나게 존경한다. 그는 인간적으로도 멋진 사람이다. 보스턴 철도 노동자의 아들로 태어난 그는 1994년 뉴올리언스 세인츠New Orleans Saints 구단의 인턴으로 입사해 사다리를 올라갔다.

마이크는 스포츠 구단의 최고위 간부가 되겠다는 다소 무모해 보이는 꿈을 꿨다. 그리고 그 꿈을 이루기 위해 차근차근 단계를 밟았다. 목표 달성을 위한 수단으로 툴레인 로스쿨에 진학해 우수한 성적으로 졸업한 뒤 빌 벨리칙Bill Belichick 코치가 이끄는 클리블랜드 브라운스Cleveland Browns 구단에 들어가서 선수 계약 조사원으로 일하면서 사람들을 태우고 공항을 오가는 기사 역할을 병행했다. 이후 벨리칙을 따라 제츠 구단으로 옮겼고, 그로부터 4년 뒤에 선수 계약 협상 담당자에서 부총괄 매니저로 승진했다. 그리고 다시 그로부터 5년 뒤에 35살의 나이에 NFL에서 최연소 총괄 매니저에 임명되었다.

그는 정말 열심히 일했고 실제로 정말 많은 성공을 보조했으므로, 주위 사람 누구나 그를 존경하지 않을 수 없었다. 그는 계속 사다리를 올라갔다. 그가 제츠 구단과 함께한 16년 동안 팀은 플레이오프에 7회 진출했고, AFC 챔피언십 경기를 세 차례 치렀다.

물론 그 과정이 쉽지만은 않았다. 성공해야 한다는, 그리고 성공을 유지해야 한다는 불안이 그가 빠른 속도로 사다리를 올라가는 데 기여했지만, 한편으로는 극단적인 예민함으로 발현되기도 했다. 압박감이 커지면 마이크의 눈빛에는 광기가 어리곤 했다. 그럴 때면, 그의 심기를 건드리는 것은 그것이 무엇이든, 누구든 공격 대상이 되었다. 경기에서 지고 있을 때 사이드라인에 있는 선수가 웃는 모습이 눈에 띄면 그는 다음 날 그 선수를 불러들였다. "팀이 지는 게 그렇게 웃겨 죽겠던가?"

팀이 패배했을 때 그와 이야기할 일이 생기면 나는 늘 그에게서 두 발짝 정도 물러나 있었다. 펜을 꽉 쥐고 있는 마이크가 행여 그 펜으로 내 눈을 찌를까 겁났기 때문이다. 그는 다른 사람들이 팀의 승리에 대해 자신과 같은 열정을 보이지 않는 것을 몹시 괴로워했다. 나도 그런 그의 마음을 이해한다. 다만 나는 그런 충동을 속으로 삭이려고 노력했다. 마이크는 우리가 승리를 위해 죽을 둥 살 둥 매달리고 있는데 주위 사람들은 그런 척만 하는 것처럼 보일 때, 생각하는 바를 마음에 담아두지 않고 밖으로 표출했다.

"경기장에서 당신이 상대 팀의 누군가와 이야기를 나누고 있는 게 보

이면 경기장 스위트룸경기가 잘 보이는 위치에 앞면이 유리창으로 된 방 안에 여러 좌석을
마련해둔 일종의 단체관람석 유리창을 주먹으로 마구 치던 것이 아직도 기억이
납니다." 마이크는 우리의 경기 전 루틴을 떠올렸다. 당시에는 적군과
어울리는 것이 사형죄가 구형될 만한 행위로 여겨졌다. "경기가 있는 날
이었어요. 우리는 친구가 되려고 거기 모인 게 아니잖아요. 경기 전에
시시껄렁한 이야기를 나누는 사람들을 보면 화가 치밀어 올랐어요."

나는 팀에 대한 마이크의 깊은 충성심을 높이 샀지만, 그의 가장 뛰어
난 장점인 그 화염 같은 맹렬함이 언젠가는 그의 커리어를 망칠 수도 있
다는 것도 알았다. 우리의 가장 뛰어난 장점이 가장 치명적인 결함이 되
기도 한다. 결국 내가 개입해야만 했다. 나는 마이크에게 그가 불안을
표출하는 방식이 그의 성공을 위협하고 있으며, 심지어 그의 일자리도
위협하고 있다고 말했다. 마이크는 어떻게 했을까? 다행히 펜으로 내
눈을 찌르지는 않았다. 우리는 그를 도와줄 사람(내가 가장 신뢰하는 산업
심리학자 로라 핀퍼Laura Finfer 박사)을 붙여줬다.

"'당신에게 이건 최고의 선물이 될 거예요' 같은 말을 당신이 했죠."
마이크가 회상했다. "그 말을 처음부터 믿었는지는 모르겠어요. 하지만
당신이 완전히 옳았어요. 마음속으로는 그게 사실이라는 걸 알아도 다
른 사람들이 그 사실을 알고 있다는 건 미처 몰랐다가 그걸 남의 입을
통해 듣게 되는 건 정말 괴로운 일이에요. 상담하면서 자기인식 능력이
훨씬 더 좋아졌어요. 나 자신을 더 편하게 대할 수 있게 되었죠. 그리고
마침내 내 약점들을 공개적으로 인정할 수 있게 되었어요."

우리가 이야기를 나눈 몇 달 뒤 마이크의 사무실에 갔다가 벽에 커다
란 어항이 설치된 것을 봤다. 조명이 낮춰져 있었고, 오디오에서 1980년

대 음악이 나지막이 흘러나오고 있었다. 그는 대응기제를 배우고 실천했다. 마이크에게는 사무실 환경을 바꾸는 것이 엄청난 변화를 가져왔다. 긴장을 이완시켜서 그가 자신의 분노에 잡아먹히지 않도록 막아줬다. 마이크는 이렇게 설명했다. "내가 하는 그런 부류의 일을 하는 사람들은 일종의 가면증후군imposter syndrome에 걸리기 쉽습니다. 나는 NFL의 최연소 부총괄 매니저였고, 뉴욕이라는 큰 무대에서 활동하고 있었어요. 내가 그런 일을 할 자격이 없는 것 같아서 두려웠어요. 늘 두 가지 생각이 머릿속에서 싸웠어요. '왜 내가 아직도 총지휘관이 아닌 거야?'와 '과연 내가 총지휘관이 될 준비를 갖추는 날이 올까?'를 오갔죠. 나는 아버지가 보스턴과 뉴욕의 철도기업에서 너무나도 힘들게 일하는 것을 지켜보면서 야망을 키웠습니다. 내 아이들에게는 더 쉬운 길을 내주고 싶었어요. 그리고 그것을 실현하기 위해 기꺼이 싸울 준비가 되어 있었죠. 그러나 당신의 말을 들었을 때 그 모든 것을 표출하는 더 나은 방식을 찾아야 한다는 것을 알았습니다."

그는 여전히 맹렬한 마이크 태넌바움이다. 다만 그 맹렬함을 조절하면서 오직 정말 필요한 때만 표출할 수 있게 되었다. 그의 전반적인 수행 능력도 크게 향상되었다.

"내 야망과 맹렬함은 둘 다 축복이자 저주였습니다." 마이크는 말했다. "나는 내가 어디에 있든 늘 더 높이 올라가고 싶었습니다. 지금도 가야 할 길이 한참 더 남았다는 것을 알고 있고, 그곳에 닿기 위해 최선을 다하고 있습니다."

"아직 미세한 조정은 잘되지 않을 때가 있어요." 마이크가 인정했다. "나는 한 기업의 임원이고, 그래서 누군가가 내 전화를 1분이라도 늦게

받으면 심기가 불편해져요. 나는 냉정하고, 무심하고, 몰인정한 미식축구 세계에서 컸습니다. 규칙은 규칙인 그런 곳이죠. 그리고 그것이 내 세계관에 영향을 미쳤습니다. 그러나 나는 모든 것이 그렇게 흑과 백으로 명확하게 구별되지 않는다는 사실을 상기하려고 노력합니다. 세상에는 회색도 있으니까요. 모든 것에 화를 낼 필요는 없죠."

마이크는 현재 다양한 플랫폼에서 활약하고 있다. 프로선수 에이전트로 잠시 일하다가 다시 돌핀스의 총괄 매니저로 영입되었고, 2019년에 ESPN 경영팀에 합류해 NFL 관련 보도를 대부분 감독하고 있다. 그는 또한 33번째 팀The 33rd Team이라는 미식축구 싱크탱크를 설립했다. 코칭 및 구단 경영 경력이 전부 합쳐서 500년이 넘는 전문가들이 함께 운영하는 온라인 플랫폼이다. 미식축구에 대한 심도 있는 분석, 논평, 통찰을 제공한다. 그것만으로 충분하지 않았는지 마이크는 학생들의 멘토로도 활동하며, 학생들에게 미식축구 실무 기회를 제공하고자 노력한다. 그러나 무엇보다 현재 그는 도움을 요청하는 것이 얼마나 중요한지 잘 이해하고 있다. 그리고 자신의 능력을 계속 계발하고 있으며, 자신이 하는 모든 것을 점점 더 잘하게 되고 있다.

. . .

이런 비법은 당신이 어떤 조직에서 일하든 통할 것이다. 당신이 여정을 시작한 이후에 옳은 길을 따라 계속 걷도록 인도할 수 있다. 거의 모든 사람이 어두운 감정에 빠지곤 한다. 그러나 그런 어두운 감정을 주변 사람들보다 더 열심히 일하고 더 영리하게 일하게 만드는 동력으로 삼을 수도 있다. 두려움을 활용해 성공할 수밖에 없는 상황에 스스로를 몰아넣는 것이다.

그런데 이것은 내면의 투쟁에 불과하다.

성공으로 가는 길에는 우리를 방해하는 세상과 투쟁할 일이 언제나, 어쩔 수 없이 생긴다.

그런 투쟁도 내면의 악마를 다루는 것만큼 쉽다면 얼마나 좋을까. 그리고 당신이 자신의 운명을 완벽하게 통제할 수 있는 고립된 환경에서 일어나는 일이라면 얼마나 좋을까. 현실은 그렇지 않다. 다양한 일들이 일어난다. 그리고 그런 일이 일어났을 때 당신은 그에 대처할 준비가 되어 있을 뿐 아니라, 그것을 활용할 준비가 되어 있을 것이다. 나아가 그것을 찾고 즐길 것이다. 나쁜 일이 일어나면 나는 갑자기 기운이 솟는다. 전 시카고 시장 람 에마누엘Rahm Emanuel의 말을 인용하자면 "심각한 위기를 낭비해서는 결코 안 된다. 내가 말하고자 하는 것은 그런 위기가 이전에는 자신이 할 수 있을 거라고 생각조차 해보지 않았던 일들을 해낼 기회라는 것이다."[13]

위기가 오면 온전히
받아들여라

2001년 9월 11일 아침, 내가 뉴욕시장실 공보실장으로 임명된 지 몇 개월밖에 되지 않았을 때다. 세계무역센터에서 몇 블록 떨어지지 않은 곳에 기자회견장을 마련하고 있는데 두 번째 비행기가 쌍둥이빌딩에 돌진했다. 나는 줄리아니 시장이 어디에 있는지 몰랐기에 시장과 연락을 취할 방법을 찾기 위해 시청으로 향했다. 막 건물을 빠져나왔는데 엄청난 폭발음이 들렸고, 모두가 비명을 지르기 시작했다. 쌍둥이빌딩이 무너지고 있었다. 이틀 뒤 테러 사건 이후 그 현장을 처음 방문하는 조지 부시George W. Bush 전 미국 대통령을 수행했을 때 우리는 건물 붕괴 직전 내가 손보고 있던 장비들을 발견했다. 완전히 부서져 있었다. 내가 동료들과 함께 준비 작업을 하고 있던 기자회견장은 초토화되어 있었다.

그 뒤로 100일 동안 나는 역사상 최악의 테러 공격에 대한 언론보도를 관리했다. 잠은 거의 자지 못했다. 나는 카타르 국왕부터 영국의 총리에 이르기까지, 모든 주요국 리더들에게 잔혹한 폭력의 현장을 직접 목격하게 해서 미국의 군사 대응에 대한 지지를 집결시킬 목적으로 그들을 수행하면서 그라운드 제로를 돌았다. 우리는 테러 현장이 내려다보이는 관람대와 그날 단 한 명에 불과하더라도 국민을 잃은 92개국의 국기를 전부 그려 넣은 벽화를 세웠다. 우리는 군사기지와 영공을 내줄 동맹군이 필요했다. 맨해튼 가장자리를 도는 세계 리더들의 유람선 투어를 수행하면서 나는 활활 타오르는 불길로 다시 돌아가야 했고, 거의 매일 그 일을 반복했다. 우리는 모든 국가의 수장들에게 충격을 주고 죄책감을 불러일으켜야 한다는 암묵적인 목표를 위해 백악관과 긴밀하게 협력했다. 블랙 유머는 우리가 정신줄을 놓지 않게 해주는 유일한 수단이었다. 우리 사이에서는 세계의 리더들과 함께 하는 그 투어가 '자유 투어 Liberty Tours'로 통했다.

그냥 힘들다는 말로는 그때의 상황을 표현할 수 없다. 도저히 믿을 수 없는 비극이었고, 이불을 뒤집어쓰고서 그 모든 일이 그저 끔찍한 악몽인 양 모른 척하고 싶은 날들이 많았다. 그러나 그 현장에 있음으로써, 뉴욕이 다시 일상으로 돌아오도록 지원함으로써, 내가 그런 상황에서 살아남을 수 있다는 것을 배움으로써 내 삶의 모든 것이 완전히 달라졌다. 나는 내 상처투성이 유년 시절이, 그리고 아마도 어머니의 죽음이 내게 무엇이든 헤쳐나갈 수 있는 위기관리 능력을 줬다는 사실을 깨달았다.

이 장에서 우리가 살펴볼 교훈은 두 가지다. 첫째, 위기에 대처하는 데 필요한 능력을 기르는 것뿐 아니라 한 단계 더 도약할 기회가 왔을 때 그런 능력을 활용하는 방법에 관해 이야기할 것이다. 미시간 대학교의 심리학자 바버라 프레드릭슨Barbara Fredrickson의 연구가 이런 교훈의 유용성을 잘 보여준다. 프레드릭슨의 연구는 위기 중에 긍정적인 정서를 유지하는 것이 위기의 순간을 극복하는 데도 도움이 되지만, 그 이후에도 계속 도움이 된다는 사실을 발견했다. 실제로 그런 긍정적인 정서를 유지한 사람은 장기적으로 더 높은 회복탄력성을 보였고, 그 이후의 삶에도 더 잘 대처하고 더 높은 성과를 올렸다.1 9·11에 관한 대학생들의 반응을 살펴본 프레드릭슨은 그 시기에 부정적인 정서를 지녔던 학생들이 긍정적인 정서를 유지하려고 노력한 학생들에 비해 더 오래도록 힘든 시간을 보냈다는 사실을 밝혀냈다. 긍정적인 사고는 연구대상자들이 이후 자신의 삶에서 위기에 맞닥뜨렸을 때 스스로를 보호할 수 있는 능력을 키워줌으로써 장기적으로도 도움이 되었다.

우리가 긍정적인 것에 초점을 맞추고, 희망, 감사, 경탄, 만족의 순간을 적극적으로 찾을 때 스스로를 우울증과 스트레스로부터 보호할 수 있다. 회복탄력성이 좋은 사람들은 어떤 부정적인 상황에서든 긍정적인 것을 찾아내면서 잘 살아간다. 요컨대 위기를 기회로 보면 실제로도 그 위기가 기회가 될 수 있다. 거의 모든 곤란한 상황은 단순히 '해야만 한다have to'를 '할 수 있다get to'로 대체해도 그 상황을 다르게 바라볼 수 있게 된다. 이것을 가장 선명하게 보여주는 예시가 바로 우리의 일이다. 우리는 종종 우리의 일이 쳇바퀴를 돌리듯 판에 박혀 있다는 생각에 힘들어하게 된다. 나는 매일매일 내가 일을 해야만 하는 것이 아니라 일을 할 수 있는 것이라고 스스로에게 환기시킨다. 실제로도 일을 할 수 있다는 것은 전 세계 수백만 명의 이민자들이 목숨을 걸고서라도 누리고 싶어 하는 특권이다.

둘째, 위기 상황이 아닐 때도 위기를 관리하는 것에 대해 다룰 것이다. 이게 무슨 말인가? 진정한 '배를 불태워버리기' 마인드셋은 사방에서 벽이 무너져 내리는 그런 위기에서 우리가 얻게 되는 명료한 결과를 목표로 한다. 위기가 닥치면 우리는 선택지를 줄이고, 정말로 중요한 것에 집중할 수밖에 없게 된다. 그런데 우리는 그런 위기 상황이 아니어도 선택지를 줄이고 중요한 것에 집중할 수 있다. 위기가 우리로 하여금 그렇게 하도록 강제하기 전에 과정을 스스로 반복하면서 방향을 전환할 수 있다. 그렇게 하는 것이 우리에게 남은 유일한 선택지여서가 아니라, 그것이 영리한 선택이라는 이유로 말이다. 우리는 재앙의 한가운데서 회사를 구하기 위해 싸울 때 반드시 해야만 하는 창의적이고, 유연하고, 궁극적으로 멋진 일을 할 수 있다. 그리고 진짜 위험이 닥치지 않았을 때도 그렇게 할 수 있다.

이제 당신을 위한 위기관리 지침을 소개하겠다.

최악의 시나리오에서 시작해 역으로 검토하라

위기가 닥치면 당신이 가장 먼저 해야 하는 일은 또 하루를 살아갈 방법을 찾는 것이다. 답이 없는 상황에 처했을 때 우리는 어떤 위기 상황에서든 우리가 가장 먼저 해야 하는 일은 일단 살아남는 것, 생존이다. 그러나 우리는 이 단계를 간과하는 경향이 있다. 과거에 인내한 경험은 미래의 생존력과 생명력을 나타내는 가장 강력한 지표다. 마치 목숨이 아홉 개인 것처럼 보이는 기업이 그렇게 계속 유지되는 건 결코 우연이 아니라는 것을 나는 안다. 배의 키를 잡고 있는 사람이 결코 죽지 않겠다고, 어떻게든 살아남을 방법을 찾겠다고 의식적으로 결단했기 때문이다. 그렇다면 뭘 해야 할지 모를 때는 무엇을 해야 할까? 그냥 무조건 나와라.

쌍둥이빌딩이 공격당한 이후 첫 90일 동안은 나오는 것이 우리가 해야 하는 일의 전부였다. 우리가 두려움에 움츠러들고 숨지 않는다는 것을 세상에 끊임없이 보여줘야 했다. 우리는 곧바로 행사를 조직했다. 장비를 콘센트에 꽂을 수 있게 되자마자 기자회견을 열었다. 세계 리더들을 위한 투어를 시작하고, 대중을 위한 행사를 열었다. 예컨대 테러 공격을 당한 지 2주도 안 되었을 때 양키 스타디움에서 오프라 윈프리Oprah Winfrey가 사회를 보는 기도회를, 9·11로부터 한 달이 되는 날 로어맨해튼에서 뉴욕 필하모닉 연주회를 열었고, 그 외에도 훨씬 더 많은 행사를 기획하고 진행했다. 당시 뉴욕시장이었던 루돌프 줄리아니는 '미국의 시장America's Mayor'이라는 애칭을 얻었다. 왜냐하면 그가 두려움 없이, 지치지 않고 끊임없이 그 자리에 나왔기 때문이다. 당시 그의 강력한 페르소나로 인해 그의 존재는 평온함을 불러일으키는 효과가 있었고, 나는 모든 지옥의 문이 열릴 때 그 현장에 있는 것이 얼마나 중요한 상징적 의미를 지니는지를 배웠다.

· · ·

모든 것을 잃었다고 느낄 때도 살아남는 것에 집중해야 한다는 생각을 하면, 그 생각은 엉뚱하게도 피자로 이어진다. 마이클 라스토리아 Michael Lastoria가 운영하는 미국 동부에 본사를 둔 앤 피자&pizza 체인점이 RSE 벤처스의 자랑스러운 투자처이기 때문이다. 라스토리아는 지난 몇 년간, 특히 코로나19 팬데믹 기간 동안, 많은 면에서 직원들의 권익 보호를 위해 앞장섰다. 2020년 3월, 코로나19 바이러스가 막 활개를 치기 시작했을 때 그는 단지 두렵다는 이유만으로 가만히 있지 않았다. 그는 가게 문을 닫지 않았고, 이제나저제나 위협이 지나가기만을 기다리지 않았다. 마이클은 이 위기를 평소 마케팅을 통해 주장한 가치를 실천할, 그리고 생활임금을 위한 투쟁이 단순히 화사한 인스타그램 게시물들로 이루어진 공허한 표어가 아님을 실제로 보여줄, 평생 단 한 번 주어지는 기회라는 것을 알았다.

임금을 동결하거나 직원을 해고하는 대신 앤피자는 직원들의 시급을 1달러씩 올렸다. 직원들과 직원 가족, 병원 직원에게는 피자를 무료로 제공했다. 대중교통이 운영을 멈췄을 때 통근비를 환급했다. 학교가 폐쇄되었을 때 직원들이 집에서 아이들을 돌볼 수 있도록 병가 정책을 수정했다. 코로나 19 진단을 받은 모든 사람, 그리고 코로나 19를 진단받은 직원과 접촉한 모든 직원에게 건강 수당과 안전 수당을 지급했다. 그리고 이후 '흑인의 생명도 소중하다Black Lives Matter' 시위가 미국 전역으로 퍼졌을 때 개인적으로 시민운동을 위해 나선 모든 직원에게 유급 휴가를 줬다. 2020년 11월, 앤피자는 미국 전역의 모든 직원에게 최저 시급 15달러를 보장하겠다고 발표했다. 2021년 6월에는 코로나 19 백신 접종을 전부 마친 모든 직원 및 신입 직원에게 500달러를 보너스를 지급하겠다고 발표했다.

물론 이런 일에는 모두 돈이 들었다. 앤피자는 사업 확장 계획을 중단했다. 줄일 수 있는 비용은 모두 줄였다. 그런데도 마이클이 이런 일을 한 이유는 그가 자기 사람들에게 더 집중하면서 그들을 회사에 남게 하는 것이 그 위기에서 살아남는 최선의 방법임을 알았기 때문이다. 마이클은 내게 이렇게 말했다. "내 철학, 그리고 우리 주주들의 철학은 회사의 재정 건전성과 직원들의 필요가 불가분하게 연결되어 있다는 것입니다. 우리는 직원들에게 초점을 맞췄습니다. 그리고 동시에 도심에 있는 체인점들을 자선 프로젝트를 위한 부엌으로 전환했습니다."

마이클이 보기에 코로나 팬데믹은 수십 년간 외식산업에서 문제가 되었던 쟁점들을 더 뚜렷하게 부각시켰다. 저임금, 사회보장제도의 부족, 위험한 근로환경, 고용주 위주로 직원을 해고하고 재고용하는 것이 자연스러워진 분위기 등. 이제 그는 그 모든 것을 변화시킬 기회를 얻었다. "임금을 올리는 것은 직원들에게 '우리는 당신을 소중하게 여깁니다'라는 메시지를 가장 명료하게 전달하는 유일한 방법입니다." 그는 내게 말했다. "우리와 일하는 사람들이 우리가 지불하는 임금으로 생활을 유지할 수 없다면 우리가 하는 일이 무슨 소용인가요? 당신이 직원들이 인간적으로 생활하는 데 필요한 기본적인 조건들을 확실하게 충족시키면 그들은 회사 일에 더 전념할 것입니다. 직원들도 회사가 성공하기를 원할 것이기 때문입니다. 우리는 우리가 할 수 있는 모든 것을 했습니다. 왜냐하면 곤경에 처했을 때야말로 대담하게 행동해야 한다고 확신하기 때문입니다."

라스토리아는 그 위기의 시기에 꼭 필요한 리더였다. 우리 또한 어떤 위기에 직면하든 세상에 꼭 필요한 리더가 되기 위해 최선을 다해야 한다.

. . .

진정으로 심각하고 처참한 재앙이 펼쳐지는 것을 상상해보라. 그리고 그 재앙의 현실적인 측면에 대해 냉철하게 생각해보라. 재앙에서 살아남으려면 어떤 조치들을 취해야 할까? 현금이 부족할까 봐 걱정되는가? 그렇다면 비상시에 팔 수 있는 자산이 있는지 생각해보라. 직원들이 반기를 들까 봐 걱정되는가? 직원들의 충성심을 유지할 수 있는 과감한 전략들을 고려하라. 사업 파트너가 도망갈까 봐 두려운가? 두렵더라도 파트너와 단둘이 솔직하고 진심 어린 대화를 나눠야 한다.

이렇듯 구체적으로 생각하면 대비책을 세울 수 있고 두려움에 사로잡힌 당신의 마음과 머리를 해방시킬 수 있다. 일단 최악의 시나리오를 상정하고서 절뚝거릴지언정 여전히 서 있는 자신의 모습을 그려보면 두려움을 통제할 수 있게 된다. 최악의 시나리오를 머릿속을 돌려봄으로써 미지의 위기는 더 이상 미지의 위기가 아니게 된다. 최선을 다해 당신의 정신을 두려움으로부터 해방시켜서 다른 곳에 쓸 정신적 에너지를 더 많이 확보하자.

악몽이 결과적으로 현실이 되지는 않더라도, 얼마든지 발생할 수 있는 일들이다. 그런 일이 일어날 수 있다는 사실을 받아들이고, 그에 맞춰 행동하고, 앞으로 나아가라. 손실로부터 스스로를 보호하고, 그런 다음 미래의 위협에 쏠렸던 에너지를 재분배해서 더 큰 목표를 추구하라.

그런데 뭘 추구해야 할까?

아무것도 없는 상태에서
오늘 뭔가를 시작한다면 뭘 할지 자문하라

밀크바Milk Bar 설립자(이자 내 파트너인) 크리스티나 토시는 타고난 슈퍼스타다. 내가 아무리 열심히 노력해도 그녀만큼 눈부신 빛과 햇살을 발산할 수는 없을 것이다. 그녀를 만나는 순간 그녀를 사랑할 수밖에 없다. 그런데 그녀의 회사는 맛으로는 최고인 제품들을 계속 내놓았음에도 불구하고 코로나19 팬데믹으로 인해 망할 뻔했다. 우리는 늘 그녀의 신제품을 오프라인 상점뿐 아니라 다른 유통채널을 통해 판매하는 것을 고려했다. 그러나 이미 잘 돌아가는 유통채널이 있는데, 그런 변화를 꾀하는 것이 오히려 사업에 해가 될까 봐 염려했다.

코로나바이러스가 강타한 뒤 강제 영업정지 조치에 직면한 사람들은 당황하면서 손실을 최대한 줄이고 영업을 재개할 수 있을 때까지 어떻게든 버티려고 노력했다. 그런데 크리스티나는 스스로에게 간단한 질문을 했다. 내가 오늘 처음 사업을 시작하는 사람이라면 무엇을 할까? 상점을 닫을 수밖에 없는 상황에서 그녀의 반응이 무조건적으로 "어떻게 하면 상점을 다시 열 수 있을까?"일 필요가 없었던 것이다. 그녀는 이렇게 물었다. "애초에 왜 상점이 필요하지?"

그로부터 며칠 뒤에 크리스티나는 이커머스에 사활을 걸었다. 그녀는 인스타그램 라이브에서 새로운 베이킹 쇼를 시작했다. 매일 오후 2시에 전 세계 사람들의 주방으로 들어가 가정에 기본적으로 구비되어 있는 재료들로 베이킹하는 법을 보여줬다. 그녀는 상점에서 큰 인기를

172

얻었던 쿠키 제품을 슈퍼마켓에 공급하는 계약을 체결했다. 마침 슈퍼마켓 체인점들은 가정배달 서비스로 방향 전환을 시도하고 있던 참이었다. 그렇게 미국 전역의 홀푸드Whole Foods, 타깃Target 등에 쿠키를 납품하기 시작했다. 미국 전역의 병원에서 일하는 팬데믹 최전선의 노동자들에게 위문 꾸러미도 보내기 시작했다.

"사람들을 위해 어떻게든 나도 그곳에 있을 방법을 찾고 싶었어요." 크리스티나가 내게 말했다. "그것이 내가 밀크바를 세운 이유이기도 하니까요. 디저트가 세상을 구할 수 있다고 믿고, 말 그대로 지구상 모든 사람에게 쿠키를 구워주기 위해 최선을 다하고 싶었어요. 베이크 클럽Bake Club은 그 자리에 나타나는 나만의 방법이었어요. 우리는 온갖 유형의 콘텐츠 실험을 했어요. 그런데 진정성이 느껴지지 않았어요. 그래서 그냥 내 마음의 소리를 따랐어요. 인스타그램에 들어가서 말했죠. '우리는 이런 걸 할 거예요. 내일 베이킹 클럽을 시작하려고 해요. 당신은 언제가 편하세요?'"

지금에 와서 돌아보면 그런 결정이 당연한 것처럼 보이지만, 밀크바의 사업 방향 전환이 천재적인 이유는 사방에서 모든 것이 무너지고 있는 그 시절에 크리스티나에게는 그 결정이 당연하게 여겨졌다는 점이다. 팬데믹이 시작된 지 18개월이 지난 후에도 크리스티나의 인스타그램 라이브 쇼의 매 에피소드는 5만 뷰의 조회 수를 기록하고 있다. 그동안 크리스티나는 자신의 오프라인 상점들을 재개장하는 데 전력을 쏟을 수도 있었다. 그러나 그녀는 자신이 잃은 것을 단순히 재탈환하기보다는 재상상하는 편을 택했다.

"필요한 건 이미 다 당신에게 있어요." 크리스티나는 말했다. "위기 상황에서도 정답을 찾아 두리번거릴 수 있겠지만, 당신의 내면에는 당신에게 필요한 모든 것이 이미 다 있답니다. 어떻게 하면 그것을 활용할 수 있을지를 알아내기만 하면 돼요. 당신의 삶에 더 많은 목소리가 관여할수록 모든 것이 더 복잡해지고, 스스로를 더 의심하게 돼요. 하지만 명심하세요. 당신 안에 이미 답이 있다는 걸요."

그렇다. 위기는 파괴를 낳는다. 그러나 또한 위기가 없었다면 존재하는지조차 몰랐을 수많은 새로운 기회의 가능성도 낳는다. 크리스티나는 팬데믹을 겪으면서 이전보다 훨씬 더 크고, 강한 회사를 길러냈다. 전 세계에 팬덤을 구축했고, 패스트 캐주얼fast casual: 패스트푸드와 캐주얼 레스토랑의 중간 개념으로, 패스트푸드처럼 빠르면서도 합리적 가격에 건강한 음식을 제공하는 외식 형태 디저트 가게 운영(기업가치가 최대 총매출의 3배를 넘지 않는다)에서 소비재 판매(기업가치가 총매출의 5~10배를 인정받는다)로 사업 방향을 전환하는 전략적인 결단을 완벽하게 실행에 옮겼다. 크리스티나는 위기를 받아들였고, 밀크바는 성공가도를 달리고 있다.

· · ·

당신의 위기관리 방식은 당신의 의사결정의 질을 보여주는 가장 결정적인 증거다. RSE 벤처스의 패스트 캐주얼 커피 체인 블루스톤 레인Bluestone Lane은 '배를 불태워버리기' 철학을 실천한 기업이다. 블루스톤 레인 설립자 닉 스톤Nick Stone은 호주에서 영감을 얻은 커피 체인을 만들겠다는 비전을 앞세워 금융회사를 그만두고 블루스톤 레인 창업에 전력을 다했다. (닉 스톤은 미국의 커피 문화가 자신의 고향 멜버른에서 경험한 커피 문화에 비하면 상대가 되지 못한다고 믿었다.) 팬데믹이 그를 행동에 나서게 하는 촉매제가 되었다. 닉은 위기를 간접비를 줄이는 기회로 삼았다. 운영 방식을 디지털화했고, 모든 가게 임대료를 재협상했으며, 규모를 축소할 수밖에 없고 현금도 필요한 사업체들로부터 비품을 사들였다. 그는 위기에 직면했을 때 당신이 물어야 하는 다음의 질문들을 스스로에게 했다. '오늘 처음 사업을 시작하는 사람이라면 무엇을 할까?'의 후속 질문들이다.

- 더 오래 살아남기 위해 단호하게 결정하고 행동하고 있는가? 아니면 힘든 결정을 내려야 하기 전에 나아질 것이라는 희망에 무작정 매달리고 있는가?
- 당신은 고객들의 현재의 필요를 충족할 수 있는 방향으로 사업을 전환하고 있는가? 아니면 이제는 유행이 지난 사업모형에 대한 미련을 못 버리고 있는가?
- 당신은 앞에서 선도하고, 고객들과 소통하고, 팀의 사기를 북돋고, 깃발을 들고서 이른바 고난의 언덕 정상을 향해 돌진하고 있는가? 아니면 모래에 머리를 파묻고 스스로를 불쌍히 여기고 있는가?
- 행동할 자유를 스스로에게 허락했는가?

이 마지막 질문에 관해서는 최대한의 자유를 확보하기 위해 노력하라. 특히 위기 상황에서는 다른 사람들의 승인을 받거나 당신의 직관이 옳다고 다른 누군가를 설득하느라 당신의 의사결정이 방해받는 일이 없도록 해야 한다. 당신이 진정으로 혁신을 꾀할 때 당신의 의사결정에 대한 견제와 균형, 예컨대 외부인의 보장이나 승인, 기타 당신이 직감을 따르는 데 제약이 되는 것들에 지나치게 신경 쓰는 것은 별 이점이 없다. 그런 것들은 대체로 성공을 가로막고 내용보다 형식을 따진다. 내 말이 기존 상식에 상충된다는 것을 알지만 사실이다. 합의 도출이라는 듣기 좋은 명분은 비범함을 희석시킨다.

아직 보지 못하는 사람들이 당신의 비전을 볼 수 있게 만들려는 노력, 그들을 당신의 꿈으로 이동시키고 데이터를 이해시키려는 노력. 그런 것들이 발목을 잡는다. 당신이 보는 것을 다른 사람들이 보지 못한다고 해서 당신의 아이디어를 포기하기로 결정할 때, 혁신은 질식사한다. 위기란 단순히 누구나 경험하는 생사의 순간, 투쟁-도피의 순간을 의미하는 것이 아니다. 그것은 또한 당신이 기회를 잡을 충분한 자율성을 확보하지 못하는 바람에 그 기회가 당신의 곁을 지나쳐서 가버리는 상대적으로 더 조용한 순간이다. 당신에게 변화를 실천할 자유가 없기 때문에 변화가 일어나지 않는 순간이다.

· · ·

우리는 RSE 벤처스의 자체 프로젝트로 렐러번트 스포츠 그룹Relevent Sports Group이라는 회사를 공동 설립하고, 10년도 더 전에 국제 축구 토너먼트를 창설하기 위해 1억 달러가 넘는 자금을 투자했다. 이 국제 챔피언스컵 프로젝트가 위기 앞에서 이루어지는 재창조에 관한 교훈을 담고 있다. 우리는 토너먼트를 구성했지만, 구단들이 계속해서 더 많은 돈을 요구했기 때문에 아무리 해도 수익을 낼 수가 없는 구조였다. 우리는 전 세계를 돌아다니면서 관계를 구축하고 팬층을 확장하려고 노력했지만, 성공에 필요한 암호를 깨지 못했다. 그렇게 자금이 소진되어 갔다.

우리는 내가 아는 가장 대담한 협상가 대니 실먼Danny Sillman을 영입해 사업 전체를 재정비했다. 대니 실먼은 내가 함께 일한 사람들 중 최고의 운영자임을 입증해 보였다. 그는 토너먼트를 백지화하는 대신, 우리가 그동안 구축한 구단들과의 관계를 토대로 최고의 축구 리그들과 파트너십을 맺고 그 리그의 중계권을 미국에 팔 수 있다는 사실을 일깨워줬다.

이 지속 가능한 사업모형이 하버드 비즈니스스쿨 사례연구의 주제였다. 그 사례는 우리가 스페인 축구 상위리그인 라 리가La Liga와 합작 투자를 통해 ESPN과 미국 중계권 계약을 맺고 라 리가 측에 20억 달러라는 기록적인 중계권 판매 수익을 보장해주게 된 과정을 다뤘다. 대니는 라 리가와의 성공을 발판으로 쿠데타를 일으켰다. 우리는 유럽에서 축구 종목을 총괄 감독하는 기관인 유럽축구연맹Union of European Football Associations, UEFA과 파트너십을 체결하고 그들의 중계권을 미국에 팔았다. 미국에 본사를 둔 회사가 유럽 축구를 대표한다는 것은 과거에는 상상도 할 수 없는 일이었다. 그러나 나와 대니, 스티브 로스, 기타 공동설립자들은 수년간 대서양을 오가면서 유럽 전역을 돌았고, 덕분에 유럽 축구의 관습과 모순들을 이해하고 있었다. 우리는 비행기를 타고 수만 킬로미터를 이동했고, 스페인에서 늦은 저녁 만찬을 수없이 열었다. 그리고 모든 주요 유럽 축구 행사에서 관료제와 텃새를 헤쳐나갔다. 우리는 그들 속으로 들어가기 위해 필요한 대가를 치렀다. 우리는 끈기와 혁신에 대한 미국적인 편향을 통해 유럽 축구계의 최고의 변화주도자인 UEFA 회장 알렉산드르 체페린Aleksander Čeferin의 존중을 얻어냈다. 내가 깊이 존경하게 된 원칙주의자 체페린은 격식을 중시하지 않았다. 그는 오직 팬의 경험을 극대화하면서 세계에서 가장 인기 있는 스포츠의 성장을 지원할 수 있도록 매출을 늘리는 데 관심이 있었다.

〈뉴욕 타임스〉는 우리가 세계의 유수 스포츠 에이전시를 물리치고 계약을 따낸 이 충격적인 사건을 보도했다. '(아주) 놀라운 사건 … 수익성이 좋은 미국 중계권을 렐러번트 스포츠 그룹이 따냈다. … 프리미엄 축구 중계권 판매를 중심으로 삼은 새로운 전략으로 전환하는 노력의 최종 산물이다. 지금까지 약 10년간 렐러번트 스포츠 그룹의 가장 유명한 자산은 인터내셔널 챔피언스 컵을 창설하면서 생긴 빚이었다.'[2]

2022년 8월 우리의 노력이 결실을 거뒀다. 렐러번트는 패러마운트Paramount (CBS와 패러마운트+의 소유주)에 UEFA의 중계권을 6년 기한, 15억 달러라는 기록적인 조건으로 팔았다. 대니와 마찬가지로, 우리가 아무리 노력해도 앞에 놓인 길이 실패로 향한다는 사실을 알고 있다면 뒤로 물러서서 프로젝트 전체를 재창조하는 것을 두려워해서는 안 된다. 그것이 진정한 리더십이다.

. . .

전략 전환은 사업에서만 고려해야 하는 것이 아니다. 내게 코로나19 팬데믹은 초창기부터 개인적인 문제가 되었다. 뉴욕 증권거래소에서 벨을 울린 다음 날 아침 코로나에 걸리면서 큰 타격을 받았다. 거의 한 달 동안 격리되어 있었다. 내가 과연 무사히 회복할 수 있을지 확신할 수 없는 순간들도 있었다. 그러나 일단 회복하자 나는 이 기회를 흘려보내서는 안 된다는 것을 깨달았다. 물론 너무나 비극적인 일들이 벌어지고 있었다. 하지만 삶에는 흑과 백으로 명확하게 나눌 수 있는 일들이 아무것도 없다. 당신이 세상을 흑백논리로 대하기로 선택하지 않는 이상은 말이다. 우리는 어떤 상황이 엄청난 재앙이라는 사실을 알면서도 동시에 앞으로 나아갈 최선의 경로를 찾으려고 노력할 수 있다. 인정하고 싶지 않지만, 코로나가 아니었다면 나는 이 책을 결코 쓰지 못했을 것이다. 팬데믹 이전에 나는 일주일이 8일처럼 느껴질 정도로 출장을 많이 다녔다. 이 미팅에서 저 미팅으로, 비행기를 타고 날아가서 돌핀스 경기를 참관하고, 기업가들과 통화하고 밀려드는 이메일을 계속해서 하나씩 처냈다. 나는 너무나 많은 급한 불들을 끄고 있었다. 그래서 뭔가를 깊이 파고들 시간을 전혀 확보할 수 없었다.

코로나 팬데믹이 닥치면서 대면 미팅이 불가능해지고, 이동 및 여행에 쓰던 시간이 다시 내 것이 되자 나는 완전히 새로운 가능성의 상자를 열 수 있었다. 이 책도 그중 하나다. 이 책을 쓰게 된 동력 중 하나는 두려움이었다. RSE 벤처스 사무실을 폐쇄한 다음 날, 나는 소파에 앉아서 종이 한 장을 꺼냈다. 스트레스와 불확실성으로 인해 팬데믹이 내게 선사한 시간이라는 선물을 내가 제대로 활용하지 못할까 봐 걱정되었다.

내게 영감을 준 것은 아이작 뉴턴 Isaac Newton 이었다. 뉴턴은 17세기 중반 흑사병이 영국을 휩쓴 2년간의 대역병 Great Plague 기간에 자신의 최고 역작들을 썼다. 강제 격리에 들어간 뉴턴은 강의 의무에서 자유로워지면서 연구에 전념할 수 있게 되었다. 뉴턴은 우주의 작동원리에 관한 가장 근원적인 질문들을 물었고, 답을 찾았다. 중력, 빛, 미적분에 관한 이론을 발전시켰고, 결과적으로 자신의 커리어 중 가장 생산적인 기간을 보냈다. 이 기간을 '경이의 해 Year of Wonders'라고 부르기도 한다. 그런데 그런 경이들은 질병과 위험이라는 조건에서 탄생했다.3

내가 물론 아이작 뉴턴은 아니지만, 이 한가해진 시간을 낭비한다면 영원히 후회하리라는 것을 알았다. 어떤 시간이라도 낭비하는 것은, 아이디어를, 통찰을, 번뜩 스쳐 지나가는 직감을 낭비하는 것은 우리에게 주어진 가장 희소한 자원을 낭비하는 것이다. 그것이 진실이다. 우주는 우리에게 유한한 수의 기회를 제공한다. 때로는 취업 제안이나 사업 제안 등 그런 기회들이 뚜렷하게 보인다. 그러나 나머지 기회들은 그냥 우리의 의식을 들락거리는 생각들에 불과하다. 우리는 모두 어떤 기사를 읽거나 뭔가를 듣는다. 그러면서 거기에 잠재적 기회가 도사리고 있다는 것을 깨닫기도 한다.

약 10년 전에 비트코인Bitcoin에 관한 기사를 처음 읽자마자 하던 일을 전부 멈추고 평생 모은 돈을 비트코인에 투자하지 않았다고 당신을 비난할 사람은 없다. 그 기사를 읽었을 때 뭔가 흥미로운 일이 벌어지고 있다는 생각이 잠시 머리를 스쳤다고 하더라도 말이다. 그런데 만약 정말로 그렇게 했다면 어땠을지 상상해보라. 내가 이 글을 쓰는 현재 당신은 손가락에 꼽을 정도로 몇 안 되는 초창기 비트코인 투자자들처럼 억만장자가 되었을 것이다.

나는 2013년부터 비트코인을 채굴하기 시작했다. 이를 위해 서버 공간을 임대했다. 300코인을 모았지만, 그즈음 인내심이 바닥나기 시작했다. 나는 가지고 있던 300 비트코인을 팔아서 아파트를 샀다. 만약 그때 팔지 않고 계속 가지고 있었다면 그 아파트 건물을 통째로 살 수 있었을 것이다. 나도 가끔은 그럴 때가 있다. 행동에 나설 만큼의 지각력은 있지만, 너무 일찍 포기하고 다른 곳으로 시선을 돌린다. 심지어 아예 행동에 나서지 않을 때도 있다. (비트코인이 언급된 김에 그에 대해 더 구체적으로 말하자면 나는 결국에는, 심지어 앞으로 3~4년 안에 비트코인이 역사의 쓰레기통으로 사라질 것이라고 생각한다. 비트코인은 진짜 금이 아닌 황철광이다. 이제 이 예측이 얼마나 정확한지 지켜보자.)

이런 식으로 내가 실패한 사례의 목록은 길다. 마케팅 대가, 기업가, 전방위 인터넷 선지자 게리 베이너척은 2021년 초에 내게 NFT가 미래 투자 유망 종목이라고 말했다. NFT는 블록체인으로 코인을 만든 다음 고유한 음성, 영상, 이미지 파일을 씌운 것으로, 전통적인 방식으로 거래되는 물리적 인공물과 마찬가지로 거래 가능한 독특한 디지털 자산이다. 게리는 내게 NFT가 우리 삶을 바꿔놓을 것이며, 너무 늦기 전에 크립토펑크CryptoPunk라고 불리는 그림 파일JPEG을 좀 사두라고 말했다. 나는 그 말을 듣고 웃음을 터뜨렸다. 그가 하는 말이 전혀 이해되지 않았고, 진지하게 고려하기에는 너무 터무니없다고 생각했다. 게리는 천재이고 신비주의자다. 나는 그걸 알고 있었지만, 그의 말을 흘려들었다.

이후 게리는 비프렌즈VeeFriends를 만들었다. NFT 컬렉션이면서 게리가 자신의 팬들에게 공유하는 사업 조언을 중심으로 모인 커뮤니티다. 그리고 비프렌즈는 만들어진 지 1년도 채 지나기 전에 괄목할 만한 성공을 거뒀다. 비프렌즈의 가치는 10억 달러 이상으로 평가받고 있으며, 더 나아가 메이시Macy's 백화점과 토이저러스Toys"R"Us 체인점에서 비프렌즈의 NFT 컬렉션을 출시하고 매장에 진열했다. 불과 두세 달 전 우리가 이야기를 나눌 당시에는 게리의 머릿속에 있는 아이디어에 불과했던 것이 그를 억만장자로 만들었다. 그가 자신의 직감을 믿고 실행에 옮긴 덕분이다.

게리가 내게 NFT 관련 조언을 한 지 8개월이 지났을 때 나는 마침내 웹3.0 커뮤니티에 발을 담갔고, 게리와 나는 메타버스 펀드를 시작했다. 나는 이미 늦은 건 아닌지 걱정한다. 그러나 현재 시점에서는 내가 게리에 비해서만 늦은 것으로 추정된다. 미래를 보는 능력이 있다는 것을 기록으로 입증한 사람이 당신에게 앞으로 다가올 일에 대한 단서를 주면, 주의 깊게 들어라.

. . .

우리의 여정에서 맞닥뜨릴 수 있는 모든 위험을 감수해야 하는 것은 아니지만, 성공으로 이어지는 깨달음이 무한하지 않다는 사실도 이해할 필요가 있다. 그런 깨달음을 일단 탕진해버리고 나면 되돌려 받을 방법이 없다. 오늘 눈에 보이는 상황에 갇히지 말자. 내일은 언제든 경로를 180도 돌릴 수 있다. 또한 당신의 우유부단함으로 인해 기회를 놓쳤다면 그 사실을 안타까워하는 데 너무 많은 에너지를 쏟지 말자. 교훈을 얻고, 다음에는 2배 더 신속하고 유연하게 행동하기로 다짐하자.

좋은 일인지 나쁜 일인지 누가 알겠는가?

도교에 전해지는 오래된 우화가 있다. 한 농부의 말이 달아났다.4 마을 사람들이 안타까워하자 농부는 이렇게 말했다. "좋은 일인지 나쁜 일인지 누가 알겠소?" 며칠 뒤에 말이 돌아왔고, 그 뒤로 말 두 마리가 더 쫓아왔다. 마을 사람들이 이번에는 농부에게 축하 인사를 건넸다. 그러자 농부는 이번에도 이렇게 답했다. "좋은 일인지 나쁜 일인지 누가 알겠소?" 농부의 아들이 그중 한 마리에 올라타자 말이 거부하며 앞발을 번쩍 들어 아들이 떨어졌고 다리가 부러졌다. 마을 사람들은 다시 안타까워했지만, 농부는 아니었다. "좋은 일인지 나쁜 일인지 누가 알겠소?" 얼마 뒤 전쟁이 발발했는데 마을 젊은이들 중에서 오직 농부의 아들만 마을에 남을 수 있었다. 전쟁에 끌려간 나머지 젊은이들은 전장에서 죽었다. "좋은 일인지 나쁜 일인지 누가 알겠소?"

우리 삶에서 어떤 일이 일어났을 때 그 일이 결과적으로 좋을지 나쁠지 누가 알겠는가? 우리가 결코 버텨내지 못할 것 같았던 위기들도 결과적으로는 우리의 숨은 잠재력을 발현시키는 촉매제가 될 수 있다. 내어린 시절은 끔찍했다. 그러나 그로 인해 나는 어려운 상황에서도 잘 헤쳐나갈 힘을 가지게 되었고, 결과적으로 그것이 내가 사회적으로 성공할 수 있었던 직접적인 원인이라고도 볼 수 있다.

어느 늦은 저녁 클럽하우스Clubhouse에서 채팅을 하고 있을 때 테일러 린지-노엘Taylor Lindsay-Noel의 이야기가 내 관심을 끌었다. 2008년에 14살을 맞은 소녀 린지-노엘은 2012년 캐나다 올림픽 출전을 꿈꾸는 체조 선수였다. 어느 날 연습 중에 평행봉에서 떨어져 목을 다친 린지-노엘은 목 아래로 전신이 마비되어 휠체어에 의지해야 하는 신세가 되었다. 그리고 현재 그녀는 행복하다.

체조 선수의 꿈이 사라진 린지-노엘은 예능 기자가 되기를 희망하며 대학에 진학했다. 그러나 장애가 있는 그녀에게는 힘든 일이었다. 그녀는 다른 온라인 커리어를 탐색했고, 마침내 팟캐스트를 시작했다. 인플루언서들을 초대해 차를 마시면서 이야기를 나눴다. 그런데 팟캐스트 인터뷰에서 마실 차를 공급해줄 후원사를 찾지 못한 린지-노엘은 직접 나서서 차 브랜드를 만들기로 했다. 그녀가 만든 차 브랜드 컵 오브 테 Cup of Té는 오프라 윈프리의 '좋아하는 것들' 목록에 이름을 올라갔다.

컵 오브 테의 차 세트는 2021년 그래미상과 오스카상의 참석자 선물 상자에 들어갔고, 회사 창립 후 처음으로 수백만 달러 이상의 연매출을 올릴 것으로 기대하고 있다. 그녀는 성공적인 커리어를 쌓았고, 연애 중이며, 매일이 풍성하고 충만하다.

이 모든 것은 오직 그녀가 그런 끔찍한 사고를 당했기 때문에 가능했다. 린지-노엘로부터 이 이야기를 직접 듣지 않았다면 나는 그 말을 믿지 못했을 것이다. 그러나 그녀는 자신이 사고 이전보다 지금이 훨씬 더 행복하다고 단언했다. "마치 다시 태어난 것 같은 기분이었어요." 린지-노엘이 내게 말했다. "나는 운동선수로서, 올림픽 유망주로서의 정체성을 완전히 빼앗겼어요. 그래서 내가 누구인지를 재탐구하고, 내 삶을 다시 설계해야만 했어요. 나는 열정과 장기적인 욕구, 그리고 나를 행복하게 하는 것이 무엇인지 재평가해야 했어요. 매일 아침 더 많은 일을 할 기회, 더 대단한 존재가 될 기회, 사회에 환원할 기회를 얻은 것에 감사하면서 일어나요."

좋은 일인지 나쁜 일인지 누가 알겠는가?

위기에서 살아남았을 뿐 아니라 뜻하지 않은 새로운 방식으로 번창한 사람들의 예는 무수히 많다. 여기서 말하는 위기는 단순히 자신이 통제할 수 없는 사고와 상황만을 의미하는 것이 아니다. 잘못된 선택, 끔찍한 실수, 심지어 범죄행위로 인해 스스로 위기를 자초한 사람들에게도 해당되는 이야기다. 마사 스튜어트 Martha Stewart를 보라. 마사 스튜어트가 사기죄로 기소되었을 때 이에 대한 언론 보도가 쏟아져 나왔고,

결국 그녀는 5개월간 수감되었다. 마사 스튜어트는 내부 정보를 이용해 주식 거래를 했고, 이 사실의 은닉을 시도했던 것으로 알려졌다. 교도소에서 나온 뒤 그녀는 대중의 눈을 피해 숨어들고 포기했을까? 천만의 말씀이다. 마사 스튜어트는 자신의 제국을 다시 복구했을 뿐 아니라 더 크게 키웠다. 수많은 새 TV 시리즈를 시작하고, 책을 쓰고, 대기업부터 스눕독Snoop Dog까지 모두와 파트너십을 맺고서 홈쿠킹 및 홈인테리어 산업 전반에 걸쳐 새로운 상품라인을 출시했다. 마사 스튜어트는 위기가 자신을 파괴하도록 두지 않았다.

마이클 밀큰Michael Milken의 이야기는 이보다 더 극적이다. 마이클 밀큰은 1980년대 금융업계의 정상에 올랐다. 수십억 달러에 달하는 시장을 형성한 정크 본드junk bond: 본래는 신용등급이 급격히 낮아진 기업이 과거에 발행한 채권을 가리키는 말이었으나, 현재는 신용등급이 낮은 기업이 발행하는 고위험 · 고수익 채권을 말한다 사업의 개척자로 이름을 떨쳤다. 그러다 98건의 증권사기 및 공갈죄로 거의 2년 동안 교도소에 수감되었다. 그는 사기 피해 투자자들과 정부에 수십억 달러 이상을 보상해야 했다. 이 모든 일이 지나간 뒤에 교도소에서 나온 그는 전립선암을 진단받았다. 마이클 밀큰은 어떻게 했을까? 그는 전립선암 연구비 지원을 위한 재단을 설립했고, 그 재단은 전세계에서 규모가 가장 큰 전립선암 연구를 위한 자선기금이 되었다. 이후 그는 전립선암 외의 다른 질병의 치료법 연구비를 지원하는 씽크탱크를 설립했다. 2004년 〈포춘Fortune〉은 그를 '의학을 바꾼 남자The Man Who Changed Medicine'라고 불렀다.5

2014년 조지워싱턴 대학교는 공중보건대학원의 이름을 밀큰 공중보건대학원으로 바꿨다. 밀큰의 재단을 비롯한 후원자들이 그의 이름으로 8,000만 달러를 기부했기 때문이다. 세상은 분명히 밀큰이 감옥에 가서 다른 사람이 되었기 때문에 더 나은 곳이 되었다.

좋은 일인지 나쁜 일인지 누가 알겠는가?

우리는 언제 빛날지 스스로 선택할 수 없다

내 친구 로런 북은 2016년에 플로리다주 상원의원으로 선출되었고, 2021년 4월에는 만장일치로 민주당 소수당 원내대표로 지목되었다. 오바마Obama 대통령과 바이든 대통령을 만났고, 현재 유력한 플로리다 주지사 후보다. 로런 북의 인생은 역경을 극복하고 힘든 조건에서도 빛날 방법을 찾는 여정이었다. 로런은 11살 때부터 상주 보모에 의해 6년 동안 성적·정서적·신체적으로 학대를 당했다. 그녀의 가족은 상주 보모를 신뢰했고, 보모는 로런이 도움을 청할 수 없게 입단속을 했다. 로런은 끔찍한 대가를 치렀다. 식이장애로 체중이 22킬로그램까지 줄었고, 불면증과 외상후스트레스장애에 시달렸다. 보모는 학대 사실이 알려지면서 25년형에 처해졌다. 누구라도 그런 비극을 겪으면 생산적인 미래를 향한 경로에서 완전히 탈락했을 것이다.

그러나 로런은 굴복하지 않았다. 비록 자신이 계획한 것은 아니었지만, 자신의 경험을 발판 삼아 다른 사람을 돕는 일을 하면서 다른 사람을 도울 기회들을 만들기로 마음먹었다. 로런은 대학에서 초등교육을 전공했고, 졸업 후 교사로 일하다가 대학원에 진학해 지역사회심리학 석사 학위를 받았다. 그러나 그것만으로는 충분하지 않았다. 로런은 자신의 이야기를 세상에 알리고 이를 통해 사람들에게 용기와 희망을 주고 싶었다. 무엇보다 자신과 비슷한 처지에 있는 사람들을 돕고 싶었다.

로런은 '로런의 아이들Lauren's Kids'이라는 비영리단체를 설립해 성적 학대를 받은 아이들과 그 가족을 교육했다. 그녀는 2010년부터 플로리다주를 횡단하는 연례행사 '워크 인 마이 슈즈Walk in My Shoes'를 진행하고 있다. 미국에서만 4,200만 명에 달하는 성적학대 생존 아동을 생각하며 42일 동안 2,400킬로미터를 걷는다. 로런은 자신이 경험을 통해 얻은 교훈을 전달하고 아이들에게 자신의 삶을 파괴하는 비밀들을 폭로해도 된다고 알려주고자 회고록《말해도 괜찮아It's OK to Tell》와 아동서《로런의 왕국Lauren's Kingdom》을 썼다. 그러나 그녀는 여전히 무언가를 더 하고 싶었다. 2016년 그녀는 플로리다주 상원의원 선거에 나갔다. 학대를 비롯해 아이들에게 위해를 가하는 모든 것으로부터 아동을 보호하는 법안을 통과시키고 싶어서였다. 2018년 플로리다주 파크랜드의 마조리 스톤먼 더글러스 고등학교에서 총기난사 사건이 발생한 직후 로런 북은 학교들이 모바일 패닉 경고 시스템을 도입하도록 강제하는 법안을 발의했다. 로런 북은 총기난사 사건에 영향을 받은 학생들에게 든든한 지원군이 되었다. 사망 학생들의 장례식에 참석하고 부모들을 만나고, 생존자들이 변화를 위해 앞장서도록 도왔다.

2021년 초 로런의 네 살배기 쌍둥이의 담당 소아과 의사가 아동 포르노 소지죄로 체포되었다. 당연한 말이지만, 이 사건은 로런에게 남의 일이 아니었다. 그녀는 형사사건이 계류 중인데도 플로리다주법상 그 의사가 진료를 계속할 수 있다는 사실을 믿을 수 없었다. 로런은 의사가 성 또는 폭행과 관련된 중범죄로 기소되면 의사 면허를 즉각적으로 중

지시키는 법안을 통과시키기 위해 힘썼다. 로런 북은 이 문제를 비롯해 여러 사회문제에서 영웅이 되었다. 그녀가 영웅이 되고 싶어 했기 때문이 아니라 자기 내면의 목소리에 귀를 기울였기 때문이다. 그녀의 내면의 목소리는 그냥 멍하니 앉아 있기보다는 자신의 트라우마로 남을 도우라고 말했다. 현재 플로리다주 상원 민주당 원내대표인 그녀는 플로리다주의 어젠다를 정하는 것을 돕고 있다. 나는 한계가 없어 보이는 그녀의 미래에 경탄을 보낸다.

내가 로런의 이야기를 이 책에서 소개하고 싶었던 이유 중 하나는 이 책에서 전달하는 교훈이 오직 돈을 버는 일에 관한 것이 아니길 바랐기 때문이다. 돈을 버는 것이 '배를 불태워버리기' 철학의 핵심이 아니다. 우리가 하나에 모든 것을 걸고 전심전력을 다하는 이유는 세상을 변화시키고, 사회에 기여하고, 우리의 목표를 달성하기 위해서다. 그 목표는 무엇이든 될 수 있다.

"나는 매일 이 일을 할 수 있다는 것에 감사합니다." 로런이 내게 말했다. "그리고 나는 내 목소리와 내 경험을 사용할 수 있다는 사실이 정말 자랑스럽고 내가 운이 좋다고 생각합니다. 어떤 사람들은 그렇게 하고 싶지 않을 수도 있다는 것을 압니다. 고통스럽고 힘든 일이기도 하니까요. 그러나 나는 단순히 피해자로 남는 대신 내 이야기를 통해 우리 사회와 문화를 진정으로 변화시키고, 우리가 아이들과 생존자들을 보호하는 방식을 바꿀 수 있다고 생각했어요."

로런 북의 여정은 결과적으로 그녀를 대체 불가능한 운동가로 만들었다. 우주가 그녀를 선택했다. 그녀의 의사와는 상관없이.

나는 로런과 각기 다른 방식으로 각기 다르게 어려웠던 우리의 어린 시절에 관해 이야기를 나눴는데, 우리는 둘 다 같은 결론 근처를 맴돌게 되었다. 그 결론은 우리가 불편함과 두려움에서 멀리 달아나는 대신 그것을 활용할 수 있다는 것과 그렇게 함으로써 영영 파묻혔을 잠재력을 발현시킬 수 있다는 것이다. "인생은 여정이에요." 로런이 말했다. "과거에 당신에게 어떤 일이 일어났든 앞으로 나아갈 방법을 찾는 것이 중요하다는 사실을 이해해야 해요. 인생은 끊임없이 진화하는 과정이잖아요. 목적지가 아니에요. 그러니 인내심을 가지고 스스로에게 상냥해지세요. 삶은 유동적이고, 엉망진창이고, 회색이에요. 그러나 어딘가에 세상을 변화시키고 사람들을 도울 기회가 늘 있을 거예요."

결국 기본은 위험을 쫓는 것이다

테일러 린지-노엘은 어떻게 위기 이후에 삶을 재창조할 수 있었을까? 마이클 밀큰은 어떻게 방향을 전환해 의료 분야에 기여하는 자선가가 될 수 있었을까? 크리스티나 토시는 어떻게 글로벌 팬데믹에서도 자신의 브랜드를 그렇게 전례 없이 확장할 수 있었을까? 위기는 우리를 행동하게 등 떠민다. 그런 위기에 직면하면 우리는 힘과 의지를 마지막 한 방울까지 전부 끌어 모을 수밖에 없다. 우리에게 다른 선택지가 없으며, 그렇게 하지 않으면 뭔가를 잃게 된다는 것을 알기 때문이다.

일이 그럭저럭 순조롭게 흘러가고 변화를 강제하는 직접적인 요인이 없을 때는 대체로 그런 결단을 내리기가 훨씬, 훨씬 더 힘들다. 우리를 생존 반응으로 긴박하게 움직이도록 등 떠미는 것이 없을 때 우리는 근본적인 실수를 저지른다. 아무것도 하지 않아도 괜찮다고 착각한다. 그러나 우리는 그런 위기로부터 자유로운 때는 다르게 접근해야 한다. 위기에서는 선택지들이 제한된다. 생존이 가장 우선시되고, 생존을 확보할 수 있는 방법의 목록은 짧고 유한할 수밖에 없다. 위기에서 자유로운 우리의 선택지들은 무한한 것처럼 느껴진다. 크리스티나 토시는 지난 10년간 어느 시점에서든 사업 방향을 전환해 슈퍼마켓 진열대를 공략할 수 있었다. 베이킹 사업을 확장해서 자신의 의류 라인을 시작할 수도 있었다. 창고를 제과공장으로 개조해 다른 브랜드에 쿠키를 공급하는 하청업체가 될 수도 있었다. 브로드웨이로 진출해 무대 위에서 쿠키를 굽는 관객 참여형 쇼를 펼쳐 보이면서 명절 기간에 수천 명의 관객에게 즐거움을 선사할 수도 있었을 것이다. 크리스티나 토시의 사업은 충분히 안정된 상태였기 때문에 이런 선택지들 중 어떤 것을 선택했다 하더라도, 그것이 뜻밖의 선택처럼 보일지언정, 그녀가 이미 가지고 있는 것들에 해가 되지는 않았을 것이다.

우리는 모두 언제든 과감한 행동에 나설 수 있다. 그러나 우리가 그렇게 행동하는 일은 드물다. 선택의 세계가 너무나 광활하게 느껴지기 때문이다. 무엇을 선택해야 할까? 답은 명확하지 않고, 현상을 유지하는 것이 훨씬 더 쉬워 보인다. 그래서 우리는 아무것도 선택하지 않는다.

선택지가 더 많을수록 더 유리하다고 말하기 쉽다. 그러나 연구에 따르면 대안은 오히려 우리를 마비시키고 더 비효율적으로 행동하게 만든다. 심리학과 교수 배리 슈워츠Barry Schwartz는 선택의 패러독스paradox of choice에 관한 실험을 했다. 한 고급 식료품점을 찾은 고객들에게 잼 값을 1달러 할인해주는 쿠폰을 제공했다. 고객을 두 집단으로 나눠 한 집단에게는 24종의 잼이 놓인 탁자를 보여줬다. 다른 집단에게는 여섯 종의 잼이 놓인 탁자를 보여줬다. 슈워츠는 실험 결과를 이렇게 전했다. "잼의 종수가 많았을 때 고객들은 훨씬 더 큰 관심을 보였다. 그러나 막상 잼을 구매해야 할 때가 되었을 때 잼의 종수가 많았던 탁자를 접한 고객들은 잼의 종수가 적었던 탁자를 접한 사람들에 비해 잼 구매 비율이 10분의 1에 불과했다."[6] 달리 말하면, 선택지가 너무 많으면 소비자들은 마비된다.

선택지가 주어진다고 해서 그것이 늘 좋은 결과로 이어지지는 않는다. 하버드 비즈니스스쿨 교수 프란체스카 지노Francesca Gino가 인도의 한 콜센터에서 일하는 사람들을 대상으로 진행 중인 연구는 직관에 반하는 결과를 보여주고 있다. 지노 교수는 콜센터 직원들을 현재의 콜센터 자리 외에 다른 대안이 있는 집단과 콜센터에서 일하는 것 외에 대안이 없는 집단으로 나눴다. 대안이 있는 집단이 훨씬 더 자신감을 가지고 더 좋은 성과를 낼 것 같지만, 연구 결과는 그렇지 않았다. 두 집단 모두 처음에는 성과 수준이 동일했지만, 이후 플랜B가 없는 집단이 더 높은 성과를 올렸다. 연구팀에 따르면 이것은 '대안이 더 많은 채용 후보자일수록 실제로 업무에 투입했을 때 더 높은 성과를 올릴 가능성이 크다는 기존의 상식에 반한다.'

"게다가 선택지들이 많으면 나중에 후회할 가능성도 커져요." 지노 교수가 덧붙인다. "만약 선택지는 다섯 개인데, 그중에서 단 하나만 고를 수밖에 없다면 나중에 많은 시간을 이런 생각을 하면서 보내게 되겠죠. '뭐가 옳은 선택이었을까?' 그런데 다른 선택지가 없다면 현재 당신이 가지고 있는 것에 감사할 가능성이 더 크겠죠."

. . .

그렇다면 이 장에서 다룬 이야기들에서 우리는 어떤 교훈을 얻을 수 있을까? 나쁜 일은 일어난다. 우리의 사업에, 우리의 삶에, 세상 사람들에게. 그럴 때 경로에서 이탈하기는 너무나 쉽다. 자신의 목표에서 눈을 떼고, 배를 불태워버리는 걸 멈추게 된다. 그러나 위기는 또한 빛날 기회, 번창할 기회, 높이 도약할 기회를 제공한다.

만약 우리가 그런 도전에서 도망치는 대신 오히려 도전을 향해 달려간다면 결과적으로 현재의 길에 머물기보다는 새로운, 게다가 훨씬 더 좋은 길을 찾을 수 있다.

끊임없이 스스로에게 물으라. 좋은 때에도, 나쁜 때에도.

- 최악의 시나리오는 무엇인가?
- 아무것도 없는 상태에서 오늘 당장 뭔가를 시작해야 한다면 무엇을 하겠는가?
- 누가 봐도 나쁜 상황이지만 이 상황에서 가치를 추출해낼 방법은 없는가?

당연한 말이지만, 크리스티나 토시는 애초에 팬데믹이 발생하지 않았기를 바란다. 그러나 2020년 2월과 비교했을 때 현재의 사업에 훨씬 더 만족할까? 물을 것도 없이 그렇다.

나는 마침내 이 책을 쓸 시간이 생겼다는 사실이 기쁠까?

답은 무조건 '예스'다. 그리고 당신이 이 책을 읽게 된 것을 나만큼이나 당신도 기뻐하고 있기를 바란다.

글로벌 팬데믹이 닥쳤어야만 비로소 그런 일들이 실현될 수 있었던 것은 아니다. 그러나 글로벌 팬데믹이 닥치고 나서야 비로소 그런 일들이 실현되었다. 다음번에는 다를 것이다. 왜냐하면 우리는 배우고 더 발전하기 때문이다. 우리는 한때 불가능해 보였던 일들이 실제로 실현 가능하다는 사실을 깨닫는다. 우리는 우리의 승리를 가로막는 패턴을 깨고 우리의 진정한 잠재력을 발현시킨다.

CHAPTER 6

앞길을 가로막는
패턴을 깨라

    내 커리어에 가장 큰 도움이 되었던 기본기가 무엇이었는지 묻는다면 내가 기자로 일했던 사회 초년생 시절로 거슬러 올라가야 한다. 그 이유는 그 기본기가 패턴 인지 능력이기 때문이다. 정보의 물길 속에 앉아 있는 기자는 삶의 패턴이 반복해서 펼쳐지는 것을 본다. 다양한 사람들이 살아가는 모습을 충분히 오래 지켜보면 트렌드를 알아보고 미래를 예측하는 능력이 길러진다.

    그런 삶의 패턴들이 우리가 성공하도록 돕는다. 또한 바로 그 패턴이 우리의 앞길을 가로막는다. 나는 여러 번 과감하게 결단을 내리기도 하고, 살면서 엄청난 거래도 진행했다. 그중에서 가장 뼈아픈 후회를 불러일으킨 것은 이미 모든 일이 잘못된 후에야, 그래서 오직 사후평가를 통해 실은 그것을 충분히 막을 수 있었다는 사실을 깨달은 경우다. 당신이 정보를 조금만 더 면밀히 검토했다면 (그것이 기업 내부에서 비롯된 것이든, 파트너에서 비롯된 것이든, 당신 내면에서 비롯된 것이든) 문제점을 파악할 수 있었기 때문이다. 물론 그보다 더 최악은 당신이 문제점을 포착했는데도, 인지편향이나 자만으로 인해 그것이 문제가 되지 않는다고 스스로를 설득한 경우다.

우리는 노력의 결과를 크게 좌우하는 패턴을 단순히 포착할 수 있어야 할 뿐 아니라 패턴을 포착했을 때 그 패턴에 맞서 행동하는 데 익숙해져야 한다. 때로는 패턴이 외부적인 것이라서 우리가 관리·감독해야 하는 상황이라는 것을 알아차릴 수 있어야 한다. 때로는 패턴이 우리의 내면에서 발견된다. 우리가 잘못된 선택을 하게 만드는 사고방식들, 의도치 않게 자신의 성공에 훼방을 놓게 만드는 함정들이 존재한다. 이 장에서는 그런 패턴을 포착하는 법과 그렇게 포착한 패턴을 극복하는 법을 집중적으로 다룬다.

외부의 장애물 피하기

서로 맞지 않는 파트너

앞서 말했듯이 공적으로든 사적으로든 자신에게 꼭 맞는 파트너를 만나는 것이 매우 중요하다. 나는 다음과 같은 패턴을 자주 목격한다. 설립자가 어떤 업계에 처음 진입할 때 당연히 그 분야의 전문가가 필요하다고 전제한다. 그래서 그 업계에서 잔뼈가 굵은 공동설립자를 영입한다. 그런데 그 공동설립자는 현상 유지에 너무나 익숙한 나머지 회사가 상자 밖으로 멀리 나갈 수 있게 내버려두지 않는다. 파트너십이 고착 상태에 빠진다. 한 파트너가 한 방향으로 열심히 달려가는 동안 다른 파트너는 온 힘을 다해 그 파트너를 붙잡는다. 어느 정도 자리를 잡은 기업에서도 그런 일이 일어난다. 누군가가 혁신을 꾀하지만 어느새 혁신이 현재와 너무나 동떨어진 것, 두려운 것으로 느껴지기 시작한다. 그래서 혁신을 꾀했던 사람은 계속 분투하기보다는 포기하는 쪽이 더 쉽게 여겨진다.

따라서 만약 당신이 진정으로 기존에 없는 새로운 것을 추구한다면 통제권을 꼭 붙들고 있어야 한다. 무엇을 하든 당신에게 필요한 것이 파트너인지, 아니면 특수한 지식이나 능력을 지닌 직원인지 아주 신중하게 검토해야 한다. 설립자들은 종종 단순히 직원으로 고용해도 되었을 사람을 공동설립자로 맞이하는 바람에 너무 많은 지분과 권력을 내준다. 그렇다. 문제가 있을 수 있다. 도움이 필요할 수 있다. 그러나 도움을 청하게 만든 문제가 해결된 뒤에도 계속 유지해야 하는 파트너십을 굳이 시작할 필요가 있을까?

라이블리의 미셸 코르데이로 그랜트에게는 기발한 통찰이 있었다. 그리고 그 통찰을 밀고 나갈 자신감도 있었다. 불필요한 파트너십의 길에 들어서는 누군가를 볼 때마다 나는 그녀를 떠올린다.

"내가 맨 처음 한 일은 두렵다고 생각되는 모든 것의 목록을 작성하는 것이었어요." 그녀가 말했다. "내가 아무것도 모르는 사업 영역이 무엇인지 모조리 적었어요. 풀필먼트fulfillment: 물류대행 또는 주문이행 업무를 말한다, 고객 서비스, 디지털 마케팅 등 제가 보완해야 하는 사각지대들을요. 그런 다음 제 인맥을 돌아보면서 벤치를 구성하기 시작했어요. 제가 문제에 부딪히거나 질문이 있을 때 도움을 청할 수 있는 사람들이 누군지 파악해두는 거죠. 스타트업을 운영하다 보면 당장 해결해야 하는 중요한 순간들을 너무나 자주 맞닥뜨리니까요. 조언해줄 누군가를 CMOchief marketing officer, 최고마케팅책임자나 CFOchief financial officer, 최고재무책임자로 채용할 수도 있어요. 특수한 문제를 해결해줄 사람을 구하는 거죠. 그러면서도 제 사업에 대한 통제권은 그대로 유지하고요. 그런 사람과의 관계가 영구적일 필요는 없으니까요. 이런저런 시도를 해보면서 그런 순간들에 무엇이 필요한지 살펴보는 거죠."

나는 미셸 코르데이로 그랜트의 그런 태도가 아주 바람직하다고 생각한다. 실제로 펜실베이니아 대학교의 두 학자가 2018년에 실시한 연구는 킥 스타터Kick Starter: 2009년 설립된 미국의 대표적인 크라우드 펀딩 서비스에 등록된 수천 개의 프로젝트를 조사했고, 두 명 이상의 설립자가 진행한 프로젝트에 비해 단독 설립자가 진행한 프로젝트의 생존 가능성이 2배 더 높았다는 사실을 발견했다.[1] 그러나 나는 당신이 반드시 홀로 사업을 이끌어야 한다고 주장하고 싶지는 않다. 실제로 데이터를 들여다보면 설립자가 두 명 이상인 회사가 설립자가 한 명인 회사에 비해 수십억 달러짜리 회사로 성장할 확률이 더 높다. 그런 수십억 달러짜리 유니콘들의 80퍼센트에서는 최고위 지도부가 팀으로 구성되어 있다.[2] 그러니 사업 파트너를 두는 것이 큰 도움이 될 수 있다. 다만 그 파트너십이 불안감에서 비롯된 것이 아니라 필요에서 비롯된 것이어야 한다.

파트너 후보를 평가할 때는 당신 자신도 동일한 잣대로 평가해야 한다. 당신은 정말로 다른 사람의 기여를 소중히 하는 사람인가? 아니면 끊임없이 마찰을 일으키는 사람인가? 파트너십을 토대로 운영되는 기업에 투자할 때 나는 다음과 같은 위험신호가 없는지 유심히 살펴본다.

- **긴장감이 감도는 분위기:** 파트너 간 불화의 조짐이 있다고 투자자에게 솔직하게 말할 만큼 멍청한 사람은 없다. 잠재적 투자자인 내가 파트너들과 만나는 자리에서는 모두가 가장 좋은 모습만을 보이려고 신경 쓴다. 그런데 그런 자리에 갈등의 기운이 미묘하게라도 감지된다면 보이지 않는 곳에서는 그보다 최소한 10배는 더 심각한 일이 벌어지고 있다는 신호다. 안타깝지만, 그런 경우에 나는 미련 없이 돌아선다.
- **변화에 대한 상이한 관점:** 일반적으로 아이디어를 제시하고 추진하는 파트너가 있고, 그 분야에서 경력을 쌓은 전문가 파트너가 있다. 그러나 전문가 파트너 또한 업계를 변화시켜야 한다는 관점을 공유하지 않으면 파트너십이 제대로 굴러갈 수가 없다. 만약 당신의 전문가 파트너가 업계의 전통적인 사고방식에 갇혀 있다면, 요컨대 기존과 다른 방식으로 사업을 추진하기를 두려워하거나 기존과 다른 사업 모델이 필요하다고 진심으로 믿지 않는다면, 그 사람을 공동설립자로 영입해서는 안 된다.
- **명확한 역할 분담의 부재:** 누가 무엇을 하고 있으며, 왜 그 사람이 그 일을 하는가? 물론 상호보완적 역량은 필수적인 통일된 비전에 비하면 부차적인 사항이지만, 파트너들의 전문성이 겹쳐진다면, 또는 각 파트너가 특정 업무 영역을 전담하는 이유가 명확하지 않다면 파트너십의 핵심에 결함이 있는 것이다. 각 파트너가 사업에 대한 지분을 보유하는 데 확실한 자격과 명백한 이유가 있어야 한다.
- **기질의 부조화:** 회사는 가족과 같다. 그러나 파트너는 직원들 앞에서 한 명은 엄격하고 한 명은 만만하게 구는 식으로 서로 손발이 안 맞는 부모가 되어서는 안 된다. 직원들이 보기에 한 설립자가 다른 설립자에 비해 호락

호락하다 싶으면, 또는 파트너들끼리 서로 다투게 만들기가 쉬우면, 회사 전체가 불안정해지고 이용당할 수 있다. 파트너들은 한목소리로 말해야 하고, 같은 입장을 취해야 한다. 또한 어느 파트너가 자신들의 요구에 굴복할 것인지, 어떤 파트너를 우회해야 하는지를 직원들이(그리고 그 결과 고객들과 투자자들이) 알아챌 수 있는 상황을 만들면 안 된다.

- **노력의 불균형:** 때때로 한 파트너는 너무나 열심히 일하는 반면, 다른 파트너는 그렇지 않다. 이것은 어떤 팀에서나 심각한 문제를 일으킨다. 네이비실 출신 커트 크로닌Curt Cronin에게 물어보라. 전 세계를 돌면서 각종 기업과 단체의 고문으로 일하기 전 커트는 네이비실에서 20년간 복무하면서 해군 특수전 개발본부의 수장도 지냈다. 신체적·정신적·정서적으로 최고의 성과를 내는 수행 능력 훈련 분야에서 내가 신뢰하는 전문가다. 마이애미 돌핀스 선수들의 집중력을 최대치로 끌린 후 그 상태를 경기 내내 최대한 오래 유지하는 훈련을 실시하기 위해 그를 초빙했다. 커트는 팀의 모든 구성원이 100퍼센트 전심전력을 다해야 한다고 강조했다. 그렇지 않으면 팀 전체의 노력이 수포로 돌아가기 때문이다. 커트는 이렇게 단언했다. "우리 각자가, 네이비실이든 아니든, 초인적인 일을 해낼 수 있는 이유는 모든 구성원이 최선을 다한다는 사실을 모든 구성원이 알기 때문입니다. 단 한 명이라도 무임승차하기로 마음먹는 순간, 그 누구도 전심전력을 다할 수 없게 되고, 그러면 아무리 잘 굴러가던 관성바퀴라도 멈추게 되어 있습니다." 모든 사람이 전부를 걸어야 한다. 그렇지 않으면 불만이 생기고, 여기저기 삐걱거리기 시작한다. 이따금 각 파트너의 동기가 다를 때 이런 시나리오가 펼쳐지는 것을 본다. 이를테면 한 명은 물려받은 유산이 은행에 쌓여 있지만, 다른 한 명은 금전적인 측면에서 훨씬 더 절박하고 사업으로 큰돈을 벌고자 한다고 해보자. 그 회사는 절대로 잘될 수가 없다. 모든 사람이 최선을 다하지 않으면 그 파트너십은 지속 가능하지 않다.

나쁜 투자자들

파트너가 당신이 신경 써야 하는 유일한 이해관계자는 아니다. 투자자도 중요하다. 적어도 외부 자금이 필요한 프로젝트에서는 그렇다. 그리고 내가 반복해서 보는 패턴은 확신이 부족하거나 요구 조건이 많은 투자자들은 오히려 방해가 된다는 것이다. 투자자를 선택할 때 당신의 제1원칙은 언제나 '해가 되지 않는 투자자'여야 한다.

실패한 스타트업 주세로Juicero에 관해 들어봤을 수도, 들어보지 못했을 수도 있다. 주세로는 무선인터넷에 연결된 착즙기와 함께 신선한 채소와 과일을 착즙기에 바로 넣을 수 있도록 작은 조각으로 손질하고 포장해서 고객들에게 배달하는 구독 서비스를 제공했다. 주세로의 실패를 야기한 직접적인 원인은 한 〈블룸버그Bloomberg〉 기자의 시연 영상이었다. 그 기자는 고객들이 채소와 과일이 포장된 주머니를 손으로 직접 쥐어짜기만 해도 주스를 만들 수 있다는 것을 보여줬다. 즉, 699달러짜리 착즙기가 필요 없다는 것을 보여줬다. IT 매체 CNET기술 및 전자제품에 대한 리뷰, 뉴스, 기사, 블로그, 팟캐스트를 올리는 미국의 기술 미디어 웹사이트는 주세로의 실패를 '실리콘밸리의 멍청함을 가장 잘 보여주는 사례'로 꼽았다.3 착즙기의 유용성에 관해서는 논쟁의 여지가 있다고 생각한다. 솔직히 말하면, 지난 20년 동안 폭발적인 인기를 얻은 캡슐커피 기계와 크게 달라 보이지 않기 때문이다. 커피를 끓이는 데는 커피 가루와 뜨거운 물만 있으면 충분하다. 주스라고 왜 다르겠는가? 실상은 주세로의 몰락이 그 영상이 화제가 되기 몇 달 전 투자자들이 주세로의 설립자이자 CEO인 더그 에번스Doug Evans를 몰아내고 그 자리에 전직 코카콜라 COO를 앉혔을 때 이미 시작되었다고 봐야 한다.

더그를 만나면 10분 안에 그가 어떤 사람인지, 그의 프로젝트에 투자할 때 무엇을 기대할 수 있는지를 명확하게 알 수 있다. 더그와 첫 악수를 나누는 순간 그의 강점과 한계가 모두 드러난다. 그는 자신의 패를 감추지 않고, 자신을 움직이게 하는 동력이 무엇인지, 자신이 무엇을 이루고 싶은지를 결코 숨기지 않는다. 더그는 주세로에서 퇴출된 이후 유르트 yurt: 중앙아시아의 유목민들이 쓰는 이동 가능한 주거용 텐트에서 살면서 새싹이 인류 문명의 미래라는 아이디어를 퍼뜨리고 있다. 더그는 이 미팅에서 저미팅으로 분주히 옮겨 다니면서 사람들을 만나고 있다. 더그에게 투자하는 사람은 자신이 무엇에 투자하는지 이해할 수 있어야 한다. 더그의 사업에서 가장 우선시되는 것은 비전과 열정이다. 더그가 더그처럼 사업을 한다는 이유로 그를 내친다면 그것은 애초에 더그에게 투자하지 말았어야 했다는 뜻이다.

더그는 주세로를 장기전의 시작점으로 봤다. 단순히 착즙기를 팔고자 했던 것이 아니라 커뮤니티를 팔고자 했다. 착즙기는 건강과 웰빙이라는 목표를 보조하는 사물인터넷 internet of thing, IoT: 사물 간에 인터넷으로 데이터를 주고받는 기술이나 환경 라이프스타일로 통하는 입구에 불과했다. 더그는 투자자들이 그런 자신의 비전을 이해하지 못했다고 믿는다. 투자자들은 통제와 안전을 원했다. 그러나 더그는 결코 그런 사람이 아니었다. 어울리지 않는 조합이었다. 그게 다였다. 더그는 이렇게 말했다. "옳은 투자자들은 설립자를 끝까지 지지합니다. 나도 주세로를 돌아보면 몇 가지 치명적인 실수를 했다고 생각하고, 또 우리가 시대를 너무 앞서갔다고 생각합니다. 투자자들은 거기서 손을 털기로 결정했지만, 나는 그 사업이 여전히 가능성이 있다고 생각했어요."

어떤 이해관계자든 당신의 직감을 실행할 자유를 제약하는 방해물이 될 수 있다. 투자자들의 지지를 받지 못하면 남들의 요구를 들어주느라 당신의 에너지가 새게 되고, 그로 인해 성공할 기회를 놓칠 수 있다. 당신에게 꼭 필요한 사람이 아니라면 지휘권이나 통제권을 조금도 양보하지 말라.

자금 부족

투자자들의 영향력을 제한해야 한다는 내 조언은 대다수 기업이 겪는 실질적인 문제와 정면으로 배치될 수 있다. 기업이 투자자를 필요로 하는 이유는 돈이 필요하기 때문이다. 그리고 그런 현실을 무시할 수는 없다. 자금이 고갈되면 사업은 망한다. 약 25년 전에 나는 이를 직접 목격했다. 지금까지 내가 거쳐 온 곳 중에서 최고의 직장은 코즈모닷컴 Kozmo.com이었다. 코즈모닷컴은 스마트폰이 등장하기 전에 이미 미국의 아홉 개 도시에서 1시간 내로 고객에게 식료품과 공산품을 배달하겠다고 약속한, 시대를 한참 앞서나간 스타트업이었다. 코즈모닷컴은 투자금으로 수억 달러를 모으는 데 성공했지만, 그 투자금을 한 푼도 남김없이 전부 잃었다. 1998년과 1999년에는 코즈모닷컴의 앞길이 마냥 창창해 보였다. 내가 뉴욕시장실에서 일하고 있을 때 코즈모닷컴은 내게 위기소통 부서의 부장 자리를 제안하면서 거절할 수 없는 파격적인 연봉 인상까지 제시했다. 결국 뉴욕시장실로 되돌아가기는 했지만, 나는 코즈모의 제안을 도약할 기회로 삼았다.

28살이라는 젊은 나이에 코즈모를 설립한 CEO 조 박 Joe Park은 미래에 대한 엄청난 예지력이 있었다. 그는 언젠가는 이커머스에서 최종소비자와의 연결성이 가장 중요한 요소가 될 것이라는 사실을 알았다. 다만 당시 세상은 아직 그런 서비스를 받아들일 준비가 되지 않았다는 현실에 부딪혔을 뿐이다. 1997년만 해도 사람들은 여전히 자신의 신용카드 번호를 인터넷상에서 입력하는 것을 꺼렸다. "우리 고객의 60~70퍼센트가 여전히 전화 인터넷 접속 서비스를 사용하고 있었어요." 조가 내게 말했다. 조가 사업을 확장하는 데 필요한 대형 물류창고와 배송 인프라를 구축하기 위해 코즈모는 각 상업구역에서 되도록 빠른 시일 안에 단위면적당 최소 고객 수를 확보해야 했다. 그렇지 않으면 이윤이 남지 않는 아이스크림 한 통 배달 주문이 들어올 때마다 그들의 사업은 더 빠른 속도로 몰락할 것이었기 때문이다.

그래서 코즈모는 촌각을 다퉈가며 브랜드 인지도를 높여야 했다. 이를 위해 데이터로 정당화할 수 있는 수준을 훨씬 넘어서는 속도로 광고와 배달구역 확장에 자금을 투입했다. 그러나 마인드셰어mindshare: 광고나 상품, 기업에 대한 소비자 인식 차원의 점유율을 의미하는 것으로 '시장 점유율'의 선행지표로 사용된다 의 작동원리는 수익성의 작동원리와 달랐다. "이제 와서 돌아보면…" 조가 당시를 돌아보면서 말했다. "시장이 준비될 때까지 우리가 훨씬 더 오래 버텨야 할 것이라는 사실을 깨달았어야 했습니다. 아마존조차도 초창기에는 죽음의 순간을 견뎌야 했습니다. 1999년과 2000년에는 전환사채를 18억 달러까지 늘렸죠. 테슬라Tesla도 몇 년 전까지 살얼음판 위를 걷고 있었고요. 코즈모는 우리 시대에는 세 손가락 내지는 네 손가락 안에 꼽히는 대표적인 스타트업에 속했습니다. 그러나 우리는 생존에 필요한 자금이 부족했습니다."

시장이 준비되지 않았다는 조의 말에도 일리가 있다. 그리고 그것이 내가 반복해서 목격하는 다음 패턴과 연결된다.

성공의 예측 불가능한 타임라인

조는 거의 모든 사람보다 훨씬 먼저 이커머스가 어디로 향하고 있는지를 알고 있었다. 코즈모가 사업을 접고 2~3년이 지났을 때 제프 베이조스가 조를 영입한 이유다. 조 박은 아마존의 광고 업무를 총괄하다가 게이밍 팀으로 옮겼다. 어쨌거나 세상은 그가 바라보는 지점에 와 있지 않았다. 나는 이런 현상을 너무나도 자주 목격한다. 누구나 보상을 일찍 받을 수 있을 거라고 기대하는 경향이 있다. 자기 머릿속 아이디어들에 매혹되고, 다른 사람들도 내가 보는 것들을 본다고 상상한다. 실제로는 그렇지 않을 때도 말이다. 나는 종종 내가 너무 늦었다고 생각했지만, 알고 보면 엄청나게 앞서나가고 있을 때가 많다. 어떤 기업이나 산업에 대한 투자를 고려할 때 나는 내가 찾을 수 있는 모든 자료를 강박적으로 읽으면서 그 공간에 완전히 빠져든다. 그러다 보면 가끔은 다른 사람들도 모두 나와 함께 그 지점에 있는 것 같은 착각에 빠지기도 한다. 그런데 현실은 그렇지 않다.

순식간에 성공적인 산업이 된 전동 수직 이착륙electric vertical take-off and landing, eVTOL 항공기업에 초창기에 투자할 기회가 있었는데, 나는 그 기회를 잡지 않았다. 그 공간에 수십 개의 회사들이 이미 자리 잡고 있다는 판단이 내가 그 기회를 잡지 못하게 막았다. 내가 투자하기에는 너무 늦었고, 이미 상승기가 지나갔다고 생각했다. 솔직히 말하면 확신이 부족했던 것이다. 그런데 현실에서는 티핑포인트를 이미 지났다면 그런 의문 자체를 품지 않게 된다. 너무나 당연하게 느껴지기 때문이다. 당신이 남들보다 앞서나가고 있는지, 남들보다 늦었는지가 확실하지 않을 때는 거의 언제나 당신이 앞서나가고 있으며, 충분히 수익을 낼 수 있는 상황이라고 나는 단언할 수 있다. 이것은 페이스북의 기업가치가 150억 달러를 인정받고 있던 2008년에 페이스북에 투자한 사람들에게만 물어봐도 알 수 있다. (이 글을 쓰는 현재 페이스북의 가치평가는 그보다 15배 높다.)

같은 맥락에서 당신이 어떤 아이디어를 포기하고 싶은 마음이 들 때 잠시 멈추고 당신이 *스스로의* 지루함과 조바심에 반응하고 있는 것은 아닌지 자문하라. 실제로 손을 떼고 떠나야 할 이유가 있는지 자문하라. 익숙함은 경멸을 낳는다. 우리는 자신의 이야기를 듣는 것이 지겨워지고 버거워진다. 세상 사람 대부분에게는 당신의 이야기를 듣게 될 날이 한참 먼 미래인데도 말이다.

인생에서 큰 도박을 했을 때 당신의 선택이 옳은 것이 되도록 넉넉한 시간을 줄 수 있어야 한다. 옳은 선택을 하는 것 자체가 이미 충분히 어려운 일이다. 그 선택이 언제 옳은 것이 될지를 정확하게 예측하기란 불가능하다. 당장, 단기적으로는 당신의 선택이 완전히 빗나간 것처럼 보일 수 있다. 그러나 길게 봤을 때, 장기적으로는 당신이 노스트라다무스 못지않은 선지자일 수도 있다. 나는 사람들에게 스타트업이 안정화되기까지는 최소한 3년, 수확을 거두기 위해서는 최소한 5년은 기다려야 한다고 말한다. 당신이 무엇을 파는지와는 무관하게 거의 언제나 그렇다.

･ ･ ･

이런 타임라인의 예측 불가능성은 내가 RESY에 투자했을 때도 마찬가지로 문제가 되었다. RESY는 우리가 최종적으로 아메리칸 익스프레스American Express에 매각한 레스토랑 예약 서비스다. 아이디어를 처음 낸 건 푸드 웹사이트 이터Eater의 설립자 벤 레벤탈Ben Leventhal과 게리 베이너척이었다. 두 사람과 함께 우리는 식당들이 각 식당의 가장 중요한 재고를 최적으로 현금화하지 못하고 있다는 아이디어에서부터 시작했다. 인기 레스토랑에서 금요일 밤 9시와 화요일 저녁 5시 30분에 테이블을 왜 같은 값에 파는 걸까? 우리는 요일과 시간에 따라 달라지는 테이블의 가치를 반영할 방법이 있어야 한다고 생각했다. 그러나 시장은 예나 지금이나 변함없이 이 문제를 우리와 같은 관점으로 접근하지 않는다.

그런데 벤은 인기 레스토랑이 정말로 필요로 하는 것은 오픈테이블
OpenTable: 1998년에 샌프란시스코에서 시작한 온라인 레스토랑 예약 서비스업체로, 현재 전 세계 레스토랑 5만여 곳 이상의 예약 창구 역할을 하며, 레스토랑으로부터 월회비와 예약 건당 수수료를 받는다의 대안이라고 생각했다. 오픈테이블은 레스토랑 테이블에 대한 수요, 즉 레스토랑 테이블을 검색하는 잠재 고객을 중간에서 가로채서 그 잠재 고객이 레스토랑 테이블을 예약할 때마다 이를 레스토랑에 되파는 시장에서 활동하는 기업이다. 많은 레스토랑 주인이 오픈테이블에 의존하고 있었지만, 동시에 불만도 품고 있었다.

인기 레스토랑은 테이블에 대한 수요를 직접 관리했으므로 오픈테이블이 필요 없었다. 오히려 인기 레스토랑은 점점 낡은 것이 되는 오픈테이블의 기술로는 지원할 수 없는 더 효과적인 서비스를 원했다. 세상이 우리가 초기에 구상한 RESY의 사업모형을 받아들일 준비가 되지 않았다는 깨달음과 더불어, 이런 조사 결과를 바탕으로 벤은 회사의 사업 방

향을 전환해 전 세계의 인기 레스토랑을 위해 최신 기술을 적용한 백엔

드back end: 프론트 엔드에 대비되는 말로, 프론트 엔드가 사용자와 상호작용하는 UX, UI 영역을 말

한다면 백 엔드는 이 프론트 엔드로부터 입력된 사용자의 요구를 처리하는 뒷단의 프로세스를 말한다

시스템을 제공하기로 했다. 그 과정에서 오픈테이블의 독점적 지위를
무너뜨리려는 목적도 있었다.

솔직히 말하면 그 이후에도 모든 일이 기대처럼 순조롭게 진행되지
는 않았다. RESY 사업팀이 투자금 모금에 나섰지만 완전히 실패했고,
기존 자금은 거의 바닥났다. 우리는 사업 안정화를 위해 RESY 사업팀
을 RSE 벤처스 사무실로 이전했다. 그리고 사업모형을 수정하고 반복
하는 과정을 거쳐 마침내 수억 달러에 아메리칸 익스프레스에 매각할
수 있었다. 나는 지금도 우리의 초창기 가치 제안이 유효하다고 믿는다.
그러나 세상이 아직도 그 지점까지 오지 못했다.

. . .

조 박과 이야기하면서 나는 코즈모가 실패하게 된 다른 원인이 기억
났다. 시장이 우리를 받아들일 준비가 아직 되지 않았다는 것 외에도 또
다른 문제가 있었다. 우리는 그 여정에서 우리보다 한발 앞서 있는 기업
들과 비교당하고 있었다. 웹밴Webvan은 식료품 배달 기업이었다. 그리
고 결과적으로 거의 1억 달러의 손실을 본 역사상 최악의 닷컴 실패 사
례로 꼽힌다.4 코즈모의 사업모형은 웹밴의 사업모형과 달랐다. (웹밴
은 자금 대부분을 자사의 물류창고와 배달 트럭을 마련하는 데 투입했다.) 또한
웹밴의 수익성 경로는 코즈모의 수익성 경로에 비해 훨씬 더 짧았다. 그
럼에도 웹밴이 무너지자 아무도 더 이상 코즈모에 투자하려고 하지 않

았다.

나는 킨 인슈어런스에서도 동일한 패턴을 목격했다. 킨 인슈어런스는 내가 상장을 추진했던 보험회사다. 물론 이 경우에는 전체적으로 주식 시장 상황이 좋지 않았다. 그것은 부정할 수 없다. 그러나 더 구체적으로 파고들면, 킨과 가장 유사한 경쟁사인 히포Hippo가 주식 시장에 상장된 지 1년도 채 지나기 전에 주가가 90퍼센트나 추락한 것이 문제였다. 히포는 링크드인LinkedIn 설립자 리드 호프먼Reid Hoffman의 후원을 받았음에도 불구하고 주식 시장은 히포의 상장에 강경한 거부 반응을 보였다. 히포와 킨 사이에는 명백한 차이점들이 있었다. (나는 킨이 히포보다 훨씬 더 우월한 사업모형을 가지고 있다고 믿었고, 데이터도 그런 내 판단을 뒷받침한다.) 그러나 기관 투자자들은 두 회사가 유사하다는 편견에 갇혀 있었다. 두 회사의 사업모형 사이에 존재하는 미묘한 차이에 반응하기에는 보험 기술 시장이 아직 진화 단계의 초기에 있다. 이 모든 사례는 한 가지 교훈으로 연결된다. 당신이 앞서나가고 있다면 반드시 시장 조성자market maker여야 하며, 다른 플레이어가 투자 벤치마크의 기준이 되지 않도록 주의해야 한다. 요컨대, 선점자가 되어야 한다. 자신의 이야기를 직접 써나갈 수 있어야 하고, 오로지 당신 비전의 강점에 의해 사업의 생사가 결정되어야 한다. 당신의 아이디어보다 열등한 아이디어가 무너질 때 그로 인해 당신의 아이디어도 함께 희생되는 일이 없어야 한다.

이런 외부의 장애물들, 예컨대 파트너, 투자자, 자금, 타이밍은 당연히 치명적일 수 있다. 이와 달리 때때로 파악하기 쉽지 않은 패턴들은 외부가 아닌 당신 내면의 패턴들이다.

앞길을 막는 패턴을 부술 때,
반드시 내면도 들여다보라

모든 걸 혼자서 다 할 수는 없다

나는 다음과 같은 패턴을 너무나 자주 본다. 당신은 CEO다. 당신은 개인으로서 매우 뛰어난 역량을 지니고 있다. 자신의 사업을 특출하게 잘 이해하며, 당신의 역량에 한계가 없었다면, 또는 하루가 24시간으로 제한되지 않았다면, 당신은 기꺼이 모든 업무를 손수 처리했을 것이다. 당신이 사람을 고용하는 것은 당신이 원해서가 아니라 그럴 수밖에 없기 때문이다. 그러다 보니 직원들에게 충족 불가능한 높은 잣대를 들이대며, 아주 사소한 업무까지도 일일이 관여하고, 직원들이 실패할 것 같은 낌새만 보여도 개입한다. 당신은 인재 관리와 업무 처리에 파묻혀 스스로의 역량을 개발하고, 비전을 제시하고, 배를 지휘하는 등 CEO로서 해야 할 일을 못 하게 된다. 이것은 실패로 가는 지름길이다. 그리고 내가 본 영리한 리더들이 유독 잘 빠지는 덫이다.

대다수 미식축구팀의 수석코치만큼 이것을 잘 보여주는 예도 없다. 수석코치는 거의 언제나 공격 작전 코치나 수비 작전 코치로 코치 경력을 시작하며, 전술을 지시하면서 작전의 진정한 대가가 된다. 그러다 수석코치로 승진하는데, 수석코치가 되었다고 그들이 자신을 성공으로 이끈 작전기술을 하루아침에 완전히 포기할 수 있을까? 많은 이들이 포기하지 못한다. 그들은 여전히 전술을 직접 지시하고 싶어 한다. 이것은 곧 그들이 한 발 뒤로 물러서서 큰 그림을 볼 여유가 없다는 것을 의미

한다. 그런데도 NFL의 문화는 타고난 리더 신화에 너무나 높은 프리미엄을 부여하기 때문에 새로이 수석코치로 임명된 이들을 위한 직무역량 교육 프로그램을 전혀 제공하지 않는다. 수석코치로 임명되었다면 이미 그 역량을 갖췄을 것으로 기대하며, 역량을 갖추지 못했다면 그냥 수석코치 자격이 없는 것이다. 많은 신임 수석코치가 3년 안에 해고된다는 사실이 놀랍지 않다.

최고의 작전 코치조차도 그 역할에서 벗어나 팀 전체의 수석코치라는 역할을 완벽하게 장악해야 한다. "수석코치라는 일에 맞춰 진화해야 합니다." 마이크 태넌바움이 말했다.

"뛰어난 직원을 고용하려면 자신감이 필요합니다." 렉스 라이언이 덧붙였다. "내가 수석코치가 되었을 때 내 밑에 최고의 인재들을 두는 것이 전혀 두렵지 않았어요. 나는 수석코치 후보자로 나와 경쟁했던 사람을 고용했습니다. 이미 선택받은 내가 그 사람을 위협으로 느껴야 할 이유가 없다는 것을 알았으니까요. 그리고 많은 젊은이들을 고용했습니다. 내가 아는 사람도 있었고 모르는 사람도 있었지만, 하나같이 평판이 대단히 좋은 사람들이었습니다. 저는 무조건 최고를 원했습니다." 그러나 렉스는 예외다. 많은 수석코치가 자신보다 더 뛰어난 사람을 고용하기를 거부한다. 자신의 자리가 위협받을까 봐 걱정하는 것이다. 자존심 때문에 이런 흔한 덫에 빠지는 일이 없도록 하자.

· · ·

비즈니스 세계에서는 더더욱 혼자서 모든 것을 다 하기가 힘들다. 단순히 공격 작전과 수비 작전을 지시하는 것으로 끝나지 않기 때문이다.

채워야 할 역할에 끝이 없다. 좋은 리더는 실질적으로 그 모든 업무를 해내는 데 스스로를 필요 없는 존재로 만들어야 한다.

당신 자신에게 물어라. 당신이 일주일 동안 입원해도 회사가 제대로 돌아갈까? 그래야만 한다. 그리고 만약 다른 사람들이 당신보다 더 빛날까 봐 걱정된다면 그런 자기중심적 사고에서 벗어나라. 모든 자리에 당신보다 뛰어난 사람을 고용해야 한다. 그것은 비통해야 할 일이 아니라 기뻐해야 하는 일이다. 사람들은 사소한 것까지 손수 챙겨야 하는 리더 밑에서 일하고 싶어 하지 않는다. 사람들은 자신의 가치를 인정해 주고, 소중하게 여기고 믿어 주는 리더를 위해 일하고 싶어 한다. 리더의 가장 주된 역할은 뛰어난 인재를 적재적소에 배치하고 그들이 빛날 수 있도록 돕는 것이다.

사업을 확장하기 위해서는 먼저 당신 자신의 강점과 약점을 이해해야 한다. 정치 공간에서 로런 북은 내게 전략적 동맹을 구축하는 것에 관해 이야기했다. 함께 연합전선을 구축할 수 있는 사람, 다른 강점을 지닌 사람을 찾으라. 그러면 그 조합이 성공한다. 당신과 동맹을 구축한 이들이 자신의 목표를 달성할 수 있도록 당신의 인맥과 기술을 총동원하라. 그러면 그들도 자신의 인맥과 기술을 총동원해서 당신을 도울 것이다. 그것은 정치, 사업, 기타 그 어떤 영역에서든 통하는 방식이다. 당신이 무엇을 할 수 있는지 파악하고, 다른 사람들을 세워야 하는 곳이 어디인지 파악하라.

드론 레이싱 리그를 시작한 니콜라스 호바체스키가 이를 실천하는 완벽한 사례다. 그는 다른 사람에게 빛날 기회를 주는 것에 전혀 두려움을 느끼지 않는다. "혼자서 계속 모든 일을 직접 하는 것이 확실히 더 쉽기는 합니다." 그도 인정했다. "저도 꽤 오랫동안 그렇게 했고요. 너무 오래 그렇게 했죠. 그러나 어느 순간 내가 어리석은 기회비용을 치르고 있다는 사실을 인정할 수밖에 없었어요. 저는 회장을 임명해야 한다는 것을 알았지만 회사의 고위 간부를 고용하는 것은 그야말로 제가 해야 하는 일 중에 가장 어려운 일이었어요. 고위 간부를 잘못 영입하면 재앙이 닥치니까요."

니콜라스는 시리즈 C의 투자 모금 단계_{스타트업의 펀딩 단계를 시리즈로 나누며} _{A, B, C 등 알파벳을 붙인다. 이 중 C라운드 투자를 진행하는 회사는 성공적인 운영 단계에 들어섰다고} _{본다} 직후 레이철 제이컵슨_{Rachel Jacobson}을 드론 레이싱 리그 회장으로 임명했다. 니콜라스가 경영 일선에서 물러나기로 한 것은 중대한 결정이었다. 그러나 필수적인 결정이기도 했다. "레이철은 리그가 정상궤도에 올라 최고 속도를 내기 위해 꼭 필요한 사람"이었다고 니콜라스는 설명했다. 레이철은 곧장 합류했고, 회사가 한 단계 도약하도록 도왔다. 레이철은 새로운 파트너십을 체결하고, 드론 레이싱 내기를 합법적 스포츠 도박으로 추진했으며, 드론 레이싱 리그가 출시했던 비디오게임을 주류 게임기에도 보급하는 등 많은 일을 했다. 레이철 없이 드론 레이싱 리그가 1년을 더 버틸 수는 없었을 것이라고 나는 믿는다. 한 사람이 혼자서 모든 것을 다 할 수는 없다.

소소한 도박은 안 하느니만 못하다

RSE 벤처스의 내 파트너 스티븐 로스에게 존경할 점은 많지만, 그중에서도 하나를 꼽으라면 담대한 도박을 해야 한다는 사실을 이해한다는 것이다. 다운사이드_{downside: 투자의 잠재적 하락 여력}를 줄여야 한다는 생각

212

에서 벗어나라. 손에 승리 패를 쥐었다면 명심하자. 그런 일은 매우 드물다. 그것이 '배를 불태워버리기' 철학의 궁극적인 핵심이다. 그 승리 패에 모든 것을 걸어라. 왜냐하면 스티븐이 늘 강조하듯이 "적게 걸수록 이겼을 때 더 큰 손해를 본다."

섬에 홀로 있다고 느낄 때 판돈을 2배로 올리기는 정말 힘들다. 우리는 누구나 자신이 잘못된 판단을 할까 봐 걱정한다. 내 이성 뇌는 종종 내 감정 뇌의 앞길을 가로막는다. 내 이성 뇌는 내가 보는 동일한 사실 정보를 제시했을 때 왜 남들이 그 기회에 달려들지 않는지 이해하지 못한다. 내 감정 뇌는 사람마다 보는 눈이 다르다는 것을 알며, 따라서 우리의 마음이 시키는 대로 따라야 한다는 사실을 이해한다.

우리의 머리와 가슴이 싸울 때 그 사이에서 중간 지점을 찾으려고 노력하기 쉽다. 우리는 자신의 판단이 틀렸더라도 속이 너무 쓰리지 않을 만큼의 적당한 돈을 건다. 그러나 뭔가를 걸 가치가 있다면 나는 전부를 걸 가치가 있는 것이라고 주장한다. '넓게 뿌린 다음 기도하기'를 선호하는 투자자들이 있다는 것을 안다. 모든 곳에 돈을 조금씩 던져 넣고 그중 몇 개라도 잘돼서 나머지의 실패를 상쇄해주기를 기대한다. 나도 그렇게 해봤고, 그런 투자 철학이 '공회전하기'라는 다른 이름으로도 불린다는 사실도 알게 되었다. 적게 거는 투자자들은 엄청난 성공을 이끌어낼 수 없다. 리더가 되고 싶다면 실질적인 위험을 감수하고 선도해야 한다.

〈샤크 탱크〉의 열혈 시청자들이 언제나 샤크들이 더 많은 지분을 요구하는 목소리를 듣게 되는 이유도 샤크들이 소소한 도박의 덫을 피하고 싶어 하기 때문이다. 우리 샤크들은 2퍼센트의 지분을 갖든 42퍼센트의 지분을 갖든, 어떤 아이디어에 투자하는 순간 자신이 그 아이디어에 엄청난 에너지를 쏟게 되리라는 것을 안다. 만약 성공했을 때 단 2퍼센트의 수익만 손에 쥘 수 있다면 거기에 자신의 시간을 들이는 것을 정당화할 수 없게 된다. 당신이 하는 모든 일에는 기회비용이 든다. 당신의 시간을 하나의 벤처에 투입한다는 것은 다른 벤처들에 투자할 기회를 어쩔 수 없이 버려야 한다는 의미이기도 하다.

대개 수백 개의 사업이나 거래 기회를 검토해야만 비로소 승리 패 하나를 발견할 수 있다. 이것은 절대불변의 진실이다. 맨 처음 데이트한 사람과 결혼하지 않는 일은 흔하다. 그러니 당신의 돈이 더 잘 쓰일 곳이 있는지 더 탐색해보지도 않고 계약금을 건네는 일은 없어야 한다. 최고의 결정은 언제나 비교를 거친 결정이다. 어떤 맥락에서라도 고립된 상태에서 선택해서는 결코 안 된다. 그 선택을 다른 유효한 대안과 나란히 놓고 비교하는 과정이 꼭 필요하다. 그러나 일단 승리 패를 손에 넣었다면, 면밀한 조사와 비교 과정을 통과한 그런 승리 패를 손에 넣었다면 절대로 흔들리지 말고 꼭 붙들고 있으라. 소소한 도박은 당신이 절대로 큰 꿈을 이룰 수 없게 하는 가장 확실한 방법이다.

과대선전에 넘어가지 말라

당신이 보는 것을 보는 사람이 아무도 없을 때 거기에 올인하기는 정말 힘들다. 그러나 다른 길을 가는 것이 두렵다고 해서 남들이 더 잘 안다고 여기고 무리를 뒤쫓아 가지는 말라. 투자자들도 가끔은 어떤 시장에 사람들이 몰리면 무리와 함께 뛰어들고 싶은 유혹을 이기지 못하고 덫에 빠진다. 남들보다 뒤처지거나 혼자만 소외될까 두려운 나머지 냉정하게 스스로 판단하지 않은 채 사업 아이디어에 투자하는 우를 범하는 것이다.

의료기술기업 테라노스Theranos를 보라. 투자금 7억 달러를 모으고 100억 달러의 기업가치를 인정받는 데 성공했지만, 결국 모든 것이 사기로 밝혀졌다. 테라노스의 설립자 엘리자베스 홈스Elizabeth Holmes는 혈액검사에 혁명을 불러올 기술을 개발했다고 주장했다. 주삿바늘 없이 손가락 끝을 찔러서 나온 피 한 방울로 240개가 넘는 검사(콜레스테롤 지수, 클라미디아감염증, 코카인… 이것은 'C'로 시작하는 검사 항목의 아주 소수에 불과하다)를 할 수 있다고 말이다.5 그 말이 사실이었다면 아주 대단했을 것이다. 그러나 사실이 아니었다. 그러나 홈스는 멈추지 않았다. 그녀는 헨리 키신저Henry Kissinger, 빌 프리스트Bill Frist, 제임스 마티스James Mattis, 데이비드 보이지David Boies 같은 80대 이상의 전문가들을 초빙해 화려한 이사진을 꾸렸다. 그리고 그들의 명성을 이용해 투자자를 유혹했다.

솔직히 말하면 나는 테라노스의 이사진이 그런 유명인사로 채워진 것을 봤을 때 뭔가 미심쩍다는 생각이 들었다. 사기라고까지는 확신하지 못했지만, 홈스가 교란동작을 하고 있다는 것만큼은 명확하게 알 수 있었다. 교란동작은 미식축구에서 상대팀의 시선을 돌려서 쿼터백이 실제로 공을 어떻게 할지 알 수 없게 만드는 전술을 말한다. 나는 자문했다. 만약 내가 혈액검사를 혁신할 수 있도록 도울 이사진을 꾸린다면 이 중 한 명이라도 그 목록에 올릴까? 홈스의 이사진에 과학계 인사 한 명, 질병통제예방센터 소장을 지낸 윌리엄 페이기William Foege 박사가 포함되어 있기는 했다. (그리고 페이기 박사는 홈스의 사기가 밝혀진 이후에도 테라노스에 대한 지지를 결코 철회하지 않았다!) 그러나 나머지 이사진은 모두 업계와 관련이 없는 외부인들이었다.

엘리자베스 홈스의 재판이 진행 중이던 2021년 가을 웹사이트 '테크크런치'의 기사에서도 지적했듯이 '페이기를 제외하면 아무도 진단검사에 관해, 심지어 진단검사의 기본적인 내용에 관해서조차 아는 것이 없었다. 진단검사에 적용되는 기술들, 기술개발을 위해 해결해야 하는 난제들, 관련 행정업무, 경제학, 심지어 생물학에 관해서도 몰랐다. … (제임스 매티스James Mattis 같은 이사진은) 기술이 유효하다는 홈스와 고위 지도부의 말을 액면 그대로 받아들였다.'[6]

엘리자베스 홈스는 멋진 이야기를 들려줬고, 언론으로부터 엄청난 주목을 받았다. 테라노스의 모든 보고서가 공상과학을 현실로 바꾸려고 노력했다. 그러나 실패했다. 그리고 그에 대해 거짓말을 했다. 터무니없이 많은 돈이 사라질 때까지 아무도 그 거짓말을 알아채지 못했다. 2022년 홈스는 투자자들에 대한 사기죄로 유죄 판정을 받았다. 재판 과정에서 그녀가 어떻게 시연 과정을 거짓으로 꾸미고, 보고서를 허위 작성하고, 경제적 성과를 과장했는지 그 거짓의 깊이가 드러났다.

테라노스의 이야기는 전례를 찾아보기 힘든 사례다. 잘못된 이유로 매혹당해서는 안 된다는 중요한 교훈을 전달한다. 만약 뭔가가 당신 뇌에서 감정 반응을 일으키면서 당신이 미처 자각하지도 못한 두려움을 달래고 있다면, 당신을 안심시키는 그 말을 순순히 받아들이기 전에 자문해야 한다. '내가 속고 있는 것은 아닌가?'

이것은 결함이 있는 인간의 뇌가 잘 빠지는 덫임이 이미 입증되었다. 이런 덫은 가짜 뉴스를 퍼뜨리는 악순환을 가리키는 '가용성 폭포

availability cascade'에서도 볼 수 있다. 가용성 폭포는 이야기가 더 멀리 퍼질수록 더 신뢰할 만한 이야기가 되고 유명세가 정확성을 대체하는 현상을 의미한다. 사람들은 단순히 어떤 말이 자꾸 들린다는 이유로 그 말을 더 잘 믿는 경향이 있다. 티무르 쿠란Timur Kuran 교수와 캐스 선스타인Cass Sunstein 교수는 이 현상에 관해 쓴 논문에서 사람들이 오로지 자신들이 어떤 것에 관해 자꾸 듣게 된다는 이유만으로 그것이 진실이라고 믿는 경우가 많기 때문에 심지어 거짓 정보조차도 유인력을 얻는다고 지적했다.7

불순한 의도를 지닌 기업가들은 이런 현상을 자신에게 유리하게 활용할 수 있다. 언론을 끌어들여 자기 기업을 홍보하면서 한껏 띄우고, 유명인사가 기업을 후원하게 해서 잘나가는 사람들이 자기 기업을 지지하는 것처럼 보이게 만든다. 당신은 홀로 뒤처지고 싶지 않다는 이유로, 그리고 남들이 이미 잘 알아보고 뛰어들었을 거라는 막연한 생각으로 함께 뛰어든다. 쿠란과 선스타인의 논문은 '가용성 기업가들availability entrepreneurs'에 관해서도 언급한다. 그런 기업가들은 이 역학 관계를 이해하고 자신의 속셈에 맞춰 그런 현상을 악용한다.

매일 새로운 바보 투자자가 탄생해서 회사의 가치를 끌어올리고 높은 수익을 안겨줄 것이라는 더 큰 바보 이론greater fool theory에 베팅하면 돈을 벌 수도 있는 것이다. 그러나 장담하건대 업보는 정말로 존재한다. 게다가 그런 투자 전략이 한동안은 통한다 해도, 다른 사람들의 비윤리적인 선택에 가담하면 결국에는 당신도 피해자로 전락한다. 나는 단순히 자신이 진짜라고 말로 설득하는 데 그치지 않고 실제로도 가치를 창출하는 기업가들만 상대한다.

때로는 내려놓아야 한다

우리는 누구나 자신의 사업에 애착을 느낀다. 그리고 실패를 인정하고 싶어 하지 않는다. 우리 자신에게도, 세상 사람들에게도. 모든 증거가 실패를 가리키고 있어도 계속해서 그 비전을 추구하고 싶은 유혹을 받는다. 기업가 대니 그로스펠드Danny Grossfeld는 보온 기능이 있는 박스와 함께 언제든 따뜻하게 마실 수 있는 캔커피를 판매하고자 〈샤크 탱크〉에 출연했다. 그로스펠드의 말에 따르면 그 제품은 아직 미국에 소개가 안 되었을 뿐, 일본에서는 선풍적인 인기를 끌고 있었다. 그는 상가, 영화관 등 자신이 제품의 수요가 있을 것으로 생각되는 곳을 다니면서 제품을 팔려고 애썼다. 그러나 6년 동안 사람들은 호기심만 보였고, 그 호기심은 매출로 연결되지 않았다. 대니는 자신의 자금 50만 달러를 비롯해 친구와 가족들에게 빌린 돈까지 200만 달러 이상을 투자했다.

대니 그로스펠드는 쇼에서 그다지 좋은 소리를 듣지 못했다. 로버트 허자베크Robert Herjavec는 미국에 커피 판매점이 넘쳐난다는 점을 지적하면서 그 제품에 대한 수요가 일본과 같을 수는 없다고 말했다. 마크 큐번은 아이디어로는 마음에 들지만 사업 아이템으로는 불합격이라고 말했다. "그 바위가 결국 당신을 압사시킬 거예요."

제품에 관해 시장이 관심을 전혀 보이지 않는다는 점이 너무나도 확실해서 샤크 전원이 투자 불가 제품이라고 못 박았다. 로리 그레이너는 대니에게 "출혈을 멈춰야 한다"고 말했다. 케빈 오리어리 역시 36개월이 지나도 수익을 올리지 못하면 그 사업을 "헛간으로 끌고 가 안락사시켜야" 할 때가 된 것이라고 말했다. 나는 케빈이 말하는 36개월의 법칙이 지나치게 단순하다고 생각하기는 한다. 페이스북은 수익을 내기

218

까지 5년이 걸렸고, 아마존은 9년이 걸렸다. 그러나 적어도 페이스북과 아마존은 사용자, 매출, 유인력, 즉 사람들이 관심을 보이고 있다는 증거들이 있었다. 대니에게는 아무것도 없었다.

우리가 아이디어에 미련을 버리지 못하는 이유 중 하나는 매몰비용 오류 때문이다. 매몰비용 오류는 아무리 결함이 있는 프로젝트라도 이미 비용을 투입했다는 사실이 그 프로젝트에 계속 투자하는 것을 정당화한다는 생각이다. 이를 두고 "나쁜 돈 다음에는 좋은 돈도 날려버린다"고 표현하기도 한다. 그렇게 되기 전에 점검하라. 시장을 견인하고 있다는 신호를 찾아라. 이를 찾지 못했다면 시장이 실패 선고를 내린 것이다. 이를 받아들여야 한다. 나는 투자 모금 시리즈에 이 교훈의 단서가 되는 티핑포인트가 있다고 생각한다. 시리즈 E 단계까지 갔는데도 여전히 사업 자금이 더 필요하다면 당신은 이미 돌이킬 수 없는 지점까지 왔다. 투자 시리즈에 붙은 알파벳의 순서가 늦을수록 뭔가가 단단히 잘못되었다는 명확한 신호를 보내고 있는 것이다. F, G, 그 이상 단계까지 갔다면 이미 수익을 냈거나 엑시트를 했어야 한다. 이 기준에 반하는 예외는 지극히 드물다. 솔직히 말하면 그것이 자금 모금 라운드가 어떤 식으로 작동하는지를 반영하는 현실이기도 하다. 투자 시리즈가 한 번 더 추가될 때마다 그 사업에 대한 CEO와 경영팀의 이해관계가 점점 분산되고, 투자 조건도 더 절박해진다. 그렇게까지 멀리 나가버렸다면 당신은 그냥 배를 불태워버리고 있는 것이 아니다. 잠수함 해치를 필사적으로 두드리면서 탈출로를 찾아야 하는 절체절명의 상황에 놓인 것이다.

어느 지점에 도달하면 어려운 질문 몇 가지를 스스로에게 던지기만 해도 도움이 된다.

- 이것은 문제에 대한 해결책을 찾는 과정인가?
- 내 시간과 돈으로 할 수 있는 다른 것이 있는가? (기회비용을 잊지 말라!)
- 향후의 노력이 당신이 이미 투입한 노력과 돈을 진정으로 가치 있게 만들 것인가? 아니면 계속 이 길을 가는 것을 정당화하기 위해 스스로를 속이고 있지는 않은가?
- (5장에서 가정했던 것처럼) 처음부터 다시 시작해야 한다면 당신은 오늘 이 사업을 시작하겠는가?

사람들은 꿈을 포기하면 다시는 훌륭한 아이디어를 얻을 수 없을까 봐 걱정한다. 그러나 승자에게 훌륭한 아이디어가 평생 단 한 개뿐인 것은 아니다. 아이디어는 부동산 매물 목록과 같다. 언제나 내일 또 새로운 집이 시장에 등록된다.

포기가 항상 아이디어 전체를 포기하는 극단적인 결단을 말하는 것도 아니다. 오히려 올바른 방향으로 사업모형을 살짝 전환하는 것으로 충분할 수도 있다. 에밋 샤인과 그의 팀이 패턴을 설립한 후 아무것도 없는 상태에서 새 브랜드를 키워나가기보다는 가속 성장할 준비가 된 기존 브랜드를 매입하는 편이 낫다고 판단했던 것처럼 말이다. 승자들은 이런저런 시도를 하면서 동일한 과정을 반복한다. 우주는 자비로우며, 언제나 너무 늦기 전에 경로를 수정할 기회를 한 번 더 준다. 성공한 사람 대다수가 보통 사람들과 다른 점은 그들이 단순히 경로를 수정할 뿐 아니라 어쩔 수 없이 경로를 수정해야 할 때까지 기다리지 않는다는 점이다. 그들은 내가 보조로켓이라고 부르는 것을 적극적으로 활용한다.

나는 목표가 어떤 것이든, 중요한 목표를 추구하는 일이 우주선을 발사하는 일과 유사하다고 생각한다. 커다란 부스터 로켓은 3,000톤 이상의 추력으로 지구 대기권을 통과하는 첫 단계 궤적으로 우주선을 밀어 올린다. 사업과 비교하면 이는 매우 중대한 의사결정을 내리는 일에 해당한다. 그러나 우주선에는 제어장치라고 불리는 작은 로켓도 달려 있는데, 이 보조로켓은 우주선을 육지에서 띄우는 발사단계에는 거의 관여하지 않는다. 한편 우주선이 날아가는 중에는 이 제어장치 로켓이 매우 중요한 역할을 한다. 우주선은 궤도에서 단 몇 도라도 벗어나면 불덩어리가 되어서 지구로 추락할 수 있다. 그때 이 작은 로켓에서 뿜어내는 작은 추력들이 우주선이 궤도를 유지하며 날아가도록 조정한다. 위대한 리더는 모든 것이 불타올라 재가 되기 훨씬 전에 자신의 작은 로켓들을 활용한다.

아무리 혁신적인 사업이라도 당신에게 적합하지 않을 수 있다

우리는 이제 거포 패턴들을 살펴볼 차례다. 다른 모든 것이 완벽하게 제자리에 끼워졌다 해도 실패할 수밖에 없게 만드는 그런 패턴들이다. 나는 사업모형이 훌륭하고, 심지어 리더조차도 훌륭한데, 사업과 리더가 서로 어울리는 짝이 아닌 경우를 많이 본다. 내가 가장 좋아하는 투자자 중 한 명인 벤 레러Ben Lerer는 이것을 설립자와 제품의 궁합 문제라고 부른다. 때로는 리더 자신이 해당 사업모형의 적임자가 아니라는 것을 알면서도 자신의 창조물을 넘기는 것을 두려워한다. 잊지 말자. 당신이 뭔가를 할 수 있다고 해서 그것을 꼭 해야 하는 것은 아니다. 이것이 정말로 당신이 앞으로 3년, 5년, 10년을 계속 따라가고 싶은 여정인가? 우리는 모두 다르다. 각기 다른 열정, 관심사, 욕망을 지니고 있다.

모든 사람이 내 생각에 동의하지 않는다는 것을 알지만, 나는 자기 꿈을 꾸지 않는 사람을 후원하고 싶지 않다. 이유를 설명하지는 못하더라도 그 비즈니스가 자기 소명이라고 생각하는 사람을 후원하는 것을 훨씬 더 좋아한다. 그런 신비스러운 충동이 사업을 키우는 지난한 시간을 버텨내게 할 것이기 때문이다. 최선의 시나리오에서조차도 그런 시간은 반드시 찾아오기 마련이다. 당신은 훌륭한 경영인일 수 있다. 그러나 당신이 이 지구상에서 지금 당신이 하는 일을 할 운명을 타고난 유일무이한 단 한 사람이 아니라면 나는 당신에게 투자할 생각이 없다.

당신은 그 길을 가는 동안 많은 우여곡절을 겪을 것이다. 너무나 많은 난관, 위기가 있을 것이다. 자칫 잘못된 판단을 내리기 쉬운 순간들도 자주 찾아올 것이다. 그래서 회사에는 사업의 성공을 위해서라면 기꺼이 스스로를 희생할 정도로 미친 리더가 필요하다. "당신이 나를 후원하기만 하면, 우리가 이걸 함께 이룰 수 있을 거예요"라는 말을 들으면 등골이 오싹해지면서 당장 도망치게 된다. 왜냐하면 당신이 나 없이도 이 일을 해낼 수 있다는 확신이 없다면 당신은 내가 찾는 유일무이한 한 사람이 아니기 때문이다.

이제 와 돌아보면 내가 아이디어의 힘이 개인의 힘보다 훨씬 더 중요하다고 생각하던 시기에 가장 큰 실패들을 겪었다. 지금은 사업과 리더가 빈틈없이 완전한 결합체를 이루고 있는지 살펴본다. 래드스완의 프레디 해럴이나 크리스티나 토시처럼 말이다. 그래서 나는 투자 기회가 올 때마다 묻는다. 이 설립자는 자신이 뛰어들려고 하는 시장에 대한 열정이 있는가? 그 열정은 그들이 최악의 암흑기도 견뎌내는 데 충분한 동력이 될 수 있는가? 왜냐하면 그런 열정이 필요할 것이기 때문이다. 최근 지인 중 한 명이 내게 아이디어를 제시했다. 그녀는 전기차 충전소 네트워크를 만들고 싶다고 말했다. 이를테면 고급 상점가를 포함한 주유소 같은 것을 상상하고 있었다. 그것은 자본집약적 사업이다. 또한 현장 설계와 구역 설정에 대한 이해가 필요하다. 게다가 그 사업을 충분히 키우려면 몇 년을 투자해야 할 것이다.

그녀는 내게 그 아이디어를 검토하고 투자하기를 바랐다. 나는 웃었다. 아이디어는 아무것도 아니다. 어떤 아이디어가 성공할 가능성이 있다는 이유만으로 그 아이디어를 중심으로 내 삶을 재편성하라고? 다른 모든 것처럼 이것도 결국 실행의 문제로 귀결된다. 그리고 이 아이디어의 실행이 성공하는 유일한 방법은 내가 전기차 충전소를 내 삶으로 삼는 사람이거나 그런 사람이 되고 싶어야 한다. 나는 그런 사람이 아니다. "하지만 당신이 그런 사람이라면 뛰어들어 봐"라고 나는 그녀에게 말했다.

같은 맥락에서 자신의 아이디어를 누군가가 훔칠지도 모른다는 편집증 증세를 조금이라도 비치는 사람은 당장 투자 후보 목록에서 지운다. 권리가 충분히 보장될 때까지 철저하게 비밀을 유지해야 하는 발명품이나 신기술이 포함된 것이 아니라면 전혀 걱정할 필요가 없다. 성공하는 사업은 훔칠 수가 없다. 탈취당하는 것을 걱정하는 사람은 아직 만든 것이 아무것도 없고, 재산권을 주장할 것이 전혀 없으며, 동전 한 닢의 가치라도 지니지 못한 사람이다. 영화 〈소셜 네트워크The Social Network〉

에서 마크 저커버그$^{Mark Zuckerberg}$ 역을 맡은 배우가 윙클보스^{Winklevoss} 쌍둥이를 돌아보면서 말하는 명대사가 있다. "너희들이 페이스북을 발명한 장본인이었다면 너희들이 페이스북을 발명했을 거야." 실행이 모든 것이다. 그리고 만약 당신이 이 지구상에서 그 비전을 가장 잘 실현할 수 있는 유일한 사람이 아니라면, 글쎄…. 다른 사업을 하는 편이 낫지 않을까. 왜냐하면 적어도 이것은 당신이 가장 잘 실현할 수 있는 사업이 아닌 것만은 확실하니까.

당신이 아직 리더가 될 준비가 되지 않은 것일 수도 있다

모든 사람이 기회가 생겼을 때 즉시 리더로 나설 준비가 되어 있는 것은 아니다. 이 책의 내용이 그때를 염두에 두고 당신이 준비하는 데 도움이 될 수도 있다. 적어도 이 책에는 그런 목표도 있다. 그러나 우리 대부분은 완벽하게 타고난 수행 능력자가 아니다. 그런 수준에 도달하려면 먼저 성장해야 한다. 나는 창업자가 리더가 될 준비가 되지 않았다는 것을 알면서도 그 기업을 후원한 적도 있다. 아이디어의 힘이 부족한 창업자를 충분히 보완하고도 남을 것이라고 생각했기 때문이다. 그런 일은 일어나지 않았다. 훌륭한 창업자는 부족한 아이디어를 극복할 수 있다. 그러나 부족한 창업자는 훌륭한 아이디어의 무게를 견디지 못하고 무너진다. 나는 아이디어가 너무나 혁명적이어서 그것이 필연적으로 실현될 수밖에 없다고 생각하는 큰 실수를 저질렀다. 현실은 그렇지 않았다.

그 반대의 경우는 가능하다. 훌륭한 리더는 같은 과정을 반복하면서 조금씩 수정하고 개선한 끝에 결국에는 세계적인 사업을 일궈낸다. 어떻게 해야 그런 리더가 될 수 있을까? 설명하기는 쉽지만 스스로 그것을 보지 못하는 사람 안에 그런 자질을 심는 것은 거의 불가능하다. 자신감과 겸손함의 적절한 배합이 필요하다. 당신이 해낼 수 있다는 확신이 필요하지만, 경우에 따라서는 방향을 전환하는 것을 두려워하지 않아야 한다. 틀렸을 때 그 사실을 인정할 수 있어야 하고, 그런 후에는 즉시 그 정보에 근거해 올바른 방향으로 나아갈 수 있어야 한다. 나는 CEO의 실패를 예측할 수 있다. 어떤 결정을 해야만 한다는 것이 명확해졌을 때 얼마나 신속하게 그 결정을 하는지를 보면 알 수 있다. 만약 좌현에 빙산이 보이고 난 후에야 그 빙산을 피하려고 키를 돌리기 시작하면 이미 늦었다. 무조건 실패한다.

자신감과 겸손함의 적절한 배합은 당신이 변화해야 하는 상황으로 인해 창피당할 일이 없다는 것을 말한다. 리더가 그런 배합을 갖추고 있지 않으면 나는 그 생선은 머리부터 썩었다고 결론 내린다. 그리고 새 기업으로 시선을 돌린다. 딱 맞는 변곡점에 있는 딱 맞는 사람, 자기 꿈을 찾는 사람을 찾아서. 일단 그런 사람을 찾으면 나는 그 사람을 전폭적으로 후원한다.

. . .

나는 하버드 비즈니스스쿨 강의에서 이미immi의 사례를 세 번의 수업으로 나눠서 다뤘다. 이미는 건강한 라면을 파는 회사다. 그리고 그 회사의 이야기는 내가 이 글을 쓰는 현재도 진행 중이다. 학생들에게 내가 이미에 25만 달러짜리 수표를 써줘야 하는지, 즉 이미의 첫 외부 투자자가 되어야 할지 결정하는 것을 도와달라고 요청했다. 학생들은 흥분했다. 이미의 시제품이 너무나 맛없었고, 품평회의 평가들이 대체로 일관되게 나빴다는 사실을 알리기 전까지는 말이다. 평가가 얼마나 나빴던지 SNS에서 혹독한 비난이 쏟아지는 바람에 이미는 말 그대로 라면 마케팅과 판매를 중단해야 했다. 그런 배경 설명을 들은 후에 '수표를 건넨다'에 손을 든 학생은 당연히 아무도 없었다. 아무도 먹고 싶어 하지 않는 음식을 파는 음식 기업에 누가 투자를 하겠는가?

나는 이미의 공동설립자 케빈 리Kevin Lee와 케빈 찬타시리판Kevin Chanthasiriphan을 학생들에게 소개했다. 두 사람이 등장하자마자 그들이 이 지구상에 존재하는 이유는 단백질 라면을 팔기 위함이라는 사실을 누구나 명확하게 알 수 있었다. 두 사람은 자기인식이 있었고, 무엇이 문제인지 알았다. 그래서 실험실 주방으로 돌아간 상태였다. 모든 데이터를 수집해 무장하고서 자신들의 예리한 직감에 따라 업그레이드된 버전 2.0 라면을 개발하고 있었다.

수업이 끝날 무렵, 두 케빈은 아시아 음식이 이미 너무나 많은 식도락 아이템들이 성공적으로 활용한 건강식 트렌드에 아직 합류하지 않았다고 지적했다. 그들이 아시아 음식을 아이템으로 삼아 그 트렌드에 합류하기 위해 자신들이 걸어야 하는 길의 개요를 설명하는 것을 들은 뒤에는 '수표를 건넨다'에 모든 학생이 손을 들었다. 학생들은 이미를 후원하겠다고 말했고, 그래서 나도 그렇게 했다. (그 수업을 한 지 15개월이 지난 현재 개선된 제품을 시장에 선보인 이미는 홀푸드와 판매 계약을 체결했고, 이미의 라면은 홀푸드 매장에 진열하기가 무섭게 팔려나가고 있다.) 승자는 과정을 반복할 뿐 아니라 다른 사람들을 자신의 비전에 끌어들이는 마력이 있다. 정확한 자기인식은 후원자들에게 안심하고 자신을 믿어도 된다는 메시지를 전달한다. 높은 자기인식을 갖춘 사람을 만나면, 비록 당신의 의식은 그들이 잘못된 길로 가고 있다고 말할지 몰라도 당신의 잠재의식에서 이런 목소리가 들릴 것이다. '그들은 올바른 길을 찾아갈 거야.' 당신의 본능은 그들이 배가 좌초되면 경로를 수정할 것이라고 믿는다.

· · ·

자기인식의 반대말은 무엇일까? 아마도 무지일 것이다. 망상일 수도 있다. 내가 어떤 사람에게 투자를 꺼릴 정도로 겁먹는 경우는 그 사람이 뭔가를 숨기고 있다는 느낌이 들거나 그 사람이 무언가를 감추는 일이 불가능하다는 것을 이해하지 못할 때다. 모든 문제는 결국에는 드러나게 마련이다. 문제가 주도권을 쥐기 전에 당신이 먼저 그 문제를 찾아야 하는 이유다.

커트 크로닌은 대화의 실종에 관해 이야기한다. 아무리 하기 힘들어도, 아무리 불편한 감정이 들어도 모든 패를 탁자에 펼쳐놓고 대화를 나눠야 한다고 강조한다. "네이비실에서 나눠야 했던 가장 어려운 대화는 문제가 발생한 이유로 내가 추정하는 것들에 관해 소리 내어 말하기로 결심했을 때였어요. 우리는 짐작에 의존해서는 안 됩니다. 실제로 그런 짐작들을 공개적으로 나눠야 합니다."

커트는 그 이유를 이렇게 설명한다. "사람들은 어려운 대화를 나누는 것을 끔찍하게 두려워합니다. 왜냐하면 최악의 시나리오를 상상하기 때문이에요. 하지만 그런 대화를 하지 않음으로써 치러야 하는 비용은 생각하지 않아요. 다른 사람이 무슨 생각을 하고 어떤 감정을 느끼는지를 실제로 알려고 하는 대신 짐작만 하는 것이 얼마나 비효율적인지를 간과하기 쉬운 거죠."

나쁜 리더들은 어떻게든 대화를 피하려고 애쓴다. 나와 머리를 맞대고 문제를 해결하려고 노력하는 대신, 내가 보지 못할 것이라고 생각하는 사항들을 어물쩍 넘기고 싶어 한다. 나는 어린 시절 맥도날드에서 일하면서 인간이 온갖 것을 감추는 경향이 있다는 사실을 처음 배웠다. 아무도 보지 않을 때 사람들은 못된 짓을 한다. (탁자 밑에 정말 많은 껌이 붙어 있었다.) 그리고 다른 사람들이 뒷정리하도록 떠넘긴다. 나는 그 더러운 파티룸에서 무엇이든(어떤 사업이든) 겉으로 반짝거리도록 닦을 수 있었지만, 그런 겉면 아래에 있는 것들이 더 깊은 이야기를 들려준다.

최고의 시나리오에서는 리더들이 늘 당신과 함께 열심히 결함을 찾으면서 그 자리를 지킨다. 좋은 리더는 지적 호기심이 많다. 자신과 자신의 사업에 관해서도 마찬가지다. 나는 사람들에게 말한다. 찔러댈 구멍을 찾지 말고, 전선을 꽂을 콘센트를 찾으라고. 훌륭한 리더는 콘센트에 전선을 꽂을 수 있는 기회, 즉 자신의 비전을 영리한 투자자들에게 알리고 사업을 개선할 방법을 찾을 기회를 얻으면 흥분한다.

어떤 사람이 진실을 숨기고 있다고 느껴지면, 또는 어떤 사람이 자신의 진짜 모습을 보여주지 않는다고 느껴지면, 그 사람이 실제로 무엇을 숨기고 있는지는 중요하지 않다. 왜냐하면 느낌만으로 이미 내가 알아야 할 모든 것을 알았기 때문이다. 나는 솔직하면 위험하다고 느끼는 사람, 온전히 그 자리에 있지 않고, 모든 것을 공유하지 않는 사람, 어려운 일을 할 각오가 되어 있지 않은 사람과는 일할 수 없다. 나는 투명성의 신호를 찾는다. 예를 들면 뭔가를 모른다는 사실을 인정하는 사람을 선호한다. 모든 질문에 답할 수 있는 사람은 아무도 없고, 투자자도 그 사실을 알기 때문이다. 그저 나를 달래려고 애쓰는 사람은 선호하지 않는다. 왜냐하면 그런 사람은 오직 투자받는 데만 관심이 있을 뿐, 우리가 잘 맞는 조합인지에는 관심이 없다는 신호를 보내고 있는 것이기 때문이다.

. . .

투자 계약을 체결하기로 결정하기 전에 사람들에 대한 내 직감을 검증하는 한 가지 방법이 있는데, 더 많은 사람이 그 방법을 사용하지 않는다는 사실이 좀 충격적이다. 사모펀드에서 투자 결정을 할 때 흔히 저지르는 실수는 전문가에게 회사의 재정 상태 검토를 맡기는데 엄청난 돈과 에너지를 쏟으면서도 심리학자를 섭외해서 그 회사의 리더를 깊이 탐색하는 일에는 돈을 전혀 쓰지 않는 것이다. 내가 제츠에서 임원으로 승진하기 전에, 제츠 측은 산업심리학자가 온종일 진행하는 치밀한 심리 검사를 받게 했다. 심리학자는 인터뷰와 지필 테스트를 통해 내 머릿속을 들여다보고 내 리더십 스타일, 내 결점, 세상에 대한 내 편견들을 속속들이 파헤쳤다. 처음 검사를 받을 때 나는 매우 불쾌했다. 나만 그런 것은 아닐 것이다. 내가 왜 승진을 위해 심리학자를 만나야 하는 거지? 이미 내가 승진할 자격이 있다는 것을 입증하지 않았는가? 무엇보다 나는 나를 사기꾼이라고 부르는 내 머릿속 목소리가 옳았다는 사실을 그 검사가 입증할까 봐 두려웠다.

그러나 그 경험으로 내 인생이 완전히 바뀌었다.

나는 나 자신에 대해 무척 많이 배웠고, 심리 검사가 끝날 즈음에는 그것이 승자와 패자를 구별하는 도구라는 사실을 확실히 깨달았다. 이제 나는 중요한 투자 계약을 체결할 때 산업심리학자 로라 핀퍼 박사를 대동한다. 적어도 내가 수표를 써주는 조건으로 심리 검사를 요구할 수 있는 입장일 때는 늘 그렇게 한다. 로라 핀퍼 없이 중요한 투자 계약을 체결하는 것을 좋아하지 않는다. 훈련받은 전문 심리학자에게 누군가의 머리와 마음속 어두운 공간들을 탐색할 수 있는 시간을 3시간만 줘보자. 그 전문가는 자신의 탐색 결과를 종이 위에 글로 기록할 것이다. 우연일 수도 있겠지만, 심리 검사를 거절한 사람들은 일반적으로 최악의 결과를 낸 사람들이기도 했다. 그 사람들은 전문가의 피드백이 얼마나 큰 선물인지를 보지 못한다.

숨겨진 진실을 드러내는 심리 검사 결과 보고서를 아예 무시하거나 결정적인 신호를 담고 있는 중요한 문장 두세 개를 무심히 넘기기로 했을 때 내 커리어에서 가장 큰 실패들을 겪었다. 30개 이상의 보고서를 살펴본 결과 늘 그런 전조들이 나와 있었다. 따라서 이 장을 마무리하기 전에 핀퍼 박사와 이야기를 나눴다. 핀퍼는 리더십 엑설런스 컨설팅 Leadership Excellence Consulting의 회장이다. 핀퍼 박사는 자신이 가장 자주 접하는 패턴과 그녀가 리더를 평가할 때 어떤 점들을 살펴보는지에 관해 이야기했다. 다음은 핀퍼 박사가 크고 작은 기업들과 함께 일하면서 자주 목격하는, 사람들이 성공 경로에서 이탈하게 만드는 다섯 가지 패턴이다.

- 가공되지 않은 정보에 지나치게 의존한다: 성공의 전제조건이 지적 능력이라는 것은 절대적인 진리다. 지적 능력에서 문제해결 능력, 전략적 사고, 기업을 위한 실질적인 비전을 형성하는 능력이 나오기 때문이다. 그러나 지성에는 정서지능이 수반되어야 한다. 정서지능은 다른 사람과 협력하고 스스로를 성장시키기 위해 꼭 필요한 능력이다. 기꺼이 적응하고 변화할 의지가 있어야 한다. 좋은 리더가 되려면 피드백을 수용할 수 있어야 하고, 피드백을 줄 수도 있어야 한다.

- 권위를 지나치게 존중한다: 당신의 역할이 무엇이든, 당연히 모든 이해관계자의 말을 경청해야 한다. 또한 대인관계에서 절대로 상대방을 괴롭히는 사람이 되어서는 된다. 그러나 당신의 신념을 굳건히 지킬 자신감은 필요하다. 성과가 좋은 사람들은 자기 생각을 입 밖으로 소리 내어 말한다. 갈등을 다소 일으키게 되는 것을 두려워하지 않는다. "저는 때로 깜짝 놀라곤 합니다." 핀퍼 박사가 내게 말했다. "어떤 사람들은 의견 대립을 지나치게 두려워하거든요." 그녀는 당신이 상대하는 사람이 누구인지를 알아야 한다고 주의를 준다. 그런데 만약 상사, 투자자, 파트너와 같은 상대방이 자신의 의견과 다른 의견을 수용하지 못하는 사람이라면, 단순히 그 사람의 의견에 항상 동조하는 것만으로는 문제가 해결되지 않는다.

- 사내 정치에 대한 이해 부재: "정치적 센스가 부족하면 조직에서 위로 올라가는 데 큰 장애물로 작용합니다." 핀퍼 박사가 말했다. "자기 말을 잘 포장할 수 있어야 하고, 자신이 적극적으로 나설 순간을 잘 선택할 수 있어야 합니다. 이를 위해서는 대인 인지 능력interpersonal awareness이 필요합니다. 조직의 각 구성원을 어떻게 대해야 할지 알아야 합니다. 왜냐하면 같은 상황이라도 사람마다 각기 다르게 반응하기 때문입니다." 달리 말하면, 특정 개인이 행동하도록 만드는 것이 무엇인지, 그 사람이 등을 돌리게 만드는 것이 무엇인지 파악해야 한다.

- 다른 사람의 기여를 인정하지 않는다: 핀퍼 박사는 누군가를 진단할 때 그 사람의 언어에 세심한 주의를 기울인다. 업무적 성공에 관해 이야기하면서 '우리' 대신 '나'를 쓰는 사람은 단연 눈에 띈다. "일반적으로 오직 그 한 사람만이 잘했을 리가 없으니, 그런 식으로 말을 하면 그 사람이 주변 사람들의 가치를 어떻게 평가하는지가 드러나죠."
- 질문을 회피한다: 또한 핀퍼 박사는 질문을 받아도 에둘러 말하면서 정확하게 답하지 않거나 질문의 내용에 귀를 기울이고 묻는 내용에 답하기보다는 자신의 실속만 차리는 사람들에게 주목한다. "약점을 보이길 꺼리거나 뭔가를 숨기고 있다는 신호예요." 이는 결국 내가 막 논의한 치명적인 결함과 연결된다. 즉 그 사람이 정직하지 않으며, 자기 진짜 모습을 감추고 있다는 것을 의미한다. 사람들을 속이는 일에 시간을 낭비해서는 안 된다. 그런 속셈은 티가 날 수밖에 없고, 결국 당신에게 해가 된다.

좋은 소식은 이 모든 측면을 개선하는 것이 가능하다는 것이다.

기본적으로 자신의 약점을 인지하는 것이 필요하고 배우고 성장하려는 의지가 필요하다. 그렇게 했을 때, 그래서 그런 패턴을 깼을 때 당신은 마침내 건너편 물가에 닿게 된다. 당신은 배를 불태워버리고, 계속해서 당신의 꿈을 향해 나아간다.

그런데 그다음에는?

인생은 단 한 번의 여정으로 끝나지 않는다.

우리는 누구나 뭔가를 완수했을 때, 목표를 달성했을 때 얼마나 뿌듯한 감정이 드는지 안다. 그러나 우리는 때로 뭔가를 시작할 때 얼마나 즐거웠는지를 잊기도 한다. 그때 우리가 얼마나 기대에 부풀었는지, 설레었는지, 절박했는지를. 뭔가 새로운 목표물을 포착했고, 그것을 너무나 원해서 우주를 구부릴 수도 있을 것 같은 그 순간들을 만끽하라.

결승선에 닿으면 제대로 호흡을 가다듬기도 전에, 무엇보다 먼저 앞을 내다봐야 한다. 승리에 감사하고 그 순간을 즐겨라. 그러나 바로 그 순간에 스스로에게 던지는 질문이 삶에 활력을 불어넣는다. "다음에는 뭘 할까?"

3부

배를 더 많이 만들어라

BURN THE BOATS

성공에 이른 배를
불태워라

    한 단계 더 도약하는 것에 대해 생각할 때면 마크 로어와 그가 연속적으로 행한 놀라운 엑시트들이 떠오른다. 1999년 마크는 더핏^{The Pit}을 시작했다. 더핏은 온라인 수집품 거래 사이트로, 그는 단 2년 만에 더핏을 트레이딩 카드업계의 거물 톱스에 570만 달러를 받고 매각했다. 2005년에는 다이퍼스닷컴을 엄청난 금액에 아마존에, 그다음에는 아마존 프라임보다 더 낮은 연회비와 최적화 가격책정 알고리즘으로 아마존 프라임과 유사한 서비스를 제공하는 쇼핑클럽 제트닷컴을 앞서 매각한 다이퍼스닷컴보다 훨씬 더 높은 금액에 월마트에 매각했다.

    마크는 2021년 1월 월마트를 떠났고, '미래 도시^{a city of the future}' 건설 계획을 발표했다.1 〈스타 트리뷴^{Star Tribune}〉의 짐 수한^{Jim Souhan}이 쓴

기사에 따르면 '그는 어떤 근로자의 출퇴근 시간도 15분이 넘으면 안 된다고 믿는다.'[2] '쓰레기는 전부 지하로 보내고 모든 이동수단이 자율주행으로 운영되어야 한다… (마크의 목표는) 뉴욕, 스톡홀름, 도쿄의 장점만 모은 도시다.' 그러나 마크의 그런 야망은 단순히 도시를 건설하는 데서 끝나지 않는다. "나는 새로운 사회모형을 창조하고 싶습니다. 공정한 방식으로 부를 쌓을 수 있는 사회를 구상하고 있습니다." 마크는 〈포춘〉과 한 인터뷰에서 그렇게 밝혔다. 그는 자신이 꿈꾸는 새로운 경제모형을 형평주의Equitism라고 부른다. "부를 그 부의 형성에 기여한 사람들과 시민에게 환원"하기 위해서다.[3] 그는 2030년까지는 미국에서 인구밀도가 낮고 값싼 대지에 도시를 짓고, 텔로사Telosa (그리스어로 '최고의 사명highest purpose'을 의미한다)라고 명명한 새 도시에서 다양한 출신 배경의 시민 5만 명과 함께 새로운 삶의 방식을 모색하는 실험을 시작할 예정이다.

이외에도 최근에 원더Wonder를 설립했다(나도 투자자 중 한 명이다). 원더는 파인다이닝 경험을 가정으로 직접 배달하는 신생기업이다. 부엌이 설치된 밴이 찾아오고 세프가 고객의 현관문 앞에서 미슐랭 가이드에 오를 만한 고급 요리를 완성해서 세팅까지 해준다. 일종의 주문형 가정 파인다이닝으로 바비 플레이, 마커스 새뮤얼슨Marcus Samuelsson, 낸시 실버튼Nancy Silverton, 조너선 왁스먼Jonathan Waxman 같은 세계 최고 수준의 세프들이 이미 원더에 등록되어 있고, 원더가 그들의 메뉴를 재창조해서 그 요리를 가정에 배달하는 것을 허락했다. 바비 플레이는 〈뉴욕 포스트〉와의 인터뷰에서 이렇게 말했다. "그들은 내가 요리하는 방식을 완벽하게 재현하는 법을 찾아냈어요."[4] 원더는 최근 투자금 4억 달러를 모았고, 40억 달러의 가치평가를 받았다.

이것으로도 모자랐는지 마크는 최근 내 동료 샤크 심사위원 알렉스 로드리게스Alex Rodriguez와 함께 NBA의 미네소타 팀버울브스Minnesota Timberwolves와 WNBA의 미네소타 링스원더Minnesota LynxWonder, 두 구단의 공동소유주가 되었다.

내가 마크에게 매료된 이유는 그가 행동하는 사람이기 때문이다. 그는 설립하고, 설립하고, 설립한다. 그가 다이퍼스닷컴을 통해 얻은 교훈이 제트닷컴을 설립하는 데 적용되었을까? 물론이다. 제트닷컴의 경험이 그가 다음에 하는 일에 적용될까? 의심의 여지가 없다. 어쨌거나 그는 그런 교훈들을 취하고, 차익을 회수하고, 다음 여정을 시작한다. 당신은 한 여정이 끝나면 무엇을 하는가? 배를 불태워버리고 처음부터 다시 시작해야 한다.

영속적인 성장 마인드셋을 체화하고 싶다면 다음의 네 가지 원칙을 지침으로 삼으라.

현재 가진 모든 이점을 활용하라

나는 미식축구 선수들을 대상으로 은퇴 후 커리어 준비에 관해 강연을 한다. 그들 다수는 부동산에 투자하거나 영화를 제작하거나 ESPN 해설위원이 되거나 가진 돈을 굴리는 등의 꿈을 지니고 있다. 그러나 그들은 선수 생활을 그만둘 때가 임박해서야 은퇴 후의 삶에 관해 생각한다. 나는 그들에게 그들 자신의 최고 자산인 인지도와 영향력을 활용할 기회를 놓치고 있다고 말한다. NFL 선수와 손잡고 사업을 해보고 싶다는 말은 어디서든 쉽게 들을 수 있다. 그런데 여기서 말하는 NFL 선수는 어디까지나 현역 선수다. 일단 은퇴하고 나면 소집력(행동을 촉발하는 능력)이 현저히 떨어지기 때문이다. 세상이 보기에 은퇴한 선수는 예전만큼 흥미롭거나 중요한 사람이 아니게 되는 것이다. 너무 매몰찬가? 물론이다. 그러나 그들에게 후자극제smelling salts: 과거 병에 넣어 보관하다가 의식을 잃은 사람의 코 밑에 대어 정신이 들게 하는 데 쓰던 화학물질를 쥐여 주면서 너무 늦기 전에 정신 차리게 하는 것이 내게 맡겨진 임무다.

어떻게 하면 그 선수들이 자신의 현재 지위를 최대한 활용할 수 있을까?

은퇴 후의 삶이 어떤 모습이기를 바라는지 스스로 파악하고, 그 그림의 조각들을 지금부터 하나하나 찾고 맞춰야 한다. 많은 현역 미식축구 선수가 청탁 전화를 받는다. 대개 어떤 사업에 투자해 달라는 요청이나 좋은 기회가 있으니 참여해 달라고 부탁하는 전화다. 그러나 나는 그런 전화는 무시하고 스스로 전화 발신인이 되는 데 집중하라고 말한다. 당신은 무엇을 하고 싶은가? 현역 미식축구 선수들이 누군가에게 연락했을 때 회신하지 않을 사람은 거의 없다. 그들이 목표로 삼을 수 있는 것에는 한계가 없다고 해도 과언이 아니다.

내 조언을 따르고 있는 미식축구 스타들을 몇몇 알고 있다. 그중에는 워런 버핏Warren Buffett 같은 유명인사에게 연락해서 멘토로 삼고 자신의 미래 전략을 짜는 데 도움을 구한 이들도 있다. 억만장자가 아무 사람의 전화나 받겠는가? 물론 아닐 것이다. 그러나 미식축구 스타는 일정 수준의 지위를 확보한 사람이다. 그리고 그 지위를 자신의 이익을 위해 활용할 수 있다. 바이런 존스Byron Jones의 예를 살펴보자. 그는 2015년 제1차 드래프트 픽을 받았고, 2020년에는 돌핀스와 5년간 매년 5,000만 달러를 보장받는 총 8,200만 달러의 연봉 계약에 사인하면서 당시 NFL에서 가장 높은 연봉을 받는 코너백이 되었다. 바이런은 늘 미래를 내다보면서, 현재 일어나는 일뿐 아니라 앞으로 다가올 일에도 대비하는 게임플랜을 세워야 한다는 인생철학을 지니고 있다. 그는 미식축구 스타로서의 삶이 평생 가지는 않는다는 것을 안다. 그것은 첫걸음일 뿐이다. "저는 늘 제가 NFL 선수가 될 거라는 확신이 있었어요." 그는 내게 말했다. "하지만 대학을 다닐 때 인턴십을 두 번 했어요. 한 번은 주청사에서, 다른 한 번은 하원에서요. 미식축구 이후의 삶을 준비하기 위해서였죠."

바이런은 대다수 선수가 미래에 관한 생각을 시작하기도 한참 전에 미래에 관한 구체적인 계획을 세우고 있었다. 실제로 그는 2020년에 돌핀스와 계약을 체결한 직후 내게 전화를 걸어 투자에 관해 의견을 구했다. 그는 자신이 매년 보장받은 5,000만 달러를 1억 달러로, 또는 그 이상으로 만들려면 어떻게 해야 하는지 알고 싶어 했다. 그는 계약을 체결하기 전까지 매달 생활비로 1만 달러를 썼다고 말했다. 그리고 계약을 체결한 후에는 생활비를 1만 3,000달러로 스스로 인상했다고 밝혔다. 많은 돈처럼 느껴질 수도 있다. 뉴욕시에는 매달 그보다 훨씬 더 많은 돈을 쓰는 밀레니얼 세대가 있다는 사실을 깨닫기 전까지는 말이다. 그들은 수천만 달러의 연 수입을 보장받은 NFL 스타 선수가 아닌데도 말이다. "저는 드래프트에서 지명된 후 4년 동안 같은 예산으로 생활했어요." 그가 내게 말했다.

NFL로 향하는 바이런의 여정조차도 철저한 계획의 산물이었다. 드 래프트에서 지명되기 전 바이런은 NFL 스카우팅 컴바인Scouting Combine 에서 자신이 평가받게 될 스킬이 무엇인지 집중적으로 연구했다. NFL 스카우팅 컴바인은 NFL이 우수한 대학선수들을 테스트하기 위해 개최 하는 연례행사다. "저는 컴바인 실시 예정일 몇 달 전부터 어깨 재활에 힘쓰고 있었어요. 그래서 정식으로 훈련할 수 없었어요. 하지만 그렇다 고 해서 준비할 방법이 아예 없지는 않았죠. 영양 섭취와 체중 관리에 신경을 쓰고 예전 컴바인 영상들을 봤어요. 컴바인이 어떤 식으로 진행 되는지 알고 싶었고, 어떤 요소들로 우리를 평가하는지, 우리가 어떤 움 직임을 선보여야 하는지 알고 싶었어요."

컴바인에서 평가하는 종목 중 한 가지는 제자리멀리뛰기다. 바이런 은 멀리뛰기를 잘했다. 여덟 살에 미국 국내 육상대회에도 출전했다. 바이런은 제자리멀리뛰기 종목에 주목했고, 자신의 모든 에너지를 그 종목에 쏟아부어서 독보적인 기록을 내면 무리 중에서 눈에 띌 수 있 을 것이라고 판단했다. "컴바인은 사흘 동안 치열하게 진행됩니다. 제 인생에서 가장 흥분되는 시간이었어요." 그가 회상했다. "엑스레이와 MRImagnetic resonance imaging, 자기공명영상를 찍었고, 그런 다음 마지막 육 상 이벤트에 들어갑니다. 훈련할 때 제 기록은 332센티미터였어요. 잘 하면 335센티미터 정도가 나왔고요. 그날 1차 시기 제 기록은 337센티 미터였어요. 그런데 2차 시기에 373센티미터를 기록한 거예요. 그건 생 각해보지도 않은 기록이었어요. 하지만 냉정함을 유지하려고 애썼어 요. 마치 늘 그런 기록을 세우는 사람인 것처럼요."

바이런이 늘 그런 기록을 세우는 척했을지 몰라도 실제로 그것은 지금까지 NFL 선수가 낸 최고 기록보다 20센티미터나 더 멀다. 또한 제자리멀리뛰기라는 종목 자체에서도 최고 기록에 해당한다. 현재 그는 비공식 세계기록 보유자인 것이다.

그렇다면 바이런이 어떻게 해야 자신의 5,000만 달러를 1억 달러로 만들 수 있을까? 그런 질문을 받은 내가 그에게 제안한 계획 중 하나는 다음과 같았다. "당신은 이미 유일무이한 활용 가능 자산을 가지고 있어요." 내가 말했다. "당신의 제자리멀리뛰기 기록은 당신을 엄청난 스타로 만들어줄 거예요. 틱톡 캠페인을 상상해보세요. 상상을 초월하는 것들을 뛰어넘는 시리즈 영상을 찍는 거예요. 틱톡 스타 여덟 명을 바닥에 나란히 눕게 한 뒤에 뛰어넘기. 마천루 두 개 사이를 점프해서 건너가기. 크리스티나 토시의 쿠키 수백 개를 늘어놓고 뛰어넘기…." (나는 내가 투자한 사업이 언론의 관심을 받을 기회를 호시탐탐 노리고 있다.) SNS에서 남들이 못 하는 미친 일들을 벌여서 팔로어를 모으면 SNS 영웅이 될 수 있다.

바이런이 내 말을 잘랐다. "저는 그런 SNS 같은 건 하고 싶지 않아요." 그가 말했다. "진지한 투자자가 되고 싶어요." 바이런이 앞으로 점점 더 큰 미식축구 스타가 되는 동안 미래를 고민할 시간이 있을 것이다. 그러나 나는 말했다. 오늘의 세계는 경계가 모호한 세계다. 최고의 투자 자금 흐름에 대한 접근권을 가진 사람이 더 '진지한' 투자자가 되고, 사람들이 당신이 누구인지를 알고 당신과 사업을 하고 싶어 할 때 그런 접근권이 생긴다. 바이런은 그의 명성을 높이고 현재 그를 주목받는 인물로 만들어주는 발사대 위에 서 있다는 점에서 유리한 고지를 점하고 있다. 그 발사대를 잘 활용하면 자신이 투자 후원을 하는 기업들을 위해 영향력을 행사하는 독보적 인물이 될 수 있다. 그런 지위는 희소성이 매우 크다. 제자리멀리뛰기 기록을 연료로 삼을 수도 있고, 다른 것을 연료로 삼을 수도 있을 것이다. 그러나 나는 바이런이 그런 것들에 관해 생각하고 있다는 것을 안다. 자신의 미래를 영리하게 생각하는 사람이니까. 그는 미식축구에서 은퇴한 후에도 엄청나게 성공적인 삶을 살 것이다.

. . .

미식축구 스타가 지닌 강점은 명확하게 보인다. 그러나 우리는 미식축구 스타가 아니다. 그렇다고 해서 우리 일반인이 아무 쓸모가 없는 것은 아니다. 당연한 말이지만, 미식축구 스타는 당신이 탁자에 올려놓을 수 있는 당신만의 고유한 자산을 가지고 있지 않을 것이다. 모든 사람이 그 자신만이 활용할 수 있는 자산, 예컨대 특성, 상황, 이야기 등 당신의 꿈을 향해 나아가도록 해주는 고유한 자산을 지니고 있다. 내가 맥도날드에서 일할 때 내 강점은 그 누구도 따라올 수 없는 최고의 껌 떼기 기술자가 되고, 그것도 웃으면서 그 일을 하겠다는 의지였다. 나는 막 해고당한 사람들에게 말한다. "이제 당신의 경쟁력은 당신이 고정된 시스템에 묶여 있지 않다는 점입니다. 당신은 자유의 몸입니다." 우리가 어떤 시스템에 갇혀 있을 때는 맑은 눈으로 세상을 바라보기 어렵다. 모든 선택지가 테이블에 펼쳐져 있으면 당신은 새롭게 시작할 수 있고, 다음에 무엇을 해야 하는지 진정으로 파악할 수 있다. 활용 가능한 당신의 자산은 무엇인가?

다음 질문에 답해보며 찬찬히 생각해보자.

- 당신이 다른 사람보다 잘하는 것은 무엇인가? 바이런 존스는 제자리멀리 뛰기를 잘한다. 크리스티나 토시는 쿠키를 잘 굽는다. 당신은?

- 당신은 누구 또는 무엇에 대한 특수한 접근권을 가지고 있는가? 당신에게 는 이런 질문에 답할 만한 것이 없다고 생각할 수 있다(특히나 주변에 아는 억만장자가 없다면 말이다). 그러나 우리가 하는 모든 일은 우리에게 소수의 사람에게만 보이는 특정 세계에 대한 접근권을 준다. 내가 9·11 추모관 건 설을 도울 때, 구역 획정 문제와 대지 용도에 대한 내 지식과 경험 덕분에 나는 새로운 경기장을 짓고 싶어 하는 미식축구 구단이 찾는 완벽한 채용 후보자가 되었다. 그런 연결고리가 모든 사람에게 명확하게 보였을까? 아 니다. 그러나 그런 지식과 경험이 나를 남들과 차별화되는 존재로 만들었 다. 눈을 크게 뜨고 당신의 조타실 안에서 기회를 찾아라. 당신에게 필요한 통찰은 이미 당신이 지니고 있으니 특정 분야의 전문가가 아니라는 이유 로 도전하는 것을 단념하지 말라.

- 당신의 현실, 과거 또는 현재로 인해 당신은 어떤 독특한 세계관을 지니게 되었는가? 내가 고등학교를 자퇴하고 검정고시를 쳐서 남들보다 일찍 대 학에 진학해야겠다는 계획을 세울 수 있었던 이유는 오로지 어머니가 그 과정을 밟는 것을 보았기 때문이다. 어떤 사실 패턴을 다른 맥락에서 이미 본 적이 없었다면 그런 계획이 결코 내 머릿속을 스쳐 지나가지 않았을 것 이다.

결국 모든 것은 규정하기 나름이다. 나는 힘든 어린 시절이 내가 평 생 앞으로 나아가지 못하도록 발목을 잡고 있다고 생각할 수도 있다. 아 니면 나는 그런 시절 덕분에 내가 세상 사람들이 겪는 어려움에 눈뜰 수 있었고, 그런 어려움을 극복한 사람들에게 더 깊이, 구체적으로 공감할 수 있고, 사람들이 최악의 밑바닥으로 떨어졌을 때 그들에게 무엇이 필요한지에 대한 통찰을 얻게 되었다고 생각할 수도 있다. 후자와 같은 생각을 하면서 내가 얻은 지식과 경험을 활용해서 가장 도움이 절실한 이들의 인생을 바꾸는 일에 동참할 수도 있다. 그것이 나의 유일한 활용 가능 자산은 아니지만, 분명히 그런 자산 중 하나이며, 당신에게도 그런 당신만의 자산이 충분히 많이 있다.

. . .

동일한 원칙은 사업을 할 때도 마찬가지로 적용된다. 당신은 당신 회사의 고유한 활용 가능 자산을 찾은 뒤 사업을 확장한다. 비록 나는 단것을 좋아하지 않지만, 밀크바의 투자자가 된 덕분에 RSE 벤처스는 베이커리 브랜드의 규모를 확장하는 귀중한 경험을 쌓았다. 매그놀리아 베이커리Magnolia Bakery가 시장에 매물로 나왔다는 소식을 들었을 때 우리는 밀크바를 통해 얻은 경험을 바탕으로 미국인에게 사랑받는 그 브랜드를 정상화하고 원위치로 되돌려놓을 수 있다는 자신감이 있었다. 〈섹스 앤 더 시티Sex and the City〉가 인기를 끌던 시절에 대중문화의 사랑을 받았던 매그놀리아 베이커리는 캐리 브래드쇼Carrie Bradshaw가 웨스트빌리지의 벤치에 앉아 유혹에 굴복하고 컵케이크를 맛있게 먹었던 곳이다. 시간이 지나 매그놀리아는 대중의 관심에서 다소 멀어졌다. 그러나 토요일 오전 블리커 스트리트를 따라 걸으면 전 세계의 관광객들이 바나나 푸딩을 맛보기 위해 뱀처럼 그 블록을 휘감으며 길게 줄 서 있는 모습을 볼 수 있다. 그런 관광객들 덕분에 매그놀리아는 20년 이상 버틸 수 있었다.

나는 우리 팀과 함께 팬데믹이 한창인 와중에 매그놀리아 베이커리를 인수했다. 우리는 밀크바의 경험에 비추어볼 때, 베이커리의 인기 상품을 미국 전역의 고객들이 즐길 수 있도록 포장제품으로 출시하는 아이디어가 매그놀리아를 정상화하는 데 필요한 자산이 되리라는 것을 알고 있었다.

매그놀리아 브랜드는 자원 부족으로 지난 20년 동안 정체되어 있었다. 그리고 우리에게는 그 브랜드에 걸맞은 신상품 발표회를 기획할 능력이 있었다. 우리는 CMO를 고용했고, 미국 어디에서나 바나나 푸딩을 살 수 있도록 인프라를 구축했다. 그 결과 매그놀리아의 이커머스 매출이 90만 달러에서 1,000만 달러로 늘었다. 그다음은? 미국 전역의 소매점에 입점했다. 이 전략의 이점은 무엇일까? 브랜드 인지도 상승. 우리의 전술은 단순해졌다. 왜냐하면 우리는 이미 검증된 플레이북^{미식축} _{구에서 팀의 공수 작전을 그림과 함께 기록한 책자}을 지니고 있었기 때문이다. 되도록 많은 채널을 통해 사람들의 손에 제품을 쥐여 줘라. 동시에 뉴욕 웨스트빌리지에 사람들이 길게 줄 서도록 만드는 특별한 경험은 보전하라. 그리고 현재 스티븐 로스가 건설한 허드슨 야드에서도 사람들이 긴 줄을 만들고 있다.

차근차근 오르기보다는 한번에 높이 도약하라

우리가 하는 모든 것에는 기회비용이 따른다. 먼저 다음 수를 둘 자격을 얻어야 한다고, 회비를 납부해야 한다고, 세상이 자신의 잠재력을 알아보고 지금 자리에서 끄집어내서 꿈같은 미래에 집어넣어 주기를 기

246

다려야 한다고 생각하는 사람을 너무나 많이 만난다. 나는 그런 일은 결코 일어나지 않는다고 단언할 수 있다.

계속해서 승진만 기다리는 친구들을 보면서 고개를 절레절레 흔든다. 그들은 자신들이 꼭대기로 가는 사다리를 타고 올라가고 있다고 생각한다. 그러다 어느 날 조직에 외부 인사가 영입된다. 충성스러운 직원이 상사가 가장 아끼는 인재가 더 이상 아니게 된 것이다. 커리어가 정체되고 그들은 고인 물이 되도록 뒷전에 남겨진다. 나는 시장실을 두 번 떠났다. 그들이 언젠가 내가 승진할 자격이 있다는 것을 깨달을 때까지 기다리지 않았다. 그곳을 떠남으로써 내 커리어를 가속화했다. 내가 더 이상 그들의 위계질서에 속해 있지 않았기 때문에, 돌아왔을 때 더 높은 자리에서 다시 시작할 수 있었다.

점진적인 경로를 포기하는 것은 직관에 반하는 것처럼 보일 수 있다. 특히 겁이 날 때는 더욱 그럴 것이다. 우리는 일을 차근차근 진행해야 한다고 생각한다. 소소한 변화를 꾀하고, 그러다 보면 결국에는 의미 있는 진전을 이룰 수 있을 거라고 생각한다. 그러나 그 모든 것은 우리의 여정을 연장할 뿐이고, 우리에게 앞으로 나아가기보다는 되돌아갈 여지만 더 많이 안긴다.

제시 데리스와 나는 이 점에 대해 항상 논쟁을 벌인다. 제시 데리스는 우리가 대규모 자금을 모으기 전에 먼저 소규모 자금을 모아야 한다고 제안한다. 그러나 왜 그래야 하는가? 1,000만 달러를 모으면서 1억 달러를 모으는 것을 방해하는 장애물을 극복하는 데 필요한 스킬을 배울 수 있을까? 대화할 때 상대방의 마음에 가장 큰 반향을 불러일으키는 것들이 실제로는 전혀 필수적인 것이 아니다. 따라서 나는 사람들에게서 이런 오해를 풀어주고 싶다.

'내가 최소 10년은 경력을 쌓아야 사람들이 나를 설립자로 진지하게 받아들일 것이다. 동종업계에서 작은 프로젝트를 세 개 이상 이끌어본 경험이 없는 내게 그런 대형 프로젝트를 맡기지 않을 것이다. 내가 이미 자금을 어느 정도 가지고 있어야만 누구에게든 투자를 받을 수 있을 것이다.'

나는 지금 당신에게 그런 것들이 전부 거짓말이며, 그런 거짓말이 당신의 앞길을 가로막고 있다고 말하고 있다. 목표를 향해 곧장 돌진해도 된다. 내가 곧장 대학교로 향했듯이. 꼭 고등학교 과정을 착실하게 마쳐야 한다는 법이 있는가?

어떤 새로운 기술을 얻기 위해 과정이 중요하다는 사실을 부정하는 것은 아니다. 모든 사람이 커리어의 정점에 곧장 뛰어오를 수는 없다. 그러나 나는 우리 각자가 자신이 성장하기 위해 정말로 경험을 더 쌓아야 하는지, 아니면 지금 이대로 준비가 되었는데도 단지 세상이 우리 차례가 되었다고 말해주기를 기다리고만 있는지 본능적으로 알고 있다고 믿는다. 줄을 서서 차례를 기다리는 것은 아이들이다. 어른이 된 당신은 자신의 차례를 만들어야 한다. 가장 불순한 의도를 지닌 사람들이 우리에게 참으라고 말하는 일이 너무나 자주 생긴다. 질투심 많은 배우자나 자신의 지위에 대한 확신이 없는 상사 등, 그들은 우리 삶에서 제거할 수 없는 프레너미frenemy: friend(친구)와 enemy(적)의 합성어로, 이해관계로 인한 전략적 협력관계인 동시에 경쟁관계에 있는 사람을 가리키는 말다. 모든 조언에는 건전한 회의주의로 접근하라. 당신은 많은 것을 걸었기에 잃을 것도 많다. 그저 때를 기다리라는 단 하나의 나쁜 조언이 당신의 성장곡선에서 몇 년에 달하는 시간을 쓸모없게 만들 수 있다. 준비가 되면 저절로 알게 된다. 당신이 얼마나 천천히 움직여야 하는가에 대한 다른 사람들의 관념이 당신의 발목을 잡도록 내버려두지 말라.

. . .

알렉산더 하스트릭Alexander Harstrick은 펜타곤Pentagon: 미 국방성을 가리키는 말에서 일하면서 이라크에 파병된 이력이 있는 전직 군사기밀장교이며, 현재 하버드 비즈니스스쿨에서 MBA 과정을 밟고 있다. 그는 자기 이름으로 방위산업 분야 펀드를 시작하는 꿈을 가지고 있었다. 그리고 그에 필요한 지식도 있었다. 그러나 그는 자신에게 경험이 부족하다고 생각했다.

알렉스는 군 혁신에 대한 난공불락의 논지를 가지고 있었고, 독보적인 거래 흐름을 만들 수 있는 인맥과 경험이 있었다. 그런데도 내 사무실에 앉은 그는 긴장해 있었다. 알렉스는 기존 상식에 길들여 있었고, 자신이 뉴욕의 한 사모펀드 회사에서 제안받은 썩 좋지 않은 일자리를 받아들이고 거기서 일을 배워야 한다고 생각했다. 나는 그의 점진적 마인드셋에 의문을 제기했다.

"하지만 누가 내게 투자하겠어요?" 그가 물었다. "누가 막 학교를 졸업한 나에게 수표를 써주겠어요?"

"아무도 없겠죠." 내가 말했다. "누군가가 나설 때까지는요."

나는 몇 달간 그의 소식을 듣지 못했다. 어느 날 오후, 그는 전화를 걸어 내 주소를 물었다. 내게 판촉물을 보내고 싶어 했다. 모자 하나, 펜 하나. "어디 판촉물인가요?" 내가 물었다.

"당신 사무실에서 나온 뒤에 내가 시작한 펀드의 판촉물이에요"라는 답이 돌아왔다.

나는 그날 알렉스가 내 사무실을 나선 뒤 뉴욕의 대형 사모펀드 회사에서 지루한 일상을 보내기로 했을 것이라고 짐작했다. 그런데 알고 보니 우리가 이야기를 나눈 다음 날, 그는 자신이 받은 제안을 모두 거절하고, 직접 현장으로 나가 새 펀드, 자신의 펀드 J2벤처스J2 Ventures를 세웠다. 그리고 앵커 투자자anchor investor 물색에 나섰다. "기억도 나지 않을 정도로 수없이 퇴짜를 맞은 후에 앵커 투자자를 한 명 찾았어요." 그가 말했다. "게다가 1,000만 달러짜리 펀드도 마감했어요. 그리고 지금 5,000만 달러짜리 펀드를 모집 중입니다."

현재 나도 그의 투자자 중 한 명이고, 그 사실이 자랑스럽다.

알렉스가 이어서 말했다. "새로운 일을 시작하고서 알게 된 가장 놀라운 사실은 그다지 겁이 안 난다는 거예요. 그건 이 일이 쉽다고 생각하는 것과는 달라요. 전혀 쉽지 않았어요. 하지만 내가 하는 일에서, 그리고 우리 팀이 설립한 회사에서 얻은 가치는, 우리가 실제로 투입한 노력과 비교해도 현재 손익분기점을 넘기고도 남아요. 우리가 사모펀드를 시작한 뒤 나를 오싹하게 만든 유일한 생각은 내가 다른 누군가의 밑에서 일했을 수도 있다는 사실이에요."

계단식 변화 마인드셋을 채택한 한 단 한 번의 결단이 알렉스의 인생 전체의 궤적을 바꿨다. 우리는 우리의 삶이 색색의 줄무늬를 그리며 쌓인 퇴적암처럼 진화한다고, 각 성과가 지난 성과 위에 차곡차곡 쌓여야 한다고 믿도록 세뇌되었다. 우리는 성공에 도달하는 순서가 정해져 있다고 생각한다. 그래서 글로벌 레모네이드 회사를 차리기 전에 먼저 동네에 레모네이드 판매대를 세워야 한다고, 1,000만 달러를 모금하기 전에 먼저 1만 달러를 모금해야 한다고, 스스로 리더로 나서기 전에 CEO 경력이 있어야 한다고 생각한다. 세상이 정말로 어떻게 작동하는지를 들여다보면 그중 어느 것도 진실이 아니라는 것을 알 수 있다. 점진적 발전이라는 관념은 삶이라는 혼돈에 질서를 부여하려는 시도에 불과하고, 성공을 일종의 이해 가능한 공식으로 환원하려는 시도에 불과하다. 회비를 납부하면 상향 이동성으로 보상받을 것이다. 그러나 현실에서는 대체로 전형적인 로드맵에 굴복하기를 거절한 사람들에게 최고의 전리품이 돌아간다.

우리는 느리고 의도적인 점진주의를 기본 전제로 삼는다. 그래야 할 이유가 전혀 없는데도 말이다. 당신에게 필요 없는 단계는 건너뛰어라. 그리고 당신이 갈 수 있는 가장 높은 곳으로 점프하라. 그러면 다음번에는 더 높이 도약할 수 있다.

"연구 결과는 의사결정을 할 때 일반적인 커리어 궤적이 아닌 열정을 중심에 두면 더 빠르게 배우고 더 큰 성공을 이룬다는 것을 보여줍니다." 하버드 비즈니스스쿨의 프란체스카 지노가 말한다. "우리 MBA 졸업생 다수는 컨설팅기업에 들어갑니다. 거기서 2년 정도 경력을 쌓은 뒤에 나와서 자신의 벤처펀드를 차릴 수 있을 거라고 생각하지만, 실제로는 적절한 타이밍이 절대로 오지 않죠."

당신이 과감하게 도약하는 대신 작은 한 걸음을 내딛겠다고 마음먹기 전에 스스로에게 물어라. 왜 그것이 사건의 절대적인 진행 순서라고 생각하는가? 정말로 그런 점진적인 단계들을 통해 당신이 성공하는 데 필요한 스킬을 얻을 수 있다고 생각하는가? 아니면 그냥 상상 속에만 존재하는 외부의 청중을 만족시키려고 노력하면서 필연적으로 다가올 결단의 순간을 쓸데없이 미루고 있는가?

...

점진적 접근법은 내가 사람들에게 언제든 기회만 생기면 기업의 위계질서에서 탈출하라고 설득하는 이유다. 전통적인 사업모형은 사람들을 작은 단위로 조직하려고 노력한다. 집합으로 묶은 다음 모두 함께 천천히 올라가게 만든다. 이것이 법률기업이나 컨설팅기업 같은 곳이 덫인 이유다. 당신은 유사한 조건을 갖춘 직원 계급의 일원이다. 당신이 눈에 띄어서 동료보다 더 빨리 위로 올라설 방법이 거의 없다.

회사에는 편리한 구조이지만, 더 높은 곳을 바라보는 사람에게는 긴 시간을 낭비하는 것이 된다. 당신을 한자리에 묶어두거나 당신의 성장을 제약하는 시도들에 저항해야 한다. 나는 사람들에게 자신이 더 많이 받을 자격이 있다는 것을 안다면, 그리고 그런 보상으로 이어지는 길이 보이지 않는다면 두려워하지 말고 그 직장에서 나오라고 말한다. 다른 위계질서로 이동해서 도약하는 편이 훨씬 더 빠른 길이다. 새로운 조직으로 이동할 때 당신은 다시 태어나 새출발 할 수 있다. 물론 지금 직장이 너무나 좋다면 머물러라. 그러나 오로지 그 직장이 진정으로 좋을 때만이다. 반드시 떠나야 하는 것은 아니다. 명심해야 할 것은 그 직장이 당신의 성장을 정체시킬 때는 떠날 수 있고, 떠나야 한다는 것이다. 절대로 한 직장을 통해 모든 커리어 야망을 충족하려고 하지 말라. 당신이 포부가 크다면, 그것은 현실적이지 않은 기대다. 왜냐하면 당신은 기업 세계가 수용할 수 있는 것보다 훨씬 더 빨리 진화할 것이기 때문이다.

. . .

이 말을 하면서 내가 너무 쉽게 말하는 것은 아닌지 잠시 고민했다. 전형적인 길에서 벗어나기는 힘들다. 나도 안다. 그리고 온갖 고려사항들로 인해 더욱더 힘들어진다. 우리의 통제권 안에 있는 것도 있고 우리가 전혀 통제할 수 없는 것들도 있다. 우리 사회의 많은 사람이 어쩔 수 없이 짊어지는 그런 부담을 나도 지고 있었다면 과연 내가 내 커리어에서 도약하는 결단을 내릴 수 있었을까?

2022년 1월의 하버드 비즈니스스쿨 마지막 강의 날, 나는 뛰어난 인재인 트레이시 톰슨Tracey Thompson과 인종에 관해 굉장히 솔직한 대화를 나눴다. 인종은 우리가 강의에서 다룬 그 어떤 주제 못지않게 중요한 문제다. 한 기업가를 초대한 수업이 끝난 뒤 트레이시가 나를 찾아왔다. 그 기업가는 백인 남자로, 무례한 말투와 무심한 태도가 그가 세상에 내보이는 이미지의 핵심 요소였다. 자메이카에서 뉴욕으로 이민 온 어머니를 둔 흑인 여성인 트레이시는 자신이 세상 앞에 그 기업가와 같은 모습으로 나설 수는 절대 없을 것이라고 털어놓았다.

"왜 할 수 없다는 거죠?" 내가 물었다.

트레이시는 단순히 흑인 여성이 그런 말투와 태도를 따라 하면 누구에게도 존중받지 못할 것을 우려해서가 아니라고 말했다. 그녀는 자신이 어디를 가든 자신의 인종과 젠더 전체의 평판을 책임지고 있다고 여겼다. 그래서 자신이 속한 인종과 젠더가 좋은 인상을 남기는 방향으로 대변해야 한다는 의무감을 느끼고 있었다. 왜냐하면 그녀가 어떻게 말하고 행동하느냐에 따라 그녀의 뒤를 따를 흑인 여성들에 대한 선입견이 형성될 것이기 때문이다. 트레이시의 입장에서 보면 실수는 용납되지 않았다.

솔직히 말하면 나는 그런 부담, 그런 짐을 평생 질 일이 없는 일종의 특권을 누리고 있다. 나는 내가 나 자신 외의 사람을 대변한다고 생각하거나 그것 때문에 신경 쓴 적이 단 한 번도 없다. 그리고 나는 내가 백인 남성이라는 내 인종과 젠더 정체성의 덕을 여러 번 봤다는 것을 안다.

나는 우리 사회가 이런 문제에서 올바른 방향으로 나아가고 있다고 믿고 싶다. 한편으로는 어떤 사람들은 내가 짊어지지 않은 짐을 지고 있고, 그런 짐이 그들이 대담한 선택을 할 수 있는 역량에 제약을 가한다는 점을 인지하고 있다. 제도적 인종차별주의 장벽을 무너뜨리고 벤처 투자자로서 다양한 설립자와 다양한 기업을 후원하고 싶다는 트레이시의 커리어 야망이 내게 그토록 큰 영감을 주는 이유다.

"단순히 흑인이 소유한 기업에 투자하는 문제가 아니에요." 트레이시가 설명했다. "나는 소수인종이 소유한 회사가 아니더라도 더 많은 유색인종을 이사진에 앉히고 캡 테이블cap table: 투자 전후의 주식, 스톡옵션, 사채 등 회사 지분에 영향을 미칠 수 있는 사항을 정리한 표에 반영되게 하고 싶어요. 다양성 공급망을 구축하고 다양한 집단의 사람들을 고용하는 회사를 후원하고 싶어요. 더 많은 유색인종 벤처투자자를 키우고 싶어요. 그리고 더 평등하면서 동시에 재정적으로도 더 성공적인 새로운 세대의 회사들을 키워내고 싶어요. 유색인종인 사람들이 회사를 훌륭하게 경영할 수 있으며, 다양성과 성공은 상호보완적인 관계에 있다는 걸 증명하고 싶어요."

사람마다 성공으로 가는 길에 놓인 장애물이 다르다는 것을, 그리고 사회가 특정 집단에게 불공정한 패널티를 잔뜩 안기고 있다는 것을 인정해야만 그렇게 할 수 있다. 모든 사람이 자신의 삶에 관해 최대한의 행위주체성을 발휘하고, 자기 운명에 관해 최대한의 통제권을 행사할 수 있으려면 모두에게 수평적인 경기장을 만드는 것을 최종 임무로 삼아야 한다. 그래야 우리의 통제권 밖에 있는 요인들로 인해 결과가 왜곡되는 일이 없을 것이다.

모든 여정은 언제나 이전의 여정보다 더 수월하다

직장을 그만두거나 안정적이지만 승진이 제한된 자리를 떠나서, 그것도 이직이 아니라 앞으로 뭔가를 직접 하려고 계획하고 있다면 처음에는 당연히 겁이 날 것이다. 당신이 무엇이든 할 수 있는 사람이며 모든 일이 잘 풀릴 거라고 스스로를 안심시킬 수 있는 경험자원이 아직 당신 머릿속에 충분히 쌓이지 않았기 때문이다. 두 번째 할 때는 더 쉬워진다. 세 번째는 두 번째보다 더 쉬워진다. 그리고 당신이 배를 불태워버리기의 마스터가 될 무렵에는 이제 그런 것에 관해서는 생각조차 하지 않게 된다. 습관화에 관한 연구는 이전에 해봤던 것일수록 점점 더 하기 쉬워진다는 명백한 명제를 뒷받침한다. 위험을 감수하는 것은 당신이 이미 위험을 감수한 적이 있다면 더 간단해진다.

그러나 습관화는 우리에게 해가 될 수도 있다. 나는 습관화가 내 삶을 더 효율적으로 만들기는 하지만, 그 효율성을 얻은 대가가 창의성의 약화일까 봐 늘 걱정한다. 창의성은 지속적인 성장과 성공에 필수적인 통찰을 활성화하는 연료다. 습관화는 훌륭한 도구일 수 있다. 그러나 로봇이 되지 않도록 경계하라.

여러 연구에서 우리가 직장의 방해 요소들, 예컨대 전화하는 소리, 동료의 진한 향수 같은 것들에 익숙해지고 무뎌진다는 사실을 밝혀냈다.5 더 나아가 시스템이 우리를 억누른다는 사실, 조직의 구조가 우리를 제약하기도 한다는 사실에도 무뎌진다는 것을 보여주는 연구도 있다. 1974년 해리 브레이버먼Harry Braverman은 직장 심리학에 관한 전기적인 논문을 발표했다. 《노동과 독점 자본Labor and Monopoly Capital》이라는 저서에서 그는 한 장 전체를 '자본의 생산방식에 맞춘 노동자 습관화'에 할애했다. 그의 요지는 조직의 위계질서가 우리로 하여금 끔찍한 노동 조건을 받아들이도록 훈련시킨다는 것이었다.6

우리는 지루함, 단조로움, 그리고 우리의 기업가정신을 파괴하는 습관화에 순응해서는 안 된다. (제시 데리스도 결단을 내리고 회사를 시작하지 않았다면 그렇게 될 수 있었다.)

내가 하버드 비즈니스스쿨에서 처음 강의를 시작했을 때는 정말 많은 노력과 시간이 들었다. 그러나 그다음 해에 강의를 할 때는 훨씬 더 쉽게 느껴졌다. 뭔가를 여러 번 반복할수록 효율성도 확실하게 올라간다. 그 덕분에 우리는 훨씬 더 많은 것을 동시에 해낼 수 있게 된다. 다른 한편으로는 일단 그렇게 수행이 자동화되면 어떻게 해야 계속 최고 수준으로 수행할 수 있는가라는 도전과제가 생긴다.

드웨인 '더록' 존슨Dwayne 'The Rock' Johnson은 NBA의 로스앤젤레스 레이커스Los Angeles Lakers 선수들에게 이 주제를 가지고 훌륭한 강연을 했다. "퇴로를 없애버리세요. … 늘 성난 상태로 경기에 임하세요."7 내게 가장 어려운 문제는 내가 지나치게 자신감을 갖기 시작할 때 나를 부추기는 악마를 어떻게 통제하는가 하는 것이다. 내 마음은 늘 불타오르고 있다. 그래서 나는 종종 현재 진행 중인 프로젝트가 안정화된 자기-영속적 상태에 도달하기 전에 다음 프로젝트로 넘어가고 싶은 유혹에 시달린다. 나는 계속 움직이는 것이 중요한 것이 아니라 어떤 목표를 추구하든, 도달할 수 있는 최상층에 도달하는 것이 중요하다는 사실을 잊곤 한다. 내 파트너 스티브 로스의 직설적인 표현을 빌리자면, 메뚜기가 되지 말라. "훌륭한 아이디어가 있다면 그 아이디어를 끝까지 끌고 가야 합니다. 그냥 손을 놓아버리고 얼른 다른 누군가의 훌륭한 아이디어로 달려가지 마세요. 아이디어가 실제로 집행되는 것까지 자신의 눈으로 끝까지 지켜봐야 합니다. 그리고 당신이 그 아이디어를 뒤로하고 도약하기 전에 그 아이디어에 맞는 팀이 투입되었는지 확인해야 합니다." 만약 너무 일찍 떠나버리면, 당신의 통찰과 노력의 보상을 수확하지 못하게 된다. 수익이 발생하기 전에, 당신이 무엇을 창조했는지 세상이 알 정도로 성숙되기 전에 엑시트하는 것이다. 당신은 아드레날린을 쫓아야 한다고, 다시 압박감을 느껴야 한다고 생각한다. 그러나 그렇게 하면 아이디어를 진정한 자본으로 전환할 기회를 놓치게 된다. 그런 식으로 내달리다 보면 결국 쓰러지게 된다. 당신이 떠난 자리에 반밖에 달성하지 못한 미완성 프로젝트가 여기저기 널려 있게 되고, 그것들이 당신의 자존감을 깎아먹을 것이다.

계속해서 최고의 성과를 내려면, 압박감이 사라진 것처럼 느껴지더라도 동기 시스템의 기어를 변환해야 한다. 4장에서 이야기한 불안 최적화에서 다음 단계인 위대함의 추구로 넘어가야 한다. 당신이 전념하는 이유는 단순히 버텨내기 위해서가 아니라 끝없이 오르는 잠재력의 높이를 따라잡기 위해서다.

어제 내가 할 수 없었던 일 중에
오늘 할 수 있는 일은 무엇인가?

새로운 것을 성취할 때마다 나는 곧장 그 성공을 토대로 할 수 있는 다른 뭔가를 찾아 나선다. 그 뭔가가 무엇인지, 내가 이룬 성취와의 연결고리가 무엇인지가 이전에는 명백하지 않았을 수 있다. 투자자로 활동하기 시작한 뒤 어느 순간 〈샤크 탱크〉에 출연 제안을 받게 될 만한 경험을 축적했다. 〈샤크 탱크〉에서 심사위원으로 인지도를 쌓자 하버드 비즈니스스쿨에서 강의를 할 수 있게 되었다. 하버드 비즈니스스쿨에서 몇 해 강의를 진행한 나는 이 책을 쓸 수 있게 되었다. 어제는 할 수 없었지만 내일 하고 싶은 일에 한 발 더 가까이 다가갈 수 있다. 그 과정 중에 오늘 내가 할 수 있게 된 것은 무엇인가? 당신의 맥박이 뛰고 있는 한, 내일 하고 싶은 다른 무언가가 언제나 있을 것이다. 그리고 당신이 삶에서 성취하는 모든 새로운 것은 다음 이정표가 무엇이든 간에 그곳에 확실하게 도달하는 데 더 유리한 고지에 당신을 올려놓는다.

해방감을 느낄 수 있는 아주 신나는 사고 실험을 하나 해보자. 당신에게 한계가 없다면, 당신이 뭐든 할 수 있다면, 당신은 당신 인생으로 무엇을 하겠는가?

· · ·

제시 팔머Jesse Palmer는 NFL의 백업 쿼터백이었다. 그러나 그는 자신이 미식축구를 뛰어넘는 다른 뭔가를 해내는 모습을 그렸다. "제가 정말 운 좋게도 드래프트에서 뉴욕 같은 미디어 중심지의 구단에 지명되고 나서야 가능성과 기회들에 눈뜨게 되었어요." 제시가 내게 말했다. 제시는 〈더 배철러The Bachelor: 미 방송 연애 리얼리티 프로그램〉에 출연한 최초의 프로선수가 되었다. 그리고 시청자들은 곧장 그에게 뭔가 특별한 것이 있다는 것을 알아챘다.

그 후 제시는 꾸준히 TV 무대에서 성공을 거두고 있다. 음식에 대한 사랑 덕분에 푸드 네트워크의 요리대회 프로그램의 진행자가 되었고, 2년간 〈굿모닝 아메리카Good Morning America〉의 통신원으로 활약하면서 세간에 화제가 된 소식들과 예능계 소식을 전하는 〈데일리메일TVDaily-MailTV〉라는 쇼도 진행했다. 제시 팔머는 과거를 돌아보면서 이렇게 말했다. "저는 들어오는 제안을 좀처럼 거절하지 않았어요. 특히 초창기에는 제가 좋아하는 것이 무엇인지 판단할 수 있는 기회를 많이 얻으려고 거의 언제나 하겠다고 했어요. 제가 음식 분야에서 활동하게 될 줄은 상상도 못 했어요. 전직 NFL 선수가 컵케이크랑 페이스트리에 관해 이야기하게 될 줄 누가 알았겠어요."

사실 제시는 백업 쿼터백 선수 생활을 어쩔 수 없이 그만둔 것이 아니었다. 그는 원하면 선수 생활을 계속 이어나갈 수 있었다. 그러나 미디어 분야에서 잠재력을 발견한 그는 도약하기로 결심했다. "뭔가를 그만두기는 절대로 쉽지 않아요. 제가 좋아하는 것들에 관해 TV에서 이야기할 기회를 얻게 되어서 매우 설레었지만, 프로 미식축구를 하면서 느끼는 아드레날린이 솟구치는 그 느낌을 대체하기는 어려우니까요. … 하지만 저는 TV에 출연할 기회를 얻었고, 그런 기회가 다시 오기는 쉽지 않죠. 그래서 저는 물이 들어왔을 때 노를 저어야 한다고 판단했어요."

제시는 여전히 물길을 타고 노를 젓고 있다. 현재 그는 〈더 배철러〉와 〈더 배철러렛The Bachelorette〉의 진행자다. 그 누구의 백업도 아니다.

. . .

당신 가슴속에 도사리고 있는 최고의 야심을 끄집어내자. 그런 다음 첫걸음을 내디뎌라. 전화를 걸어라. 웹사이트를 만들어라. 시제품을 제작하라. 책을 써라. 강연을 하라. 취업 지원서를 내라. 당신이 반한 그 사람에게 데이트 신청을 하라. 그것이 무엇이든 당신의 힘, 용기, 그리고 당신을 지금 여기 이 순간으로 데려온 당신 과거의 모든 것을 결집해서 움직이기 시작하라.

우리 같은 일반인보다 유명인들은 그렇게 하기가 더 쉬울 거라고 생각할 수도 있다. 내 친구 스칼릿 조핸슨Scarlette Johansson 같은 대단한 배우는 새로운 벤처를 시작하는 데 아무런 어려움을 겪지 않을 거라고 말이다. 그렇게 생각했다면 그 생각은 틀렸다. 스칼릿 조핸슨에게는 몇 년 동안이나 끄집어내려고 시도한 기업가정신이 있었지만, 너무나 활발하게 배우 커리어를 이어가느라 그것을 실현하는 데 필요한 시간과 에너지가 늘 부족했다.

많은 기업가들처럼 스칼릿의 스킨케어 브랜드 디 아웃셋The Outset의 비전은 스칼릿 본인의 아픔에서 탄생했다. 대다수 사람들은 짐작도 못하겠지만, 스칼릿은 여드름에 시달렸고 어른이 되어서까지 피부 트러블로 고생했다. 그녀는 아주 단순하고 일관된 뷰티 루틴, 요컨대 클렌징, 피부 정돈, 보습을 매일 반복하는 것에서 해결책을 찾았다. 시장은 유행에 민감하지만 독한 성분과 복잡한 루틴을 찬미할 때 스칼릿은 좋은 피부는 탄탄한 기초에서 시작한다고 믿었다. 그리고 기본적으로 영양 공급에 초점을 맞춘 단순한 루틴이 모든 사람에게 도움이 된다는 것을 알았다.

"저는 여덟 살 때부터 배우로 활동했고, 그래서 제 피부는 일찍부터 일해야 했어요. 세상에 나온 거의 모든 제품을 사용해봤다고 해도 과언이 아니죠. 그리고 뷰티업계에서 이름이 알려진 최고의 전문가들과 작업 했고요. 제가 점점 커갈수록 제품과 그 제품이 제안하는 이상적인 아름다움에 대한 제 기대치도 커졌어요. 그러다 보니 일상을 단순화하고 활력을 불어넣는 건강하고 효과적인 스킨케어를 위한 틈새시장이 보였어요. 그러나 그보다 더 중요한 것은 마침내 제 비전을 세상과 나눌 자신감이 생겼다는 거였어요."

확실한 기회가 존재했다. 그 기회를 뒷받침하는 논리도 완벽했다. 스칼릿에게 필요한 도약은 그녀가 그 일을 혼자 할 수 없다는 사실을 받아들이는 것이었다. 그녀는 그 사업에 전심전력을 다할 수 없었다. 그렇게 할 수 있는 사람은 많지 않다. 그래서 그녀는 함께할 사람을 찾았다. 그녀의 열정을 공유하고 그녀의 아이디어를 토대로 회사를 만들 수 있는 사람을. 제시 데리스와 나, 스칼릿은 함께 논의해 케이트 포스터Kate Foster를 영입했다. 케이트 포스터의 첫 스타트업은 대형 미디어기업에 인수되었고, 그녀는 빅토리아 시크릿Victoria's Secret, 앤 테일러Ann Taylor, 주시 쿠튀르Juicy Couture와 같은 뷰티 및 패션계의 톱 브랜드의 임원으로 성공을 거둔 이력도 있었다. 스칼릿과 케이트 포스터는 영리하고 헌신적인 2인조를 이뤄 스킨케어계의 '완벽한 흰 티셔츠'가 될 일상 스킨케어 라인을 만든다는 그들의 비전을 지원할 투자금 수백만 달러를 확보했다.

디 아웃셋이 탄생했고, 이 글을 쓰는 현재 두 사람은 온라인과 미국 전역의 세포라Sephora에 자신들의 브랜드를 출시했다. 나는 그렇게 되기까지 그들에게 조언해주면서 조력했다는 사실에 보람을 느낀다. 스칼릿의 여정은 내 여정과는 달랐다. 그리고 분명히 대다수 사람들의 여정과도 매우 다를 것이다. 그러나 그녀의 사고 과정은 모든 사람에게 완전히 똑같이 적용된다.

- 어떻게 하면 꿈을 실현할 수 있을까?
- 지금 이 순간 여기에서 가고 싶은 지점까지 가려면 어떤 자원이 필요한가?
- 앞서 얻은 수익을 어떻게 회수해야 다음 프로젝트에서 성공할 최고의 기회를 얻을 수 있을까?

물론 스칼릿과 케이트의 파트너십에서 볼 수 있듯이, 혼자 도약하는 사람은 거의 없다.

상대의 탁월함을
인정하고 받아들여라

2009년 내가 아직 제츠에서 일하던 시절에 게리 베이너척을 만났다. 그 당시 게리는 뉴저지주 교외에서 활동하는 와인 사업가였다. 더 정확히 말하자면 구독자 수가 늘고 있는 와인 평론 유튜버였던 그는 가족의 와인 사업을 확장하기 위해 온라인으로 진출해 신생 플랫폼의 스타로 거듭나고 있었다. 게리가 열렬한 제츠 팬이었으므로 그가 새롭게 일군 부의 일부를 제츠에 쓰게 하고 제츠 구장 스위트석 구매를 유도하기 위해 그를 만났다.

게리와 처음 만나는 자리인 점심 미팅을 준비하면서 나는 뉴저지주 스프링필드의 한 베이글 가게에서 우리가 제츠에 관한 가볍고 유쾌한 대화를 나누게 될 거라고 생각했다. 와인 사업에 관해서도 뭔가 새로운 사실을 배우게 될 거라는 기대도 있었다. 내 예상은 보기 좋게 빗나갔다. 우리가 자리에 앉는 그 순간까지도 내가 깨닫지 못했던 사실은, 와인이 게리의 사업인지는 몰라도 그것이 그의 운명은 아니라는 것이었다. 와인 사업은 단순히 그가 온라인으로 진출하는 입구에 불과했다. 그는 당시에는 미친 소리처럼 들렸을 양상으로 온라인 세계가 전개되리라는 것을 내다봤고, 그의 예측은 완벽하게 적중했다.

우리가 만난 지 10분도 채 지나기 전에 그는 내게 세상의 마크 저커버그들과 잭 도시Jack Dorsey들이 곧 일으킬 지각변동에 관해, 세상이 어디로 향하고 있는지에 대한 자신의 예측과 패턴 인지, 그리고 자신이 예상하는 수년 뒤의 미래에 관해 이야기하고 있었다. 그는 트위터가 누구나 콘텐츠 창작자가 될 능력을 지니고 있다는 사실을 입증하고 있으며, 그 사실이 대기업들을 무방비 상태로 만들 거라고 주장했다. 왜냐하면 개인들이 서로 일대일로 연결되는 것이 가능해졌고, 그런 개인들은 조직에서는 불가능한 방식으로 빠르게 움직일 것이기 때문이다.

그는 기업들을 SNS라는 신세계로 안내할 회사를 세우는 아이디어를 제안했다. 경쟁해야 하는 시스템이 있다는 사실을 알아차리지도 못하고 있는 기업들에 그 시스템을 이기는 법을 안내하는 회사를 말이다. … 그리고 이후 그의 모든 말이 맞아떨어졌다. 그의 광적인 허세는 호흡마다 욕설로 점철되어 있었으므로 게리를 무시하기는 쉬웠다. 실제로 게리가 지껄일 때 대다수 '진지한' 사람들은 그렇게 했다. 게리를 무시했다. 그러나 그들은 훨씬 더 신중하게 그의 말에 귀를 기울였어야 했다.

나는 제츠가 게리에게 적절한 자원을 제공하면 그가 제츠와 팬이 소통하는 방식을 바꿀 수 있다는 것을 알았다. 그는 스위트석을 사지 않았다. 그러나 우리는 제츠를 베이너미디어^{VaynerMedia}의 첫 고객으로 등록하는 거래를 했다. 베이너미디어는 그가 당시에 아직 설립하지 않은 마케팅기업이었다. 나는 그에게 제츠 구장의 사이드 좌석 티켓 네 장을 주고(그는 지금도 그 티켓을 그대로 가지고 있다) 우리의 SNS 비전 개발을 그에게 맡기는 교환계약을 체결했다.

게리와 나는 그 이후 계속 함께 일하고 있다. 내가 RSE 벤처스로 옮겼을 때 스티븐 로스도 게리의 천재성을 알아봤다. 그리고 우리가 사업 포트폴리오를 구성할 때 게리가 차별화 인자가 되어주리라는 것을 알았다. 우리는 그의 유일한 파트너가 되었고, 그의 회사 지분을 꽤 많이 인수했다. 베이너미디어는 현재 연매출이 2억 5,000만 달러에 달하고, 틱톡, 유니레버^{Unilever}, 펩시코^{PepsiCo}를 고객으로 두고 있다. 전 세계에 사무소가 있으며 셀 수 없이 많은 상을 받았다. 누구든 수표를 써주는 사람의 트위터 계정을 관리하는 일에서 시작한 볼품없는 에이전시가 지금은 '포춘 100대 기업'의 슈퍼볼 광고를 제작한다. 또한 게리는 다섯 권의 베스트셀러를 썼고, 나는 그런 그의 성공에 편승했다. 뉴저지주의 베이글 가게에서 고함을 지르던 그 사람은 자신의 접근법을 바꾸지 않았다. 다만 지금은 그가 이야기하면 단 하나의 코멘트만으로도 2,000만 명의 이목이 집중된다.

나는 봤다. 그리고 다른 사람들도 분명히 봤을 것이다. 불경스러운 사기꾼 같은 와인 세일즈맨이 가진 비호감 외형의 이면을 볼 수만 있었다면 말이다. 그리고 지구상 그 누구보다도 온라인 세계를 가장 잘 이해하는 그와 함께 기꺼이 뛰어들었을 것이다.

···

　최근 내 친구 한 명이 지난 10년간 내 커리어 성공의 핵심 열쇠 하나를 꼽는다면 그것이 무엇인지 물었다. 그 친구는 내가 "대단한 제품을 발명하거나 탁월한 회사를 세우지도 않았다"고 지적했다. 그의 말이 맞다. 그러나 나는 엄청나게 중요한 사고 전환을 해냈다. 나는 내게 모든 답이 있으며 나 혼자서도 정상에 닿을 수 있다는 믿음에서 벗어나 가장 크고 높은 성공을 이룰 핵심은 내가 해야 하는 모든 업무를 나보다 더 잘하는 사람들을 찾아내고, 그들을 뛰어난 인재로 만드는 그들의 탁월한 재능을 받아들이는 것임을 깨달았다.

　매일매일 겸손해지는 경험은 엄청난 자극이 된다. 자기 자신만 바라보면 쉽게 지루해진다. 멋진 사람들에 둘러싸여 그들의 그림자 속에 앉아서 그들의 영광을 함께 누리는 것이 훨씬 더 흥미롭다. 모든 것을 내가 짊어질 필요가 없다. 그 대신 다른 사람을 높이고, 그들의 재능을 통해 우리 모두가 혜택을 누리도록 하는 데 전념해도 된다는 깨달음, 그것이 내 인생에서 단연코 최고의 전향이었다.

　이 장에서는 다른 사람을 위해 일하고 다른 사람에게 힘을 실어주는 방법에 관해 다룰 것이다. 그런 일을 효율적으로 하는 데는 꽤 단순한 공식이 적용된다. 그들의 재능을 포착하고, 그들의 발목을 잡지 말라. 그런 다음 최선을 다해 그들의 잠재력을 해제하라. 이 청사진을 따르면 내가 거듭해서 배우는 교훈을 당신도 깨닫게 될 것이다. 아이디어가 중요한 것이 아니다. 중요한 것은 결국 사람이다.

탁월함을 알아보라

내가 다른 사람에게서 찾는 여러 특성들에 관해서는 이미 앞에서 다뤘다. 첫째, 2장에서 다룬 실용적 낙관주의자가 있다. 그런 사람은 당신을 공격하고 쓰러뜨리기보다는 당신이 아이디어를 키우고 성장시키도록 돕는다. 나는 엄청난 성공을 거둔 비관론자는 아직까지 만난 적이 없다. 세상에는 자신감과 겸손함을 두루 갖춘 사람들이 있다. 그런 완벽한 조합을 보여주는 사람이 투자할 가치가 있는 창업자다.

그 외에 성공할 사람에게서 발견되는 특성 네 가지는 다음과 같다.

- 공감: 다른 사람의 감정을 느낄 수 있어야 한다. 그들의 욕구와 고통을 이해할 수 있어야 한다. 360도를 전부 둘러볼 수 있는 위치에서 어떤 상황의 전체 그림을 볼 수 있으려면, 자기 자신에서 벗어나 다른 사람의 입장에 설 수 있어야 한다. 그래야 비로소 문제도 해결할 수 있다.
- 저항: 고집불통처럼 굴거나 화를 내라는 것이 아니다. 내가 말하는 '저항defiance'은 미래에 대한 당신의 비전을 굳게 지키면서 결코 흔들리지 말라는 것이다. 제프 베이조스는 아마존에 관해 이렇게 말했다. "우리는 우리의 비전을 엄격하게 고수합니다. 세부사항에 대해서는 유연하게 굽니다."[1] 쉽게 밀리는 사람pushover이 되어서는 안 된다. 6장에서 핀퍼 박사가 말했듯이 권위를 지나치게 공경해서는 안 된다. 당신이 옳다는 것을 안다면 당신의 의견을 내세울 수 있어야 한다. 다른 사람이 잘못된 결정을 내리는 동안, 또는 조직을 엉뚱한 방향으로 이끄는 동안 묵묵히 지켜만 보고 있지 말라. 궁극적으로 우리는 모두 주도권을 지닌 행위 주체들이다. 주도

권을 행사하는 것이 우리가 등을 돌리고 떠나는 것을 의미한다고 해도 말이다.

- 디테일: 아무리 미미하다 해도 조금이라도 더 노력을 투입하는 것이 엄청난 차이를 가져온다고 진심으로 믿는 사람은 거의 없다. 그런데 그것은 불변의 진실이다. 나는 우리가 부정적으로 평가하는 완벽주의라는 관념을 이야기하는 것이 아니다. 그런 완벽주의는 단순히 실수를 피하겠다고, 뚜렷한 이점이 없는데도 시간을 무한정 투입해서 낭비하는 것을 말한다. 그러나 나는 디테일을 제대로 완성하는 것이 과소평가되고 있다고 생각한다. "하나를 보면 열을 알 수 있습니다." 마이크 태넌바움은 우리가 제츠 및 돌핀스 선수들과 함께 일할 때 게으름뱅이들을 자주 꾸짖었다. 오래된 경구이지만 여전히 유효하다. 나는 내가 웬만한 사람들보다는 디테일에 더 신경 쓰는 편이라는 사실을 기꺼이 인정한다. 내가 그러는 이유는 디테일이 중요하기 때문이다. 나는 디테일을 역량의 표지자proxies of compe-tence라고 부른다. 사소한 실수를 저지르는 사람은 십중팔구 큰 실수도 저지르는 법이다.

- 완수: 나는 에릭 만지니와 함께 미식축구장에서 선수들의 집중도를 극대화하는 훈련을 실시하면서 이 개념의 중요성을 처음으로 제대로 이해하게 되었다. 만지니는 언제나 최대 집중력을 발휘해야 한다는 관념을 선수들에게 반복해서 주입시켰다. 심판이 호루라기를 불고 난 직후까지도 집중력을 계속 끌고 갈 수 있어야 한다고 주장했다. 그런데 이런 정신은 미식축구장 밖에서도 필요하다. 분야를 막론하고 독보적인 재능을 지닌 모든 사람은 마지막 순간에 자신을 조금 더 밀어붙이고자 하는 욕망, 대미를 장식하고 싶은 갈망을 보여준다. 내가 사회적으로, 그리고 개인적으로 거둔 모든 성취 중에서 가장 아끼는 증표는 파리 마라톤대회 결승선을 통과하는 내 모습을 찍은 영상이다. 나는 운동 쪽으로는 재능이 전혀 없다. 나 자신

의 속도를 조절하는 법을 익히기 위한 훈련의 일환으로 마라톤을 했을 뿐이다. 나는 일상에서 사용하는 것과는 다른 유형의 정신근육을 사용해야 했다. 내 에너지를 한 번에 폭발시키기보다는 오랜 기간에 걸쳐 배분할 수 있도록 인내심을 발휘해야 했다. 그날 아침 내 목표는 단 하나였다. 단순히 마라톤을 완주하는 것. 특히 뒷심을 발휘해 첫 400미터 구간보다 마지막 400미터 구간에 더 빠른 기록을 내고, 힘차게 결승선에 들어선다. 이를 위해서는 저 멀리 42킬로미터 지점을 알리는 표지판이 보일 때 박차고 나갈 수 있도록 내 연료탱크에 연료가 충분히 남아 있어야 했다. 내 육중한 몸이 그 짧은 마지막 몇 분 동안 결승선 근처의 다른 선수들을 쌩하고 지나쳤을 때 느낀 감각을 절대 잊지 못할 것이다. 시야에 목표 완료 지점이 들어올 때 우리는 지치거나 나태해지는 경향이 있다. 그런 충동과 싸우고 이겨내는 것이 우리에게 주어진 도전과제다. 결승선이 코앞에 다가올 때까지, 그리고 결승선을 넘어서는 그 순간에도 최선을 다하라.

· · ·

이것이 누군가를 좋게 평가하게 되는 결정적인 특징이라면 다음으로 물어야 할 질문은 '그런 특징을 실제로 어떻게 활용해야 하는가?'다. 그런 특징은 실무 현장에서 어떻게 승리로 변환될까?

내가 발견한 것은 어떤 조직이든 각각 별개로 존재하는 네 영역을 채워야 한다는 것이다. 조직이 구조적으로 탄탄하려면 선구자Visionary, 촉매자Catalyst, 집행자Executor, 소통자Communicator라는 원형 인물archetype들이 필요하다. 반드시 각기 다른 한 사람이 한 가지 영역만 맡아야 하는 것은 아니다. 그러나 각 영역을 책임지는 탁월한 개인들이 반드시 있어야 한다. 그리고 창업자가 네 가지 영역을 모두 책임질 수는 없다. 당신이 창업자 또는 리더라면 먼저 당신의 능력과 기질이 어떤 역할에 가장 잘 맞는지 파악한 후에 나머지 역할에 안성맞춤인 재능을 지닌 파트너 또는 구성원을 영입해야 한다.

선구자

선구자는 모퉁이 너머를 볼 수 있고 열 수 앞을 내다보며 미래가 어떻게 펼쳐질지 예측할 수 있는 사람이다. 게리 베이너척과 그의 마법 같은 뇌가 완벽한 예다. "현재를 주의 깊게 들여다보는 게 미래를 보는 비결입니다." 그가 내게 말했다. "데이터 포인트에 귀를 기울이면서 다운로드 횟수가 가장 많은 앱이 무엇인지 보고, 레딧Reddit, 4찬4chan, 디스코드Discord에 들르고, 트위터를 읽고, 틱톡에서 누가 스타가 되는지 지켜봅니다. 여러 방면에서 내가 1970년대 레코드기업의 A&Rartists and repertoire, 아티스트와 레퍼토리 기획자 같은 사람이라고 생각해요. 차세대 유망주를 찾는 사람이요. 그 시대에 활동했다면 술집들을 돌아다니면서 사람들의 반응을 관찰할 겁니다. 각 밴드에 사람들이 어떻게 다르게 반응하는지를 살펴보고 계속 공연을 관람하면서 그 반응이 진짜인지 확인하고요. 결론에 도달하기까지 내가 얼마나 숙제를 많이, 열심히 하는지 말하면 아무도 안 믿을걸요. 사람들은 내가 시간을 낭비한다고 생각하지만, 그 시간은 세상을 이해하는 데, 패턴을 보고 미래를 예측하는 데 꼭 필요한 만큼의 시간이에요."

···

켈시 팔터Kelsey Falter는 RSE 벤처스가 최초로 건넨 투자금 수표의 수령인이었다. 켈시 팔터는 23살이었고 노트르담 대학교를 갓 졸업한 엔지니어이자 디자이너였다. 그녀는 팝팁Poptip이라는 회사를 설립했다. 자연어처리 방식을 트위터에 적용해서 나노초 단위로 회사나 아이디어에 대한 반응과 분위기를 측정하는 회사다. 트윗의 비구조화된 텍스트를 긁어서 분석하고 간단한 즉석 설문을 진행해서 사람들이 무엇을 좋아하고 무엇을 좋아하지 않는지, 무엇이 사람들을 흥분시키는지, 분노하게 하는지, 슬프게 하는지, 우울하게 하는지를 관찰할 수 있었다. 그리고 그런 데이터를 근거로 브랜드와 개인을 위한 전략을 기획했다. 그녀는 그런 서비스를 환영한 얼리어답터들의 지지를 받았고, 그녀의 소프트웨어가 운동화 판매부터 자신의 자살 충동을 알아채지 못한 사람의 자살 예방에 이르기까지, 활용처가 무궁무진하다는 야심 찬 비전을 지니고 있었다. 그녀는 데이터를 통해 심리·행동 기폭제를 발견할 수 있으며, 이를 이용해 사람들에게 꼭 필요한 선제적 개입에 나설 수 있다고 생각했다.

켈시의 아이디어들은 시대를 훨씬 앞서나가고 있었기에 팝팁을 장기전에 대비시키기 위해 해결해야 하는 가장 큰 난관은 그녀의 비전을 제대로 이해하는 사람을 충분히 모으는 것이었다. 켈시의 상상이 팝팁을 수십억 달러짜리 기업으로 만들 수도 있었지만, 세상이 아직 한참 뒤처져 있었다. 실제로 팝팁에서 제공했던 기능을 트위터와 인스타그램이 도입하기까지는 거의 7년이 걸렸다.

비전만으로는, 그것이 아무리 일찍 제품화된다 해도 충분하지 않다.

켈시의 이야기가 특별한 이유는 그녀가 아직 젊은 나이였음에도 이점을 이해했기 때문이다. 그녀는 현재 갖추어진 것보다 더 많은 것이 필요하다는 사실을 이해하고 있었다. 그녀는 자신의 회사가 취약하다는 것을 알았다. "우리에게는 대기업들이 정기적으로 사용료를 지불하면서 만족스럽게 사용하는 제품이 있었어요. 그러나 우리는 너무 위태로운 파트너십에 기대고 있었어요." 켈시가 당시를 기억하며 말했다.

켈시는 세상이 그녀가 기대하고 예상한 방향과 속도로 나아가지 않을 수도 있다는 사실을 깨닫고 받아들일 만큼 자신감이 있었다. "우리는 트위터와 페이스북에 깊이 관여하고 있었어요. 그리고 그들의 데이터에 접근할 수 있었고요." 켈시가 설명했다. "하지만 업계 지형도가 끊임없이 변했고, 파트너십을 무작정 신뢰하기는 어려웠죠. 우리는 내일이라도 당장 그들이 데이터에 대한 접근권을 끊을 수도 있다는 것을 알았어요. 그런 데이터에 대한 통제권의 부재가 내내 걱정되었어요. 우리는 앞으로 나아갈 다른 방법을 찾아야 했어요. 그리고 그런 길을 개척하는 데는 불확실성이 따른다는 것도 알았죠. 팝팁이 소매가의 상한선을 제시해주는 소프트웨어 서비스 제공업체로 자리 잡는 시도를 계속 이어나가기에는 위험이 너무 컸어요."

동시에 켈시는 앞으로 만나게 될 업계 지형의 위험을 제거할 방법에 관해서도 고민하고 있었다. 켈시의 데이터 엔진에 감탄한 데이터 분석 기업 팔란티어 테크놀로지Palantir Technologies가 팝팁의 인수를 제안했다. "팝팁을 매각하는 것은 제 비전이 아니었어요." 켈시가 말했다. "하지만 저는 우리 직원들과 이해관계자들에게 한 약속을 지키고 싶었어요. 투자자들이 자본금을 회수할 수 있게 하고 싶었어요. 저는 우리가 위대한 뭔가를 이룰 수 있다는 걸 알았지만, 아직 때가 오지 않은 상태 였거든요."

켈시는 많은 창업자들에게는 상상도 못 할 결단을 내릴 정도로 자기 인식 능력이 뛰어났다. 그녀는 앞으로 닥칠 수도 있을 더 나쁜 상황을 피하고자 자신의 회사를 매각하지 않을 수 없는 시점이 오기 전에 매각 했다. "저는 투자자들과 소통하는 중에 인수 후보자 두 곳과 연락을 취하고 있었어요." 켈시가 말했다. "팔란티어와 매각 계약을 체결하기 바로 전날까지도 영업 미팅에 다니고 있었어요. 왜냐하면 그런 선택지들이 있어야 최선의 선택을 할 수 있을 테니까요. 저는 모든 에너지를 기업을 위한 긍정적인 결과를 내는 데 집중했어요. 그 긍정적인 최종 결과가 어떤 모습일지는 몰랐지만요."

켈시는 팝팁을 매각한 후에도 자신의 비전을 실현하기 위해 3~4년을 더 팔란티어에 머물렀다. 켈시에게는 재능이 있었고, 팔란티어에 합류한 직후 팔란티어 전체가 참여하는 해커톤hackathon: 해킹(hacking)과 마라톤 (marathon)의 합성어로 정해진 시간 안에 의미 있는 결과물을 만들어내는 대회에서 경력이 화려한 선배 엔지니어들을 제치고 우승했다. 팔란티어는 주식 시장에 상장되었고, 켈시는 평생 일하지 않아도 될 만큼 큰 부자가 되었다. 그러나 물론 당신이 이 책을 읽을 즈음에 그녀는 이미 다른 프로젝트를 시작했을 것이고, 나는 그녀와 함께 그 길을 걸을 것이다. 그녀가 단순히 선구자로서의 재능을 지니고 있을 뿐 아니라 미래의 가능성 스펙트럼 전체를 보면서 최종 보상을 극대화하는 방식으로 움직이는 데 필요한 자신감을 지니고 있다고 믿기 때문이다. 팝팁은 RSE 벤처스가 최초로 쓴 수표 금액의 7배에 달하는 수익을 안겨주었다. 그것은 경주마뿐 아니라

기수도 함께 후원해야 한다는 교훈을 내게 안긴 첫 사례다. 이 사례가 주는 교훈은 다른 사람의 스타 말에 당신의 마차를 걸 때는 그전에 먼저 진정한 선구자를 찾아야 한다는 것이다.

촉매자

선구자가 시나리오 작가라면 그 시나리오를 어떻게 영화로 만들지를 실제로 구상할 수 있는 감독이 필요하다. 선구자가 조각들을 붙여서 비전을 완성하려면 촉매자가 필요하다. 선구자와 촉매자는 매우 다른 별개의 인물들이다. 선구자가 비전을 실행하는 데 필요한 사람들을 불러 모을 수 있는 도구를 갖춘 경우는 드물다. 촉매자는 조직의 동기 부여자가 되어야 한다. 팀에 적합한 인재를 찾아내고, 그 사람에게서 열정을 이끌어내고, 팀에 합류시켜야 한다. 선구자가 전반적인 개요를 작성하면, 촉매자는 그 개요를 처리 가능한 조각들로 나누고 실천 가능한 계획을 세우고 일일 단위로 조직을 운영한다.

숀 하퍼는 내가 지금껏 만난 가장 뛰어난 촉매자다. 나는 킨 인슈어런스의 공동창립자 CEO로 앞서 숀을 소개했다. 킨 인슈어런스는 100살도 넘은 오래된 거인들이 지배하는 산업에 도전했고, 더 나은 데이터가 전체 판세를 뒤집을 수 있다는 것을 보여줬다. 숀은 5년 동안 보험업자가 주택 보험을 인수하는 방법을 재설계했다. 보험료 계산에 가장 중요한 변수들만을 반영했고, 그다음에는 21세기에 맞게 중개인을 없애고 고객과 직접 거래하는 방식으로 주택 보험 고객 경험을 재창조했다. 그 결과 놀라운 산업 혁신 이야기가 탄생했다. 숀은 배의 키를 맡기기에 완벽한 적임자다.

숀은 차분한 열정을 유지할 수 있는 몇 안 되는 사람 중 한 명이다. 그의 초능력은 사무실의 온도를 계속 낮은 상태로 유지하는 것이다. 사람들의 선의를 믿고, 분노를 배제하고, 나무를 위해 숲을 본다. 보험업계는 엄격한 규제를 받는다. 매우 세세한 요구 조건들을 충족해야 하고 동시에 그 조건들이 끊임없이 변경된다. 그런 복잡성 속에서도 번성할 수 있는 팀을 꾸리고 관리하는 일은 만만치 않은 도전과제다.

"감정조절 능력은 사업할 때 큰 장점입니다" 그가 내게 말했다. "사람들이 당신과 일하는 것을 좋아하게 되거든요. 사람들의 감정을 다루는 건 쉬운 일이 아닙니다. 사람들에게 계속 동기를 부여하거나 사람들의 감정을 대신 처리해주는 일에는 대가가 따릅니다. 다른 사람이 당신과 함께 당신의 감정을 처리하도록 끌어들이지 않고 자기감정을 스스로 처리할 수 있으면 당신은 함께 일하기에 훨씬 더 좋은 사람이 됩니다. 만약 당신이 주변 상황에 비이성적인 감정적 반응을 보이지 않을 거라는 확신을 주면 사람들은 당신을 신뢰할 것이고, 당신과 함께, 그리고 당신을 위해 기꺼이 일할 겁니다."

이것은 놀라운 교훈이다. 위기가 닥쳤을 때 투자자들이 숀에게 이런 질문을 했다고 한다. "왜 당신은 걱정하지 않는 거죠?" "그 이유 중 하나는 내가 투자자들보다 더 많은 데이터를 가지고 있었기 때문일 거예요." 숀이 설명했다. "이를테면 임금을 지급해야 하는데, 현금이 부족한 것은 사실이었지만, 나는 우리의 수익 경로와 현금 흐름을 알고 있으니까 곧 현금이 들어올 거라고 믿고 있었죠. 그러나 또 한 가지 이유는 데이터와는 완전히 무관해요. 그냥 내 감정반응을 통제할 수 있으면 되는 거예요. '내가 공황상태에 빠져서 미친 듯이 뛰어다녔으면 해요?' 내가 반문하죠. '아니면 차분하게 집중해서 일을 처리하기를 원해요?' 그런 질문을 했을 때 답은 뻔하죠. 당연히 차분하게 집중해서 일을 처리하는 것이 나으니까요. 그게 회사에도 좋고, 나와 함께 일하는 모든 사람에게도 더 좋죠."

만약 이게 당신이 아는 사람을 떠올리게 한다면 그 사람을 곁에 두라. 왜냐하면 선구자는 그를 현실로 끌고 올 촉매자 없이는 자신의 꿈을 실현시킬 수 없기 때문이다.

집행자

촉매자가 나무를 위해 숲을 볼 수 있어야 하듯이 뛰어난 집행자는 나무를 보고 숲은 무시할 수 있어야 한다. 자신에게 주어진 업무에 집중하면서 장외홈런을 쳐야 하기 때문이다. 변호사는 사업의 특정 구역을 책임지는 집행자다. CFO도 집행자고, CTO chief technical officer, 최고기술관리자도 집행자일 때가 많다. 이런 사람들은 때로는 자신에게 주어진 업무에 만족하지 못하고, 선구자와 촉매자 영역도 넘나들고 싶어 한다. 그러나 집행자는 자신의 전문 분야를 깊이 파고들어서 전문성에서 경쟁우위를 확보해야 한다. 집행자가 선구자나 촉매자가 되고 싶어 하는 현상을 나는 '비전 질투'라고 부른다. 집행자의 비전 질투는 조직을 망친다. 왜냐하면 비전들이 경쟁을 벌이게 되고 책임 분배를 두고 다툼이 일어나며 집행에 구멍이 생기기 때문이다.

때로는 선구자 또는 촉매자라는 역할과 그 역할을 담당한 사람의 매치가 좋지 않아서 문제가 발생한다. 누군가는 그런 역할을 맡아야 하는데, 만약 그 역할을 배정받은 사람이 역할을 제대로 해내지 못하면 집행자는 자신이 그 자리에 어울리지 않더라도 어쩔 수 없이 그 자리를 채워야 한다는 압박감과 의무감을 느낄 것이다.

또는 비전에만 찬사가 쏟아지고 집행자가 무시를 당하거나 대체 가능한 사람으로 취급되면 질투와 갈등의 소지가 생긴다. 훌륭한 선구자와 훌륭한 촉매자는 뛰어난 집행자를 넘치도록 칭찬한다. 왜냐하면 그들은 집행자의 중요성을 충분히 알고, 집행자의 내면에서 역할 변경 충동이 일지 않도록 주의해야 한다는 것을 알기 때문이다. 누군가는 그 일을 해야 하지 않는가!

훌륭한 집행자를 이야기할 때면 레이철 오코넬Rachel O'Connell을 떠올리게 된다. 하버드 비즈니스스쿨에 진학하기 전에 레이철 오코넬은 낮에는 은행에서 근무하고 저녁에는 패션업계에서 보조로 일했다. "창의적인 사람들이 그들의 비전을 현실로 만드는 걸 돕는 일은 제 삶에 활력이 되었고, 너무나 보람됐어요." 그녀가 나중에 내게 말했다. 하버드에서 내 강의를 수강하면서 레이철은 내가 수업에서 다룬 선구자가 된 자신의 모습을 상상하기 힘들었다고 고백했다. 그러나 그녀는 자신이 그런 비전을 지닌 창작자들의 꿈을 지원하고 기회가 될 때마다 그 꿈에 가치를 더할 수 있다는 생각에 매우 흥분했다. 그녀는 전통적인, 대형 유통기업이나 제조기업에서 인턴십 자리를 구한 뒤 그곳에서 차근차근 승진 코스를 밟을 계획이었다. 그러나 내 강의가 그녀로 하여금 그 여정의 속도를 높일 방법을 찾아보게 했다.

"강의실에서 사업가들이 자신의 열정을 나누는 것을 들으면서 제 마음을 움직이는 것은 패션업계나 뷰티업계에서 일한다는 사실이 아니라는 것을 깨달았어요. 창의적인 사람들을 보조하고 그들과 밀접하게 연결되는 것이 좋았던 거예요. 저는 처음부터 크리에이티브 산업과의 파트너십을 통해 곧장 그렇게 연결될 방법을 찾고 싶었어요."

이것은 7장에서 다룬 '차근차근 오르기보다는 한번에 높이 도약하라'는 교훈과는 다소 다른 방향의 교훈이다. 수업이 끝난 뒤 레이철과 이야기를 나누면서 나는 레이철이 내가 하버드 강의에 초청한 사업가들만큼이나 특별한 재능을 지니고 있다는 것을 알 수 있었다. 왜냐하면 선구자를 보조하고자 하는 의지도 재능이기 때문이다. 선구자를 질투하면서 그들의 성공이 자신의 것이기를 바라기보다는 레이철은 그에 못지않게 중요한 보조 역할을 받아들였다. 실제로 그 자리에서 그런 통찰이 스쳐 지나갔고, 나는 그녀에게 꼭 맞는 일자리가 생각났다. 나는 뷰티업계 전설인 바비 브라운Bobbi Brown과 친분이 있었다. 반짝이는 창의적 재능을 지닌 바비 브라운은 자신이 숫자에는 무지하다는 사실을 숨기지 않는다. 바비 브라운은 마침 자신의 새 제품 라인 출시를 도울 분석적인 두뇌를 지닌 인재를 찾고 있었다. 레이철은 바비 브라운의 팬이라고 했고, 나는 이것이 운명이라고밖에는 생각할 수 없었다. 하버드대 구내식당 탁자 위에 전화기를 올려놓으면서 나는 레이철에게 말했다. "바비가 전화를 받는다면 이건 운명이에요." 바비는 전화를 받았고, 우리 대화가 끝날 무렵 레이철과의 인터뷰 날짜가 잡혔다.

"깊은 배움과 개인적 의미 모두를 얻을 수 있는 너무나 대단한 기회였어요. 창의적인 리더 곁에서 일하면서 그녀의 비전을 세상에 내놓을 수 있도록 도운 덕분에 가능한 일이었죠." 나중에 레이철이 전한 말이다. 레이철은 바비 브라운이 새 화장품 라인을 출시하도록 도왔다. 이 크리에이터와 금융시장 분석가 듀오는 나란히 새로운 경지에 올라섰다. 현재 레이철은 에스티 로더Estée Lauder에서 일한다. 보조하고 집행하는 법을 알았기 때문에 그녀는 한계가 없는 커리어를 향해 질주하고 있다.

사업과 관련된 모든 측면에서 반드시 자신의 강점과 약점을 솔직하게 마주해야 한다. 동그란 구멍에 네모난 나사를 억지로 끼워 맞추려고 해서는 절대 안 된다. 늘 사업가가 되기를 꿈꿨지만 실제로는 사업가를 보조할 때 자신의 역량이 한껏 발휘된다면 자존심 때문에 성공으로 가는 길에 등을 돌리지 말자. 재능이 있다면, 세계적인 집행자가 돼라.

소통자

다른 모든 요소가 적재적소에 자리 잡았다 하더라도 우리는 조직의 미션이 무엇인지, 조직이 왜 그 비전을 실현할 수 있는지를 다른 사람에게 설명하는 것이 얼마나 중요한지 간과해서는 안 된다. 스토리텔링은 매우 중요하다. 투자자, 직원, 고객, 언론에 이르기까지 다양한 청중을 상대로 한 스토리텔링 능력을 누구나 당연히 지녀야 할 부차적인 능력으로 치부해서는 안 된다. 나는 기업의 스토리텔러로 직접 나선 경영자들과 함께 일한 경험이 있다. 그러나 그 경영자가 애초에 뛰어난 스토리텔러가 아니라면 그로 인해 프로젝트 전체가 시작조차 못 하는 사태가 벌어질 수도 있다.

　내 친구 톰 캐럴Tom Carroll은 내 비밀 병기 스토리텔러다. 나는 이야기를 구체화하고 구성하는 데 어려움을 겪는 회사에 톰 캐럴을 소개한다. 톰은 글로벌 홍보 에이전시 TBWA샤이엇데이TBWA|Chiat|Day의 CEO다. 1980년대에는 애플Apple의 탄생에 함께했고, 스티브 잡스가 1997년 애플의 CEO로 돌아왔을 때 혁명적인 '다르게 생각하라Think Different' 캠페인으로 애플의 재탄생에 동참했다. 전 세계의 가장 뛰어난 스토리텔러 중 한 명인 톰은 크고 상징적인 브랜드를 탄생시키는 데 열심이지만, 그의 능력은 단순히 고객의 마음을 움직일 때만 중요한 것이 아니다. 그런 능력은 모두에게 중요하다.

　우리는 누구나 B2Cbusiness to consumer, 기업 대 소비자 세계에서 스토리텔링이 가진 힘을 직관적으로 이해한다. 그러나 B2Bbusiness to business, 기업 대 기업 마케팅에서 스토리텔링이 가진 힘에 관해서는 제대로 알지 못한다. B2B라는 용어 자체가 부정확한 명칭이다. 왜냐하면 B(기업)에서 구매 결정을 내리는 것은 실은 그 내부의 C(소비자)들이기 때문이다. 당신이 영업하는 대상은 언제나 결국 소비자다. 모든 영업은 한 개인에서 다른 개인에게 신념을 전송하려는 시도다. 내가 '필수성을 전송'하려는 시도라고 말하지 않았다는 것에 주목하라. 판매는 감정과 관련이 있다. 모든 신념의 밑바탕에는 감정 명령법이 깔려 있다. 유머 작가 핀리 피터 던Finley Peter Dunne의 표현을 빌리자면, 뛰어난 스토리텔링은 고통받은 자에게 위안을 주고 평안한 자에게 고통을 준다.2

　스토리는 좀처럼 잊히지 않는다. 스토리텔링이 그다지 어울리지 않는 것처럼 보이는 업계도 예외는 아니다. 킨 인슈어런스는 놀라운 보험

이야기를 보유하고 있다. 데이터를 활용해 위험을 관리하는 일에서는 그 어느 경쟁업체와도 비교할 수 없는 우위를 점하고 있으며 기후 변화라는 '뉴노멀'에서 번창하고 있다. 그와 동시에 킨 인슈어런스는 고객들이 거의 모든 산업에서 기대하는 '뉴노멀'에 따라 고객을 직접 상대하고 텍스트와 SNS를 통해 고객 서비스와 커뮤니케이션 업무를 처리하고 있다. 그러나 킨의 팀은 이런 이야기를 전달하는 능력이 다소 부족했다.

나는 킨의 브랜드를 재편하는 작업에 톰 캐럴을 영입했다. '뉴노멀'이라는 표현은 톰 캐럴이 제안한 것이다. 그리고 우리는 킨이 회사의 이야기를 이전보다 더 효과적으로 전달하도록 도왔다. 메시지를 정제하고 유포하는 능력이 있으면 세상이 그 메시지를 이해하고 수용하는 데 필요한 시간을 확연히 줄일 수 있다. 세상을 너무 앞서갈 때는 소통 능력이 세상과 당신 간 거리를 줄이는 핵심 도구 역할을 한다.

최근 나는 전설적인 투자자 캐시 우드Cathie Wood와 이야기를 나누면서 우리가 보는 것을 다른 사람도 보기까지 걸리는 시간이 우리의 기대보다 훨씬 더 길다는 사실을 토로하며 서로를 위로했다. 캐시 우드는 2014년 얼라이언스-번스타인Alliance-Bernstein의 CIOchief investment officer, 최고투자책임자 직함을 내려놓고 자신의 투자펀드 아크 인베스트Ark Invest를 시작하면서 '배를 불태워버리기' 결단을 실행에 옮겼다. 그리고 적극적으로 운용되는 몇몇 ETFExchange Traded Fund, 상장지수펀드에 투자함으로써 혁신에 큰돈을 걸었다. 아크 인베스트가 가장 많은 자산을 관리하고 있을 때는 그 액수가 거의 500억 달러에 달했다.

캐시는 시장이 테슬라의 성장곡선에 주목하기 훨씬 전부터 자신이 테슬라를 후원하고 있었다는 사실을 내게 상기시켰다. 2018년 8월 그녀는 테슬라 적정 주가로 400달러를 제시하는 트윗을 올렸고, 그것은 곧 시총으로는 6,700달러로 환산되었으므로 당시에는 절대 불가능한 가격으로 보였다. 그런 대담한 선언은 조롱당했다. 시장은 아직 준비되어 있지 않았다. "우리는 아무도 우리의 말을 듣고 싶어 하지 않는다는 사실이 믿기지 않았어요." 2020년 캐시는 블룸버그와의 인터뷰에서 말했다.3 "사람들은 그런 예측을 웃음거리로 삼았어요. 그래서 저는 테슬라에 대한 믿음이 더더욱 커졌어요. 왜냐하면 비관론자들이 점점 늘어난다는 것은 테슬라로의 진입장벽이 높아지고 있다는 뜻이었으니까요."

최종적으로 캐시의 목표주가는 빗나갔지만, 그것은 적중한 것보다도 훨씬 좋은 결과였다. 2021년 테슬라의 시총은 1조 달러를 찍었다. "시장은 매우 비효율적이고, 혁신 관련 평가를 하는 많은 사람이 그런 혁신을 직접 경험해보지 못했어요." 캐시가 내게 설명했다. 캐시의 사무실이 바로 그 사실을 보여준다. 캐시의 사무실에는 다음에 뭐가 올지를 알아내려고 안달하는 젊은 분석가들로 가득하다. 사람들은 언젠가는 거리를 좁히면서 이해하게 된다. 그러나 뛰어난 소통자를 두는 편이 더 빨리 도달할 수 있게 해준다. 소통자는 당신의 비전을 번역해주고 그 비전에 생명력을 불어넣어서 살아 숨 쉬게 만든다.

. . .

이 네 가지 영역이 탄탄한 조직에 필요한 핵심 역량들이다. 그리고 물론 각 역량을 책임지는 사람은 조직과 관계없이 개인적으로도 탁월한 플레이어여야 한다. 그 사람이 직원인지, 창업자인지는 중요하지 않다.

이 장의 도입부에서 말했듯이 이 모든 영역을 당신 혼자 담당할 수 없다. 그리고 내가 이 사실을 잘 보여주는 예시다. 사람들은 늘 내게 어떻게 회사를 경영하면서 그토록 많은 투자 계약을 체결하고 하버드에서 강의하고 TV에 출연하는 일을 모두 해내는지 묻는다. 내 답은 평범하고 간단하다. 파트너로서 나와 함께 일하는 드림팀이 없었다면 나도 그모든 것을 해낼 수 없었을 것이다.

RSE 벤처스의 CIO 우데이 아후자Uday Ahuja는 내가 RSE 벤처스를 시작한 거의 첫날부터 나와 함께했다. 미시간 대학교 로스 비즈니스스쿨을 졸업한 우데이는 골드만삭스Goldman Sachs 투자은행에 좋은 조건으로 취업했다. 이후 사모펀드로 이직했다가 마침내 RSE 벤처스에 합류했다. 우데이는 우리가 투자를 진행하기로 결정하면 지휘자가 된다. 창의적인 투자 계약서를 기획하고, 계약 조건을 협상하고, 전체 팀이 신의성실 법칙 절차를 이행하도록 관리 · 감독한다. 어떤 날에는 까다로운 인물들의 심술 맞은 요구에 대처하는 일이 업무의 전부인 것처럼 보이기도 한다. 그러나 그는 어떤 문제에 맞닥뜨리더라도 흔들리는 법이 없다. 그는 내 열정의 균형을 맞추는 냉철한 평형추 역할을 한다. 법적인 문제와 관련해서는 코린 글래스Corrine Glass가 내 법무 자문위원이다. 코린 글래스는 하버드 로스쿨을 졸업한 변호사로, 모든 계약서의 모든 단어를 면밀히 검토한다. 그녀는 나만큼이나 구조화를 좋아하고, 강철만큼이나 확실한 기억력을 지니고 있으며, 언제나 내가 고려조차 하지 못한 문제들을 우회하는 영리한 방법들을 찾아낸다. 그녀는 사소한 것 하나도 놓치지 않는다. 코린은 냉정한 변호사지만 최고의 변호사들이 으레 그렇듯 언제나 큰 그림을 염두에 두고 행동한다. 그리고 당파적 입장이 계약을 망치도록 내버려두지 않는다.

투자 관리의 처음부터 끝까지 전체 과정을 집행하는 두 사람의 능력 덕분에 나는 내가 잘하는 영역에서 내 능력을 한껏 발휘할 수 있다.

우리 각자가 할 수 있는 가장 중요한 일은 자기 재능이 무엇인지, 팀에서 자신이 어떤 자리에 어울리는지를 이해하는 것이다. 그러나 자신과 주변 사람들의 탁월함을 알아보고 인정하는 것만으로는 충분하지 않다. 우리는 그 반대의 것들, 예를 들어 사람들이 조직을 몰락으로 몰아가거나 조직의 성공 잠재력을 억누르고 있을 때도 그것을 알아봐야한다. 문제는 일반적으로 다음과 같은 단 하나의 단순한 사실 패턴으로 환원된다. 고위직에 있는 누군가가 까다롭게 굴고, 격려하지 않고, 주변에 있는 모든 사람의 에너지를 소진하면서 조직 전체의 발목을 잡는다. 앞으로 우리가 논할 지연자Withholder, 탈취범Hijacker, 피해자Victim, 순교자Martyr, 심리조종자Gaslighter 같은 비협조적인 사람들은 다른 사람이 자신의 잠재력을 발휘하지 못하도록 훼방을 놓고 조직의 승리 추구 노력에 재를 뿌린다.

다른 사람의 발목을 잡지 말라

누구나 이따금 까다로운 인물을 대해야 할 일이 생긴다. 특히 우리가 다른 사람들의 위계질서에 갇혀 있고, 그 사람들의 변덕을 견뎌내야 할 때 그렇다. 그것이 내가 사람들에게 기회가 되면 언제든 위계질서에서 벗어나 자신의 위계질서를 세우도록 등 떠미는 이유 중 하나다. 내가 고수하는 가장 기본적인 원칙 중 하나는, 가능하다면 비협조적인 사람은 아예 상대하지 않는 것이다. 누군가가 무례하게 구는 것을 목격하면, 다른 사람의 의견을 무시하거나 공격적으로 행동하거나 불손하게 굴면, 그 대상이 당신이 아니라고 하더라도 그 사람을 피하라. 당신이 목격한 다른 사람을 향해서 한 모든 행동이 언젠가는 당신을 향할 것이다. 내가, 아주 신중하게 허용하는 예외는 그 사람의 활동 무대가 예술일 때다. 여기서 예술은 시각예술, 공연, 요리, 글쓰기 등을 포함하는 매우 광의의 예술을 의미한다. 예술은 고통받는 영혼을 끌어당기므로 나는 예술가들이 까다로운 인물일 때는 관용의 기준을 더 낮춘다. 그렇다고 해서 광기나 잔인함에까지 관용을 베푼다는 것은 결코 아니다. 그러나 심술과의 경계가 모호한 경우일지라도 그럴 만한 사람의 기벽은 허용되어야 할 때가 있다.

당신이 기억해야 할 것은 상대와 처음 협상할 때, 그 상대가 투자자든, 파트너든, 직원이든, 그 사람이 자신의 최고의 모습을 선보이는 자리라는 사실이다. 최악의 모습을 먼저 보여주는 사람은 아무도 없다. 따라서 그들의 최고의 모습에서 비협조성이 발견된다면, 즉 당신이 설명할 수도, 예측할 수도, 참아줄 수도 없는 행동을 보인다면 서둘러 빠져나와야 한다. 결코 더 나아지지 않을 거라는 내 말을 부디 믿어라. 언제나 더 나빠질 뿐이다.

내가 반복해서 보게 되는, 사람과 조직을 몰락시키는 행동 패턴은 다섯 가지다. 그중 한 가지라도 하지 않도록 조심하고, 그런 행동 패턴을 보이는 사람과 교류하는 것을 피하라. 다음과 같은 특성을 지닌 해로운 인물을 만났다면 도망쳐라.

지연자

지연자는 다른 사람이 분발하거나 성공에 기여했을 때 칭찬하거나 만족하지 못하는 사람이다. 이런 사람은 불안감이나 지배욕에 사로잡혀 있다. 자신에게 없는 능력을 지녔거나 자신을 괴롭히는 자기혐오를 느끼지 않는 사람을 못마땅하게 여긴다. 만약 당신이 훨훨 날아오르고 있다면, 이런 사람은 당신을 무너뜨리는 것을 자신의 지상과제로 삼을 것이다. 멘토링에 지나치게 의존하면 지연자를 만날 가능성이 커지고 절대로 인정해주지 않을 사람의 인정을 구하는 악순환에 빠질 염려가 있다. 우리는 대개 사람들이 다른 사람을 상대할 때 합리적으로 행동할 거라고 생각한다. 또 일을 잘하면 인정과 보상이 뒤따를 것이라고 생각한다. 지연자는 그런 전제들을 이용해서 주변 사람들을 고문한다.

당신이 지연자 밑에서 일한다면 승리할 방법이 없다. 떠나는 수밖에 없다. 내가 인내심과 커리어 향상에 대해 겉으로 보기에는 상충하는 관점을 지니고 있다는 점을 인정한다. 한편으로 나는 책임 업무의 증가가 비록 그에 걸맞은 보상이 늦어질 수는 있어도 보상의 선행지표인 경우를 봤다. 뛰어난 성과를 내는 사람은 성장 기회를 보상으로 받을 것이고, 언젠가는 연봉 상승도 뒤따를 것이다. 당연히 그래야만 한다. 그러나 지연자가 상사라면 이야기가 달라진다. 지연자는 당신이 순순히 동행하는 한 당신을 이용만 할 것이다.

당신 자신이 지연자일 수도 있다는 느낌이 아주 조금이라도 든다면, 이 책의 모든 다른 교훈들을 따르기 전에 당장 그런 행동을 멈춰야 한다. 주변 사람들을 칭찬하라. 그들의 재능이 무엇이든 그것을 알아봐주고 그들이 자신의 재능을 최대한 발휘할 수 있도록 도와라. 당신의 가슴에 감사하는 마음을 받아들여라. 그러면 당신을 병들게 한 것이 무엇이든 당신은 마침내 치유되기 시작할 것이다. 주변 사람들을 지지할 때는 오직 좋은 길만이 열린다.

탈취범

나는 인스타그램과 링크드인을 통해 엄청난 양의 메시지를 받는다. 현실적으로 그 메시지에 모두 답할 수 없다는 사실에 죄책감을 느낀다. 나는 모든 메시지를 읽는다. 정말이다. 메시지를 빠르게 훑으면서 정말로 심각한 곤경에 처했거나 우울증에 빠져 있다는 단서가 있는지 찾는다. 내가 건넨 상냥한 말 한마디가 도움이 될 수 있는 경우인지를 살펴본다. 그런 경우에 해당하는 메시지를 보낸 사람은 탈취범들에 둘러싸여 있는 사람들이다. 그야말로 절박해지면서 어디에 도움을 요청해야 할지 알 수 없게 된다.

얼마 전 내가 한 번도 만난 적이 없는 젊은 사업가가 보낸 인스타그램 다이렉트 메시지가 내 눈길을 끌었다. 그녀에게서 비범한 예술성이 엿보였기 때문이다. 그녀는 자동차를 개성이 강한 스테이트먼트 피스statement pieces로 바꾸는 대담한 디자인을 선보이는 래핑 서비스를 제공하고 있었다. 그녀가 제공하는 래핑 서비스는 자동차를 변신시키는 동시에 보호하는 역할을 했다.

그녀는 〈샤크 탱크〉에 출연하는 내 자동차에 상어 디자인 래핑을 하는 것을 제안하는 영업용 메시지를 보냈다. 그러면서 조언도 구했다. 그녀는 자신이 제공하는 서비스 제품의 가치가 얼마나 되는지 안다고 설명했다. 그런데 어쩐 일인지 사람들이 자신에게 정당한 제품값을 지불하지 않는 상황이 자꾸 벌어진다고 말했다. 어떤 사람이 그녀에게 래핑 서비스를 주문했고 그녀는 몇 주 동안 밤낮을 가리지 않고 꼼꼼하게 작업에 임했다. 고객은 그녀의 결과물에 만족했다. 다만 그녀에게 실제로 돈을 지불할 정도로 만족하지는 않았던 모양이다. 이것은 반복되는 사실 패턴이다. 사람들이 작업을 주문한다. 그런 다음 아주 사소한 흠집을 잡아서 과장한 다음 대가를 지불하지 않는다. 그냥 연락을 끊고 잠적하기도 한다.

그녀는 갈등 상황을 너무나 싫어했기 때문에 그런 도둑들에게 따지지 않았다. 그렇다고 사업모형을 수정해서 선지급 후작업 체제를 도입할 자신감도 없었다. 그런 요구를 하면 아예 주문이 끊기지 않을까 하는 걱정이 앞섰다. 그녀는 도둑질하려 드는 세상의 탈취범들을 피하는데 필요한 자존감이 부족했다.

나는 그녀의 작업이 충분히 높은 가치를 창출하며, 그 사람들이 그녀를 부당하게 대우하는 거라고 확인해주었다. 서비스에 대한 정당한 대가를 지불하라고 요구하는 것을 두려워하지 말라고, 그리고 선지급을 요구하는 것을 두려워하지 말라고 말했다. 그것은 그녀가 스스로 배워야 하는 교훈이었고, 실제로도 시간이 지나면서 배웠다. 새롭게 자신감을 얻은 그녀의 사업은 현재 번창하고 있으며, 만약 당신이 래핑 서비스 업체를 찾고 있다면 커베이셔스 랩스Curvaceous Wraps의 크리스티나 맥케이Christina McKay에게 연락해 내가 당신을 보냈다고 이야기하라. (그리고 정당한 비용을 지불하라!)

늘 그렇게까지 뻔뻔하고 극단적인 것은 아니지만 기본적으로 탈취범은 공격성이 가미된 지연자다. 그들은 당신의 취약성을 이용해 당신이 잘하는 것을 가져가서 자기 것으로 만들고자 한다. 당신이 창의적 재능에서 정직하게 가치를 추출하고 싶다면 주변 사람들의 약점을 착취할 생각을 하지 말고 그들을 측은하게 여겨야 한다. 위대한 리더는 누구에게든 공정한 임금을 지급한다. 그 사람이 소심해서 공정한 임금을 요구할 용기를 내지 못할 것임을 알 때도 말이다. 이와 관련해 앤피자의 마이클 라스토리아가 떠오른다. 그는 미국 연방법상 최저 임금을 올리는 데 찬성했고, 그것을 실현하기 위해 여러모로 힘썼다. 그것이 "직원들에게 '우리는 당신을 소중하게 여깁니다'라는 것을 가장 명확하게 알리는 유일한 방법"이라고 마이클은 말했다. 실제로 훌륭한 리더는 그것을 요구하기가 가장 어려운 사람들에게 정당한 보상을 지급하기 위해 백방으로 노력할 것이다. 왜냐하면 그런 리더는 사람들이 안정감을 느끼는 것이 그 중요도를 측정할 수 없을 만큼 매우 중요하며, 그런 안정감이 그 사람들의 재능을 최대한 끌어내는 최고의 방법임을 알기 때문이다.

피해자

일반적으로 좋은 성과를 내는 사람들은 감사하는 삶을 산다. 그들은 자신의 성공이 당연한 것이라고 여기지 않으며, 성공했을 때 기뻐하고 감사한다. 이와 달리 피해자는 자신이 한없이 불공정한 세상을 살아간다고 여긴다. 자기 내면의 악마와 적을 결코 극복하지 못한 사람들이다. 피해자는 걸림돌을 만날 때마다 그것이 자신이 유독 부당한 대우를 받고 있다는 증거라고 확신한다. 이런 태도는 성장과 성공에는 전혀 도움이 되지 않는다. 나쁜 일이 일어났다면 그런 일이 있었다고 확인할 수 있고, 그 경험에서 배울 수도 있지만, 그 일을 정체성의 중심으로 삼아서는 안 된다.

내가 32살에 암에 걸렸을 때, 나는 암 환자 지지 모임에 참석했다. 참석자 모두가 자신이 미국에서 매년 고환암 진단을 받는 불운한 7,000명의 남성에 속했다는 사실에 무척 화가 나 있었다. 다만 실제로 우리는 행운아들이었다. 생존율이 95퍼센트나 되는 암을 치료하는 경우였으니까. 우리는 아마도 치료를 받은 뒤에 일상으로 돌아가서 대체로 건강하고 긴 삶을 살게 될 것이었다. 그런데 사람마다 입장이 다르다는 것을 알지만, 나는 지지 모임의 동료 생존자들과 공감대를 형성할 수 없었다. 그들은 고환이 하나밖에 남지 않은 유감스러운 외형의 소유자가 된 것을 비통해했다.

암 수술을 받은 후 메모리얼 슬론 케터링 병원에서 거의 한 달 동안 매일 방사선 치료를 받는 동안 나는 '왜 하필 나인가?'라고 생각하던 중에 계시를 받았다. '왜 하필 나인가?'를 뒤집으면 '왜 내가 아니어야 하는가?'가 된다. 내가 아닌 다른 사람이 내 자리에서 이 불운을 겪어야 하는지에 대해 그럴듯한 답을 내놓을 수 없었다. 그러나 내가 같은 연령대의 다른 남자들 대다수보다 이 불운에 더 잘 대처할 수 있었다고 믿을 만한 근거는 충분히 많았다. 내게는 경제적 여유가 있었다. 과거에 상대적으로 이보다 더 심각한 트라우마를 겪은 경험, 블랙 유머 선호 취향도 있었다. 그렇다 왜 내가 아니어야 하는가? 내가 합리화하는 것일 수도 있다. 그러나 내 일, 내 성취, 그리고 심지어 내 흉터는 내 자부심의 원천이다. 나는 내가 남과 다르다는 사실이 무척이나 감사하다. 결코 남보다 부족한 것이 아닌 남과 다르다는 것이. 고환암은 그저 또 다른 비범함의 요소에 불과했다. 하루아침에 나는 미국에서 상당히 높은 확률로 고환이 하나인 유일한 고등 검정고시 출신 로스쿨 졸업자가 되었다. 나는 내 처지를 비통해하는 데 1분 1초도 낭비하지 않았고, 당신이 어떤 처지에 있든 당신도 그러지 않아야 한다. 당신은 결코 피해자가 될 운명을 타고나지 않았다. 당신이 마지막 숨을 거둘 때까지 당신의 운명을 결정하는 것은 언제나 당신이다.

나는 진심으로 사람들이 위기를 겪기 전의 모습과 위기를 겪는 중의 모습이 다르지 않다고 생각한다. 위기는 단순히 그 사람을 강하게 또는 약하게 만드는 모든 것을 증폭할 뿐이다. 위기 상황에서 피해자 성향은 이전보다 훨씬 더 뚜렷하게 드러난다.

피해자는 위기가 세상의 모든 것을 대하는 자신의 관점이 옳았음을 입증한다고 생각한다. 모든 사람이 자신을 못 잡아먹어서 안달이라는 것을 확인해주는 증거라고 믿는다. 당연히 성공할 수 있을 리가 없다. 그리고 그런 예측은 현실이 되고, 그들은 실패한다.

이 덫에 빠지지 말라.

순교자

순교자는 실제로 업무도 잘 처리하는 피해자다. 다만 조직에 가하는 심리적 부담을 정당화할 정도로 잘하지는 못하며, 최적의 성과를 내기 위해 무리하는 경향이 있다. 순교자는 자신이 처리할 수 있는 최대한의 업무, 그리고 그 이상의 업무를 떠맡는다. 그러나 팀을 돕기 위해 그렇게 하는 것은 아니다. 그들은 자신이 부당하게 다른 사람의 짐을 떠맡게 되었다는 자신의 이야기를 펼치기 위해 그렇게 한다. 좋은 소식은 순교자들이 교화 가능하며 모든 순교자의 의도가 나쁜 것은 아니라는 사실이다. 모든 것을 자신이 하려고 애쓰다가 위임하는 법을 배운 후 자신의 사업을 한층 높은 차원으로 성장시킨 블루스톤 레인의 닉 스톤이 그런 예다. 어떤 사명에 가장 크게 기여하는 방법은 각 업무를 가장 잘 수행할 수 있는 적임자에게 위임하는 것이라는 점을 이해시키면, 그 사람은 모든 것을 혼자 해내려고 자신의 에너지를 낭비하는 대신 그 에너지를 다른 사람을 배치하는 데 돌릴 수 있다. 이따금 어떤 CEO는 미숙해서 또는 경험이 부족해서 또는 갈등을 회피하기 위해 순교자가 된다. 회사가 한동안 부트스트래핑bootstrapping: 기업가가 외부 자본을 유치하지 않은 상태로 혹은 소규모 자본만 가지고 회사 경영을 시작하는 것 상태로 운영되었다면 직원을 고용할 자원이 생겨도 운영 전략을 바꾸기가 어려울 수 있다. CEO는 자기 역할의 내용과 범위를 진화시키지 못한 채 모든 책임을 어깨에 짊어짐으로써 얻는 영웅적 지위에 집착한다.

나쁜 리더는 순교자를 무엇이든 하는 성실한 직원으로 착각하고 보상하기도 한다. 그러나 그런 직원들이 하는 일이 반드시 성취로 이어지지 않는다는 점은 놓친다. 순교자 스타일과 피해자 스타일은 실제로는 동전의 양면과도 같다. 순교자가 보기에는 우주가 자신에게 부당하게 무거운 짐을 지운다. 피해자가 보기에는 우주가 자신이 결코 성공하지 못하도록 훼방을 놓는다. 양쪽 모두 우주를 탓하며, 자신의 운명에 대한 주도권을 잡기를 거부한다.

심리조종자

우리는 일반적으로 가스라이팅이 사적인 관계에서만 발생한다고 생각한다. 그러나 가스라이팅은 기업 세계에서도 발생한다. 사내의 심리조종자들은 내가 꾸준히 목격하는 부정적인 영향을 미치는 인물의 마지막 범주를 채운다. 심리조종자는 현실을 재창조하는 데 에너지를 쓴다. 그리고 그렇게 재창조된 현실은 주변 사람 모두에게 치명적이다. 심리조종자는 나르시시스트 성향을 지니고 있으며, 지연자, 탈취범, 피해자, 순교자의 특성을 한데 모아서 사람들이 자신의 코앞에서 벌어지는 일을 보지 못하도록 설득하는 데 이용한다.

엘리자베스 홈스와 테라노스 이야기로 돌아가 보자. 홈스는 전형적인 심리조종자 기업가다. 비난에 직면했을 때 최선을 다해 남 탓을 했다. 다른 사람들이 하나같이 거짓 음모론을 믿고 있다고 주장했다. 물론 결국에는 홈스가 만들어낸 환상은 무너졌다. 엔론Enron의 이야기와 크게 다르지 않다. 엔론의 CEO 제프리 스킬링Jeffrey Skilling은 언론계 종사자들을 공격해서 그들이 멍청해서 자신의 사업을 이해하지 못하는 것이라고 믿게 만들었다. 그리고 〈월스트리트 저널Wall Street Journal〉의 한 용감한 기자가 그런 협박에 굴복하지 않았을 때까지는 그런 전략이 통했다.

. . .

이것이 리더가 절대 해서는 안 되는 행동과 무조건 피해야 하는 인물을 보여주는 다섯 가지 원형이다. 그런데 어떻게 하면 이 원형들을 뒤집어서 활용할 수 있을까? 어떻게 하면 사람들의 발목을 잡지 않으면서도 그들의 잠재력을 활용하고 최종적으로 우주의 질서를 되찾을 수 있을까?

다른 사람의 잠재력을 완전히 해제시키면
당신이 더 멀리 나아갈 수 있다

위대한 리더가 남들보다 한 차원 높이 올라설 수 있는 이유는 그들이 자신보다 더 나은 사람들을 주변에 두기 때문이다. 그 사람들을 전체 그림의 각 퍼즐 조각에 배치하고, 그들이 자신의 잠재력을 최대한 발휘할 수 있도록 힘을 실어준다. 이 지구상에 자신이 현재 하고 있는 일을 하려고 태어난 사람들을 찾아서 그들을 당신의 팀에 합류시키는 것이 위대한 성취에 대한 최고의 보상이다. 우리는 모두 인재 스카우터이자 조력자이자 팬이 될 수 있다. 우리 주변 사람이 그들의 타고난 재능에 어울리는 곳에서 빛날 수 있도록 도와주자.

그런 일은 이타주의적인 동시에 이기적으로 할 수 있다. 다른 사람들이 성공할 수 있도록 보조하면서도 그들의 성공이 당신에게 이익이 되도록 기획할 수 있다. 내가 후원한 기업가가 그의 상상을 훨씬 뛰어넘는 부자가 되면 기분이 좋다. 그리고 그들의 사업에 대한 지분 20퍼센트를 내가 가지고 있으면 더더욱 기분 좋다. 내가 그들이 성장할 수 있도록 투입한 노력에 대한 눈에 보이는 보상을 얻기 때문이다. 솔직하게 말하면, 재능 있는 사람들을 적절히 차출하는 것만으로도 매우 큰 부자가 될 수 있다.

이것이 내가 경험한 가장 정확한 성공 표지자가 조직의 모든 층위에 비범한 인재들이 배치되어 있는지 여부인 까닭이다. 이는 설립자가 얼마나 뛰어난 인재인지와는 무관하다. 나는 설립자가 평범해도 탁월한 인재들이 그 탁월함을 마음껏 발휘할 수 있는 회사가 설립자가 엄청난 재능을 타고났지만 자신보다 빛날 가능성이 있는 사람을 주변에 두지 않는 회사보다 훨씬 더 낫다고 생각한다.

B급 선수가 스스로 A급 선수처럼 보이기 위해서 C급 선수들을 고용할 수 있다. 그러나 B급 선수가 A급 선수들을 고용했다면 그 사람은 더이상 B급 선수가 아니다. 그 사람도 A급 선수가 되기 때문이다. 당신을 위해 싸우는 뛰어난 사람들에 의해 당신이 묻히는 일을 절대로 일어나지 않는다. 탁월함은 제로섬 게임이 아니다.

특정 업계 내에서 우리는 시장 점유율을 두고 경쟁하느라 전체 시장을 키우는 것이 더 효과적인 성장 전략이라는 사실을 잊곤 한다. 당신의 D2C 음식 사업이 망해야만 내 D2C 음식 사업이 성공할 수 있는 건 아니다. 실제로는 당신의 D2C 음식 사업이 성공하면 더 많은 고객이 더 뛰어난 제품을 기대하며 유입될 것이다. 이미 시장에 뛰어난 제품이 있다는 것을 알게 되었기 때문이다. 그리고 그 덕분에 당신과 나 모두 대박 날 수 있다.

· · ·

이 장을 마무리하기 전에 내가 잠재력을 해제시킨 가장 큰 성공 이야기 중 하나를 나누고자 한다. 그 이야기는 다른 사람의 재능을 알아보고 키우면 사람들의 삶과 세상을 진정으로 바꿀 수 있다는 사실을 보여준다.

에이든 케호Aidan Kehoe는 스카우트 사이버보안SKOUT Cyber Security의 설립자다. 그는 전 세계를 돌아다니면서 여러 사업체들의 컴퓨터 보안 문제를 해결했다. 그는 나와 크게 다르지 않은 어린 시절을 보냈는데, 단지 그 시절을 대서양 건너 아일랜드에서 보냈다는 차이점이 있다. 23살에 미국으로 이주한 그는 미국에 지인이라고는 단 한 명밖에 없었고, 돈도 비자도 없었다. 그래서 한 식당의 접시닦이로 들어갔다. 식당 주인은 그에게 뭔가 특별함이 있음을 감지했고, 그가 취업비자를 따도록 돕고, 식당 실외의 바를 그에게 맡겼다. 에이든은 내가 맥도날드에서 했던 것과 똑같이 일했다. 그는 스스로 대체 불가능한 일꾼 되기 위해 노력했다. 자신이 꿈꾸던 일자리는 아니었겠지만, 그 일자리가 그에게 주어진 기회였기 때문이다. 에이든은 사람들이 호감을 느끼는 아일랜드식 영어 악센트를 충분히 활용했고, 바텐더답게 훌륭한 스토리텔러로 활약했다. 얼마 지나지 않아 그는 건물 및 골프장 건설업자 마이클 파스쿠치Michael Pascucci의 눈에 띄어 맨해튼에서 동쪽으로 차를 타고 두세 시간 거리에 있는 부유한 뉴요커들의 휴양지 사우샘프턴의 세계적인 세보낵 골프클럽Sebonack Golf Club에서 일하게 되었다. (이 골프장의 골프 코스는 골프계의 전설 잭 니클라우스Jack Nicklaus가 설계했다.)

에이든은 타고난 기업가였고, 주변의 클럽 멤버들로부터 지혜를 흡수하고 멘토를 찾고 인맥을 구축했다. 그리고 마침내 보험중개 사업을 시작하면서 RSE 벤처스의 문을 두드렸다. 나는 수년간 에이든이 보험 판매보다 더 큰 기회를 포착하는 것을 지켜봤는데, 그 기회는 사이버보안이었다. 그는 보험중개 사업을 시작할 때와 동일한 절차를 밟아나갔다. 자신에게 2, 3분이라도 시간을 내주는 사람은 무조건 붙들고서 사이버보안업계에 충족되지 않은 수요가 있는지 알아내기 위해 자문을 구했다. 그 결과 한 가지 기회를 찾았다. 해커들이 중소기업을 공격하는 비율이 점점 높아지고 있었다. 중소기업들은 값비싼 예방 조치를 취할 수 없다 보니 쉬운 먹잇감이었지만, 규모가 큰 범죄조직들은 중소기업들에 관심이 없어 틈새에 해당했기 때문이다. 스카우트가 탄생하기 몇 년 전부터 랜섬웨어ransomware: 사용자의 컴퓨터 데이터를 암호화한 다음 암호를 풀어주는 대가로 금품을 요구하는 악성코드 공격 횟수가 폭발적으로 증가했다. 에이든은 중소기업들을 돕기 위해 그 기회에 뛰어들었다.

파스쿠치 가문의 후원을 받아 사업을 시작했고 스카우트의 CEO 자격으로 스스로 사이버보안 분야 전문가가 되었다. 그는 정식 교육을 받은 적은 없지만 중소 자영업자의 처지를 이해했고, 그들의 언어로 이야기했다. 소규모 회사의 파일이 랜섬웨어에 감염되어 인질로 잡혔을 때 그 회사의 소유주는 해외의 콜센터 직원과 상담하고 싶어 하지 않았다. 그는 에이든을 신뢰했고, 에이든은 귀중한 자원이 되었다. 그러나 에이든은 사업을 키우려면 안정화되기까지는 한동안 현금이 들어가기만 하고 나오지는 않으리라는 것을 알았다. 그는 자금이 두둑하고 손실에도 꿈쩍하지 않는 맷집 좋은 투자회사를 끌어들여야 했다. 그는 나와 스티븐을 설득해 자신의 신생 회사를 직접 인수하게 했다.

이제 와 돌아보면, 솔직히 말해 에이든은 내가 무엇에든 투자하게 만들 수 있었다. 왜냐하면 나는 그 무엇보다도 아직 완전히 해제되지 않은 그의 감춰진 재능에 설득당했기 때문이다. 그는 소음을 가려내고 진짜 현실을 파악하는 재능이 있었다. 또 예나 지금이나 성실하고 정직하고 겸손하며, 자기인식이 매우 높다. 그러나 사업을 키울 능력은 부족했다.

그의 깊은 공감 능력은 일반적으로 자산에 해당하지만, 냉철하게 인적 자원 관리를 해야 할 때 에이든은 약한 연결고리를 못 본 척했고, 이를 벌충하기 위해 더 많은 짐을 스스로 짊어졌다. 전형적인 순교자였다. 그러나 내가 말했듯이 순교자는 교화가 가능하고 대체로 순교자들의 의도는 선하다.

내가 무엇을 했을까? 나는 핀퍼 박사를 불렀다. 핀퍼 박사가 에이든의 잠재력을 해제하는 것을 도와줄 수 있다고 믿었다. 핀퍼 박사가 보기에 에이든의 특별한 점은 성장하고, 배우고, 스스로의 역량을 향상하고자 하는 의지였다. 그녀는 에이든의 회사에서 어떤 일이 벌어지고 있는지 이해하고자 직원 15명과 이야기를 나눴다. 그리고 잔인할 정도로 솔직한 10쪽짜리 보고서를 작성했다. 직원들의 역할, 회사의 비전 등 전체적으로 소통에 문제가 있었다. 핀퍼 박사는 자신이 보고서에서 지적한 문제들이 극복 불가능하다고 여겼다. 그래서 에이든이 이 조직을 다음 단계로 끌고 가기에 적합한 리더가 될 수 없다고 판단했다.

그러나 에이든은 맹렬한 기세로 반응해 우리 두 사람 모두를 깜짝 놀라게 했다. 일주일 동안 보고서를 곱씹은 에이든이 나와 핀퍼 박사가 함께한 회의실에 들어와 그 보고서를 전혀 숨기지 않고 당당하게 출력하고 있어서 불편한 감정이 들 정도였다. 그는 회의실을 박차고 나갈 생각이 전혀 없어 보였다. 그러나 그가 느끼는 감정이 너무나 생생하게 드러나서 오히려 내가 회의실을 벗어나고 싶었다. 그는 보고서를 전부 출력한 후 잠시 나갔다 오겠다고 양해를 구했다. 고위 리더십 팀이 회의 중인 옆 회의실에 다녀오겠다고 말했다.

"여러분도 이 보고서를 받아서 읽는 게 좋겠어요. 여러분 중에 이 보고서 내용을 보고 놀랄 사람은 아무도 없을 테니까요. 저는 해야 할 일이 많아서 이만…"

그는 탁자 중앙에 보고서 출력물을 툭 내려놓고 그 회의실에서 나왔다.

나는 내 커리어를 통틀어 그런 식으로 마이크를 떨어뜨리고 퇴장하는 사람을 본 적이 없다. 핀퍼 박사 또한 그토록 대담한 행동은 본 적이 없었다. 그러나 그녀는 그 행동이 정치적으로 세련되지 못하다고 생각했다. 누가 자기 팀에게 자신의 취약성을 그토록 노골적으로 폭로하는가? 그러나 다른 한편으로는 그것은 지극히 기발한 수였다. 자기 약점을 인정함으로써, 그리고 그 약점을, 그것도 문자로 기록된 상태로 자기팀에게 완전히 드러낼 때 그는 자신이 완벽하지 않다는 사실을 자신과 그들 앞에서 인정했고, 동시에 그들도 완벽하지 않다는 사실을 상기시켰다. 약점을 숨기지 않고 오히려 받아들였다. 에이든은 자기 팀에게 그 목록에 나열된 모든 문제를 자신이 책임지고 수정할 수 있도록 감독해달라고 요청했다. 에이든은 도움이 필요하다는 것을 인정하고 변화하겠다고 맹세했다.

"그 보고서는 내 세계를 아주 근본적으로 뒤흔들었어요." 그때 일을 떠올리며 에이든이 말했다. "나는 나 자신에 대해 그렇게 전문적이고 정확한 피드백을 받아본 적이 없었어요. 하지만 그것이 더 나아지는 방법을 알려주는 로드맵이 되었다는 점에서 아주 좋은 일이기도 했어요. 나는 말 그대로 매일매일 그 보고서와 대면하면서 그 보고서에 나온 모든 문제와 도전과제를 처리하겠다는 계획을 세웁니다. 나는 내가 회사보다 더 빠른 속도로 성장해야 한다는 것을 압니다. 그렇지 않으면 내가 회사의 한계로 작용할 테니까요."

그 보고서를 자기 팀과 공유하는 것은 배를 불태워버리는 에이든만의 방식이었다. 일단 팀이 에이든의 최악을 직면하고 나면 되돌릴 수 없다. 그는 자신과 회사를 바꾸는 데 모든 것을 걸었다. 그의 팀은 그 시점이후 그가 얼마나 진심을 다했는지 알 수 있었다. "당신이 무엇을 감추고 있다고 생각하든 다른 사람들은 그것을 이미 알고 있습니다."그는 내가 한 이 말을 기억하고 있었다. "그렇다면 사람들이 이미 알고 있는데 굳이 공유하지 않을 필요가 있을까요? 나는 손들고 말하고 싶었습니다. 내가 완벽하지 않다는 걸 나도 안다고요. 하지만 더 나아지기 위해 최선을 다하겠다고요. 내가 스스로 얼마나 개선해야 하는지 탁 터놓고 이야기하자 그들도 자신에 대해 같은 대화를 나눌 수 있게 되었어요." 그것은 자기인식 선순환의 시작이었고, 어마어마한 파급력을 지녀서 회사 전체의 개선으로 이어졌다.

그러나 이렇게 말하면 너무 쉽게 들린다. 핀퍼 박사의 보고서 이후의 여정은 에이든에게 상상을 초월할 정도로 힘든 여정이었다. 그는 가정에서 이미 많은 난관에 부딪히고 있었다. 장남이 자폐스펙트럼장애 진단을 받았고, 딸도 현재 건강 문제를 겪고 있다. 그리고 그 와중에 우리는 에이든을 무자비하게 채찍질하는 새로운 투자자들을 상대해야 했다.

구매자의 후회는 지독한 위산 역류와도 같다. 그 투자자들은 에이든이 가치가 과대평가된 기업에 자신들을 끌어들였다고 느꼈고, 자신에게 약속된 살덩이를 어떻게든 받아내야겠다며 달려들었다. 그들은 에이든을 쉬지 않고 몰아붙였다. 나는 에이든에게 그의 팀은 산전수전 다 겪은 노련한 투자자들에게 상대가 안 된다고 경고했다. 그 투자회사의 리더는 우리와 같은 이유로 초짜를 후원하고자 에이든의 회사에 투

자한 멋진 선구자였다. 그러나 그는 테크노크라트technocrat: 과학적 지식이나
전문적 기술을 소유함으로써 사회 또는 조직의 의사결정에 중요한 영향력을 행사하는 사람들에게
밀리고 있었다. 감정을 과소평가하고 공감 능력이 부족한 그들은 오직
숫자에만 집착했다. 그리고 나는 경험을 통해 그들이 에이든을 괴롭히
리라는 것을 예견했다. 물론 그들은 자기 일을 하는 것뿐이었다. 사모펀
드 테크노크라트는 소프트스킬을 과대평가하는 것처럼 보이는 사람들
을 의심한다. 따라서 에이든은 투자자들과는 엑셀 언어로 소통하면서
고객과는 인간 언어로 소통하는 전천후 팀을 꾸려야 했다.

어느 날 밤 나락으로 떨어진 에이든이 전화를 걸었다. 그는 내게 심전
도 모니터의 선들에 휘감긴 딸 사진을 보냈다. 발작의 원인을 찾기 위해
하룻밤 동안 수면 검사를 받고 있었다. "딸이 병원에 있어요. 그리고 새
투자자들은 불만이 크고요. 매출은 신통치 않고 직원들도 회사를 떠나
고 있어요. 몇 주 동안 잠을 한숨도 못 잤어요. 애초에 이건 민감한 업종
이었어요. 보안이 뚫렸다는 사실에 공황상태에 빠진 고객들을 상대해
야 하니까요. 더는 못하겠어요. 올해 말에 사임하겠습니다."

나는 저녁식사를 멈추고 밖으로 나왔다. 에이든이 울먹이며 말했다.
"이제 손 털려고요. 나는 이걸 감당할 만한 그릇이 아니었어요. 실망시
켜서 정말 죄송합니다."

"나는 이 일을 오래 해서 누군가가 손을 털 때가 되었는지 알 수 있어
요." 나는 그에게 말했다. "당신은 아직 근처에도 못 갔어요. 당신이 손
털 때가 되면 내가 당신에게 직접 말할게요. 잠시 휴식이 필요할 뿐이에
요. 딸이 병원에 있고 당신은 며칠이나 잠을 못 잤잖아요. 지금 당장 스
위치를 끄세요!"

그것은 에이든의 회사에도, 에이든 개인에게도 절체절명의 순간이었다.

"일단 항복하면 그 뒤에는 안도감이 밀려옵니다." 나중에 에이든이 설명했다. "나는 내가 괜찮을 거라는 걸 알았어요. 다만 회사, 그 회사의 성공, 그리고 직원들에게 내 마음을 줬기 때문에 그 누구도 실망시키고 싶지 않다는 생각뿐이었어요." 그날의 대화 이후 그는 해냈다. 그로부터 6개월간 에이든은 회사의 임원진을 완전히 새로 꾸렸고, 누가 봐도 훌륭한 두 사람을 각각 CFO와 영업부장으로 영입했다. 그것은 스카우트 창립 이후 가장 중요한 고용 결정이었고, 나는 그 결정이 그 회사 전체의 궤적을 바꿀 것임을 직감했다. 더 나아가 그는 사업모형을 재창조했다. 소통 방식을 바꾼 것이 효과가 있었고, 마침내 무지개 끝에서 황금이 든 항아리를 발견했다.

그가 밑바닥까지 떨어진 그날로부터 2년이 지난 2021년, 창립 5주년을 바라보고 있을 때 바라쿠다 네트워크Barracuda Networks가 스카우트를 수억 달러에 인수했다. 에이든은 평생 쓰고도 남을 돈을 벌었다. 우리가 영입한 새 임원 중 한 명은 매각 계약이 체결된 1년 후가 지나야 보상을 받을 수 있었다. 그가 회사를 떠나는 것을 막기 위한 조건이었다. 에이든의 부탁으로 나는 거래 조건을 변경해서 그가 보상을 선지급 받을 수 있게 했다. 그래야 마땅했다. 에이든의 팀 전체가 그런 보상을 받을 자격이 있었다. 에이든의 전세 역전은 내가 목격한 가장 놀라운 사업적 성취였다.

핀퍼 박사도 동의한다. "우리 세계에서는 임원 코칭을 할 때 그 사람이 지적이고, 자기인식이 높고, 동기가 충분할 때 효과적입니다. 에이든은 그 세 가지를 모두 갖췄어요. 그리고 그것이 전투의 75퍼센트를 차지하죠. 나머지 25퍼센트는 새로운 아이디어나 새로운 관점을 제시하는 사람들의 조언이 채웁니다." 핀퍼 박사는 에이든의 여정을 지원했다. 나도, 그리고 그 외에도 그와 일한 많은 사람이 그를 지원했다. 에이든 또한 엄청나게 노력했지만, 그래도 그 배의 운명을 돌린 것은 본질적으로 팀워크였다.

. . .

처음 에이든과 일을 시작했을 때는 다른 사람의 잠재력을 해제시키는 일이 얼마나 큰 보람을 안겨주는지 미처 알지 못했다. 그 경험은 이타주의가 베푸는 사람의 웰빙에도 기여한다는 사실을 입증하는 증거다.4

매사추세츠 대학교 의과대학원의 캐럴린 슈워츠Carolyn Schwartz 교수는 자원봉사자들이 그렇지 않은 사람보다 더 행복하고 우울감도 덜 느낀다는 사실을 발견했다.5 다른 사람을 섬기는 행위를 하는 사람들은 뇌 MRI에서 포착되는 '따뜻한 빛'으로 보상받는다.6

나는 다른 사람들이 무엇을 할 수 있는지 보면서 경탄하는 것이 즐겁다. 그 사람들이 그런 재능을 세상에 펼칠 수 있도록 돕는 방법을 찾는 것이 즐겁다. 내 여정에서 큰 부분을 차지한 것은 내 삶의 일부가 된 그일에 더 많은 시간을 할애할 방법을 찾는 것이었다. 어떻게 시간이 될때마다 그런 식으로 다른 사람들을 돕는 삶을 살지 않을 수 있겠는가?

배를 불태워버리면 당신 안에서 가장 강력한 감정을 불러일으키는 것이 무엇인지 찾을 수 있는 입장이 된다. 더 깊이 파고들면서 당신 영혼을 울리는 것이 무엇인지 찾고, 그것을 더 많이 하는 삶을 만들어간다. 그리고 최종장은 어떤 결말을 맞을까? 가장 좋은 소식은 당신이 절대로 그런 마지막 결정을 내리지 않아도 된다는 것이다. 계속 앞으로 나아가기만 하면 된다.

당신의 가장 야심 찬
꿈을 좇으라

어린 시절 나는 프로야구선수 카드 수집에 열을 올렸고, 이유는 잘 기억나지 않지만, 그중 한 선수를 특히 숭배했다. 그 선수는 (나중에 시카고 컵스Chicago Cubs가 된) 몬트리올 엑스포스Montreal Expos의 외야수, 더 호크The Hawk라는 애칭으로 더 알려진 안드레 도슨Andre Dawson이었다. 엄청난 거포에 외야 수비 실력도 뛰어난 선수였다. 그가 받은 상은 진열장 하나를 꽉 채웠고, 최종적으로 MLB 명예의 전당에 헌정되었다. 도슨의 스윙 폼이 워낙 매끄럽다 보니 홈런을 438개 치는 것(이 글을 쓰는 현재 미국 프로야구사상 46번째 기록이다)이 무척 쉬운 일처럼 보이게 만들었다. 흔히들 자신의 영웅을 직접 만나는 건 반드시 피해야 한다고 말한다. 적어도 직접 만나게 되면 실망할 각오를 하라고들 말한다. 그러나 나는 안드레 도슨이 1996년 은퇴한 이후 일어난 일들에 비추어볼 때 그는 예외일 것이라고 확신한다.

유명인사들의 은퇴 후 커리어 선택을 전부 비교해도 2003년 도슨이 플로리다주 마이애미에서 장례식장을 열고 지금까지 운영하고 있는 것은 지극히 특수한 경우에 해당할 것이다. ESPN 등 스포츠 언론이 보도했듯이 그는 장례식 업무라면 그것이 무엇이든 손수 처리한다. 어느 날은 영구차를 운전하고, 어느 날은 조문객을 맞이한다. "하느님이 당신을 위해 어떤 길을 예비하셨는지는 아무도 모릅니다." 그가 말했다. "그리고 저는 제가 이런 일을 하리라고는 상상조차 하지 못했어요. 그러나 이것이 처음부터 제 소명이 아닌가 하는 생각이 듭니다."[1]

· · ·

그의 이야기가 이 책 전반에 걸쳐 내가 이야기한 배를 불태워버리는 여정처럼 느껴지지 않을 수도 있다. 내게도 아마 아닐 것이다. 나는 장례식장을 운영하고 싶은 마음이 없다. 솔직히 내가 장례식장을 운영하는 모습은 상상이 안 된다. 그러나 안드레 도슨의 여정은 내 여정이 아니다. 나는 그가 프로 스포츠 선수로서 쌓은 사회적 지위와 명성을 뒤로한 채 자신의 소명을 좇았다는 점에서 엄청나게 대단한 사람이라고 생각한다. 그런 면에서 안드레 도슨의 이야기는 내가 이 책을 마무리하고 싶은 바로 그 교훈에 꼭 들어맞는다. 배를 불태워버린다는 것은 자기 여정의 주인이 된다는 것을 의미한다. 자신에게 맞는 길을 소환할 최고의 기회를 스스로에게 주는 것이다. 자신의 꿈이 무엇이든, 그 꿈이 얼마나 황당무계하거나 사소하거나 불가능해 보이든 그 꿈을 구체적으로 그리면서 끝까지 좇아야 한다.

미카 존슨Micah Johnson도 안드레 도슨처럼 프로야구의 사다리에 올랐다. 마이너리그에서 뛰어난 실력을 보인 뒤에 2015년 시카고 화이트삭스Chicago White Sox 개막전에 2루수로 데뷔해 두 번째 타석에서 안타를 기록했다. 그러나 그런 환희의 순간은 오래가지 않았다. 이후 네 시즌 동안 존슨은 부침을 겪었고, 여섯 개 팀을 거쳤다. 그중 많은 시간을 마이너리그에서 보냈다. 2018년 시즌이 끝난 뒤 그는 28살의 젊은 나이에 은퇴했다. 그러나 그것이 그의 이야기의 끝은 아니다.

프로야구 선수로 활동하는 동안 미카 존슨은 미술에 눈을 떴고, 시간이 날 때마다 그림을 그리기 시작했다. "팀 동료들이 제 그림이 마음에 든다고 말하는 걸 들으면서 이 길을 계속 가는 데 필요한 자신감을 얻었어요." 그가 내게 말했다. 그는 프로야구 선수 생활을 했을 때처럼 그림을 그리는 일에 에너지를 쏟았다. "야구를 할 때 프로 리그에 들어가기까지 십수 년간 희생하면서 성실하게 노력하면 성과를 얻는다는 사실을 직접 경험했으니까요. 저는 그림을 그리는 일에도 똑같이 성실하게 임해야 한다는 것을 알았습니다. 제가 계속 노력할수록 실력은 점점 더 좋아졌어요." 존슨은 2017년 애틀랜타의 우드러프 아트센터Woodruff Arts Center에서 개인전시회를 열었다. 그 당시 그는 여전히 프로 리그에서 현역 선수로 활동하고 있었다. 그리고 동료 선수들에게 주문을 받아 그림을 그리기 시작했다. 초상화뿐 아니라 동료 한 명에게는 타투 디자인도 그려줬다.

그에게는 프로 리그에서 야구 스타가 될 또 다른 기회를 기다리면서 계속 버티는 선택지도 있었다. 하지만 은퇴하고 자신의 에너지를 전업

화가가 되는 일에 전부 쏟기로 결정했다. 그에게는 화가로서 계속 성장하리라는 확신이 있었다.

2019년 일자리도 잃고 그림도 팔리지 않는 상태에서 존슨은 NFT에 관해 알게 되었고 그 세계에 두 발이 다 잠기도록 뛰어들었다. 존슨의 어린 조카는 그에게 흑인도 우주비행사가 될 수 있느냐고 물었고 그 일을 계기로 그는 야구보다 훨씬 더 큰 예술적 사명을 좇기 시작했다. 이후 그는 아이들이 꿈을 꾸도록 격려하는 작품을 만들었다. 존슨은 이 프로젝트에 모든 것을 쏟았다. 팬데믹 기간에 그는 여자친구, 갓 태어난 딸과 함께 노스캐롤라이나에서 뉴햄프셔로 이사했다. 그는 완벽한 컬렉션을 창작하기 위해 아트 스튜디오에서 밤샘 작업을 이어나갔다. 그리고 2022년에 흑인 우주비행사 캐릭터 아쿠Aku를 중심으로 구성한 작품을 판매해 200만 달러 이상을 벌어들였다. 아쿠는 TV 스튜디오와 옵션 계약을 맺은 최초의 NFT가 되었다. 그는 아직 멈출 생각이 없다. "저는 아직 티핑포인트에 도달하지 않았어요." 존슨이 말했다. "제 목표는 전 세계의 수백만 아이들에게 닿는 것입니다. 어떤 환경에 있든, 그들을 가로막는 장애물이 무엇이든 그들이 그런 것들을 극복할 수 있으며, 뭐든 할 수 있다는 것을 이해하도록 용기와 희망을 주고 싶습니다."

존슨은 야구 선수로 활동할 때보다 화가로서 훨씬 더 큰돈을 벌었다. 그저 놀랍다고밖에 할 수 없는 인생 2막이다. 당신이 커리어의 정점을 찍었다고 생각했지만, 실은 그것이 운명의 바닥이었을 수도 있다는 것을 보여주는 증거다.

· · ·

　로리 시걸은 거의 10년간 CNN 기자로 활동하면서 2008년부터 페이스북과 애플 같은 테크기업 소식을 다뤘다. "제가 CNN에 들어간 것은 경기침체기가 막 끝날 무렵이었어요. 아직 스타트업 섹션 자체가 존재하지 않았을 때였죠. 아이폰이 막 출시되었고, 어느 순간 월가를 취재하는 것이 더는 멋진 일이 아니게 되었어요. 저는 스타트업의 크리에이터들에게 끌렸어요. 테크 무대에 속속들이 등장하는, 상자 밖에서 사고하는 사람들이요. 저는 단순히 그들의 제품과 기업에 관심이 있는 것이 아니었어요. 그들이 어떤 사람인지 궁금했고, 단순히 테크놀로지가 아니라 그 테크놀로지가 인간, 그리고 사회와 교차하는 지점을 다루고 싶었어요."

　로리는 테크 섹션 부장이 되었다. 세일즈포스Salesforce의 마크 베니오프Marc Benioff, 우버의 다라 코스로샤히Dara Khosrowshahi와 같은 테크업계 리더들과 인터뷰를 했고, 마크 저커버그와는 그 어떤 기자보다도 가장 많은 미팅을 가졌다. 한편으로는 사람들이 전통적인 콘텐츠 소스를 떠나면서 케이블 뉴스업계가 변화하는 것을 지켜봤다. 그리고 관람석이 아닌 운전석에 앉기를 갈망했다. "나는 언제나 자기주도적인 사람이었어요." 그녀가 설명했다. "존재하지 않는 보도 섹션을 만들어낸 아이디어를 영업해서 커리어를 시작한 것부터 CNN의 첫 스트리밍 쇼를 시작한 것까지, 다 내가 주도적으로 이끈 프로젝트였어요. 그래서 이제는 움직여도 좋다는 허락이 떨어지기까지 더는 기다리지 않겠다고 결심했어요."

　"한 랍비가 유튜브에서 랍스터가 어떻게 자라는지 설명하는 영상을 봤어요. 랍스터가 크려면 한동안은 불편한 시기를 견뎌야 하고 탈피해야 한다고요. 그때 모든 것이 선명해졌어요. 그게 바로 내가 해야 하는 거였어요. 남들이 뭘 하는지 보도만 할 게 아니라 내 미디어기업을 차려야 했어요. (전 CNN 국장) 제프 주커 Jeff Zucker에게 찾아가서 그만두겠다고 했어요. 그는 어떤 식으로든 일을 계속하라고 설득했지만, 나는 전념하지 않으면 성공할 수 없다는 걸 알았죠. 끈을 끊어내야 했어요. 제프는 내 멘토였고, 그를 신뢰했어요. 그가 나를 붙잡고 싶어 한다는 사실에 기분이 좋았지만 그래도 말했어요. '제프, 랍스터가 어떻게 자라는지 설명해드릴게요.' 그리고 설명했죠."

2019년 로리는 제작회사 닷닷닷 Dot Dot Dot을 세우고, 테크놀로지와 인간이 교차하는 지점에 관한 이야기를 만드는 데 전념했다. "수백만 기자들이 들어가지 못해서 안달인 자리를 박차고 나왔어요. 하지만 나는 내가 뭘 만들고 싶은지 알았거든요." 도약하는 것이 두렵지 않았던 것은 아니었다. "내 커리어 전부를 언론계에서 보냈기 때문에 확실하게 말할 수 있습니다. 우리는 사실이 확정된 뒤에 그 과정이 너무나 쉬웠던 것처럼 보이게 만들죠. 우리는 이미 엄청난 성공을 거둔 뒤에 배를 불태워버린 사람들을 잡지 표지에 실어요. 하지만 실패, 그리고 현기증 나는 부침이 그 모든 여정의 일부였어요. 나는 저널리즘을 정말 좋아합니다. 내가 하는 일을 사랑했고, 그 일을 잘하기도 했죠. 하지만 그것만으로는 만족스럽지 않았어요. 뭔가 부족하다는 느낌을 지닌 채 얼마나 오래 가만히 앉아 있을 수 있을까요? 과연 두려움을 감수할 용기를 낼 수 있을까, 실제로 결단을 내리게 될까. 언제까지 그렇게 고민만 할 수 있을까요? 겁이 났어요. 누구나 겁이 나게 마련이죠. 우리가 두려움에 관해 충분히 이야기하지 않기 때문인지도 몰라요."

나도 그보다 더 잘 설명할 수 없을 것이다. 나는 로리를 알게 되었고, 그녀의 용기와 야망에 감탄했다. 이야기를 나누는 동안 우리 둘 다 그녀에게 단순히 스토리텔링과 콘텐츠 창작 이상의 미래가 예비되어 있다는 사실을 깨달았다. 이 글을 쓰는 현재 로리는 닷닷닷을 크로스 플랫폼 미디어 재산권cross-platform media property으로 전환하는 작업을 진행 중이다. 메타버스, 예컨대 웹 3.0과 NFT 같은 인터넷의 미래에 대한 접근권을 대중에게 제공하는 것이 목표다. 테크 부문과의 깊은 인연 덕분에 그녀는 단순히 이야기를 들려주는 데 그치지 않고 우리 모두가 새로운 온라인 세계에서 창작하고 만들 수 있도록 돕게 될 것이다. 사용자를 NFT 시장, 암호화폐, 블록체인과 연결하고, 그 세계가 제공하는 방대한 기회에 관해 알고 싶고, 그런 기회를 활용하고 싶고, 그런 기회에서 이득을 얻으려는 사람들의 목적지가 될 것이다. 로리와 그녀의 회사는 메타버스로 가는 관문이 될 것이다.

이 모든 것은 오직 로리가 CNN을 떠나서 홀로 여정을 떠났기 때문에 가능했다. 물론 로리도 인정했다. "나는 어떻게 사업체를 만들어야 하는지에 관해서는 아는 것이 전혀 없었어요. 그러나 기자로 일하면서 알게 된 게 있었죠. 뭔가를 하는 법을 모르면 그걸 아는 사람에게 물으면 된다는 걸요. 특히 여자들이 그런 두려움을 느끼는 것 같아요. 사업체를 만드는 법을 모르면 사업체를 만들 수 없다고 여기는 거죠. 하지만 그 일을 해낸 멋진 여자들이 너무나 많아요. 그들의 발자국을 따라갈 수 있다는 건 특권이에요. 제가 쟁취한 독립, 그러니까 제 아이디어를 누군가에게 설명하고 승인받지 않고 제 비전이 무엇인지 스스로 알아볼 기회를 붙잡은 것은 제가 지금까지 한 일 중에 가장 어려우면서도 가장 보람된 일이었어요."

. . .

로리는 자기 아이디어를 실현하기 위해 다른 사람의 허가를 구해야 하는 세계에서 탈출해서 얻은 자유가 얼마나 중요한지를 보여준다. 그것이 삶과 커리어의 진짜 비밀이며, 당신이 매일 아침마다 당신의 삶과 커리어로 돌아가는 것이 설레는 이유다. 당신이 온전히 당신일 수 있도록 하는 길을 찾아야 한다. 당신의 생각을 피력하고 당신의 역량을 완전히 발휘할 수 있는 길을 찾아야 한다. TV 프로그램 파일럿 에피소드를 촬영하면서 나는 그동안 내가 놓치고 있다는 사실마저 몰랐던 그런 즐거움을 경험할 수 있었다. 너무나 오랫동안, 너무나 많은 프로젝트에 걸쳐, 나는 자기검열을 하면서 내 일부를 묶어두고 있었다. 왜냐하면 내가 공경해야 하거나 인정을 구해야 하는 사람들이 있었기 때문이다. 나는 두려움 속에서 시합에 임하고 있었다. 내 역량을 최대한 발휘했을 때 낼 수 있는 최대의 빛을 내지 않으려고 노력하고 있었다. 2장에서 설명한 키 큰 양귀비 증후군에 시달리고 있었다. 달리 말하면 나는 머리가 잘리지 않으려고 애쓰고 있었다.

프로젝트의 중심에 있는 '인재talent'가 되자 나는 온전히 내가 될 힘을 얻었다. 그리고 흥미를 가지고 탐색할 자유를 얻었다. 커트 크로닌이 늘 하듯이 전투라는 맥락에서 말한다면 나는 안전핀을 뺐다. 자신에게 고삐를 물리는 데 정신 에너지를 쓰면서 탁월함을 성취하기란 어렵다. 꿈에 전념하라고 이야기할 때는 단순히 플랜B와 대비책을 전부 내던지는 것 이상을 의미한다. 말 그대로 당신의 온몸과 마음을 그 프로젝트에 쏟아부어야 하고 결코 물러서면 안 된다.

당신의 꿈으로 향하는 여정은 앞으로도, 위로도 나아간다. 그러나 그렇지 않을 때도 있다. 슈거드+브론즈드Sugared+Bronzed는 꽤 큰 성공을 거둔 실내 태닝 및 자연 제모 서비스 체인점이다. 코트니 클래그혼Court-ney Claghorn과 샘 오피트Sam Offit 커플은 두 사람이 23살이었을 때 가게를 열었고, 거의 10년 동안 사업을 확장해 미국 전역의 10개 지역에 지점을 두고 있다. 이윤이 상당했으므로 나는 그들이 엄청난 성장의 길을 걸을 거라고 예상했다. 그 사업에 투자하기 전 신의성실 원칙에 따라 검토 과정을 거치는 동안 또 다른 투자자가 관심을 보이면서 그 회사의 지분을 50퍼센트 이상 인수하겠다고 제안했다. 코트니와 샘은 선택의 기로에 섰다. 현금화해서 그동안 들인 노력의 대가를 수확할 것인가, 아니면 사업을 더 키워서 더 큰 보상을 얻을 것인가? 평생을 써도 다 못 쓸 돈을 벌 기회와 사업을 계속 성장시켜 나갈 기회를 저울질할 때는 정답도 오답도 없다. 세부사항에 결정적인 요인들이 숨어 있지만, 또한 당신이 어떤 사람이고 당신이 어떤 삶을 살고 싶은지도 중요하다.

"사업가인 우리는 부정적인 면을 보면서 위험을 고려하지 않을 때가 있죠." 코트니가 내게 말했다. "당시에는 우리가 모든 달걀을 한 바구니에 넣은 상태라서 얼마나 큰 위험에 노출되어 있는지 생각하게 되었어요. 지분을 50퍼센트 이상 넘긴 현재 우리는 '생사'가 걸려 있다는 압박감에서는 벗어났어요. 그리고 더 맑은 눈과 머리로 인생과 사업을 바라볼 여유가 생겼어요. 우리는 멋진 집을 샀고, 우리만의 안식처를 얻었어요. 이제 다음 사업으로 무엇을 할지 더 구체적으로 생각할 수 있게 되었어요. 그리고 다른 스타트업이 성공하도록 도울 수도 있고요. 자선활동도 더 많이 하고 있어요. 결론은 우리가 매우 행복하다는 거예요."

누가 그녀를 비난할 수 있겠는가? 그녀의 선택과 그녀의 삶이 많은 사람의 꿈이다. 애초에 사업을 시작하는 이유도 그것이다. 언젠가는 그런 자유를 얻고 압박감에서 벗어나기를 바란다. 내가 그들이었다면 지분을 매각했을 수도, 매각하지 않았을 수도 있다. 우리는 회사를 사기도 하지만 팔기도 한다. 이 책을 쓰는 동안 우리 팀은 스카우트를 매각했고, 매그놀리아 베이커리를 인수했다. 우리는 끊임없이 거래한다. 그러나 이 책의 교훈은 이것이다. 나는 뭔가를 실행하는 바로 그 순간, 내 상황을 돌아보면서 다음을 계획한다.

모든 사람이 야구 글러브(와 수백만 달러 연봉)를 내려놓고 장례식장의 대걸레를 쥘 차례를 기다리고 있지는 않다. 모든 사람이 CNN 생방송 뉴스 기자직을 그만두지는 않을 것이다. 하지만 그것이 핵심이다. 그것은 그 사람들의 여정이다. 당신의 여정은 또 다를 것이다. 당신은 당신의 재능, 당신의 열정, 당신의 소명을 찾을 것이기 때문이다. 당신의 여정은 당신에게 고유한 것이고, 내 여정은 내게 고유한 것이다. 나는 당신에게 정답인 길을 보여주려고 이 책을 쓴 것이 아니다. 내가 이 책을 쓴 이유는 당신의 길을 찾는 법, 그 길을 따라가면서 당신의 삶을 변화시키는 법을 알려주기 위해서다.

당신은 다른 사람은 할 수 없는 무엇을 할 수 있는가? 당신의 삶과 경험은 당신을 어디로 이끌었는가? 당신은 당신의 삶을 어떻게 보내고 싶은가? 어떤 유산을 남기고 싶은가?

즐거움은 여정 자체에 있다

구글에서 마라톤후우울증postmarathon blues을 검색하면 거의 100만 건의 검색 결과가 뜬다. 그리고 실제로 마라톤을 한 사람들이 경주가 끝난 뒤에 엄청난 무력감을 느낀다는 것이 과학적으로 입증되었다.2 당신이 훈련하면서 계획한 뭔가를 이루고 나면 필연적으로 쓸쓸함이 밀려온다. 기대는 성취보다 존재감이 더 크다. 목표 추구가 당신에게 즐거움을 안기며, 실제 성과는, 그것이 마라톤 완주든 큰 거래의 성사든, 언제나 원래 품었던 기대에는 못 미친다. 내가 4장에서 불편함의 힘에 관해 연구했다고 언급한 케이틀린 울리와 아일렛 피시바크는 '경험은 당신이 생각하는 것보다 훨씬 더 중요하다The Experience Matters More Than You Think'라는 제목이 붙은 논문의 공저자들이기도 하다. 그들의 연구는 우리가 실제로 활동을 수행할 때 어떤 감정을 느끼는지가 활동하기 전에 우리가 느낄 거라고 짐작한 감정이나 활동이 끝난 후에 우리가 기억하는 감정보다 더 중요하다는 사실을 발견했다.3 심지어 올림픽 선수들에게서도 그와 같은 효과를 발견할 수 있다.4 승패와 상관없이 그들은 집으로 돌아왔을 때 심리적으로 고갈되었다고 느끼고, 심각한 우울증에 빠지기 쉽다. 특히 다음에 무엇을 할지 계획을 세워두지 않았다면 더욱더 그렇다.

아무도 이야기하지 않는 성공적인 삶의 비법은 일을 그만두고, 노력을 그만두고, 더 높은 목표를 추구하는 것을 멈출 정도로 행복한 상태에 도달하는 것이 실제로는 불가능하다는 사실을 아는 것이다. 성공과 만족의 밑바탕에는 영속적인 목표 추구가 전제되어 있다. 최고 수준의 성취조차도 이 사실에서 벗어날 수 없다. 사람들이 큰 성취를 이룬 뒤에 느끼는 절망감에 관한 연구는 엄청나게 많다. 〈하버드 비즈니스 리뷰Harvard Business Review〉의 한 논문이 지적하듯이 '자신이 하는 일에 완전히 몰입하려면 직장에서 지속적으로 성장하고 있다는 감각이 필요하다.'5 그것이 성공의 정점에 올랐을 때 마이클 조던Michael Jordan이 프로 농구에서 은퇴하고 존 스튜어트Jon Stewart가 〈더 데일리 쇼The Daily Show〉를 떠난 이유다. "나는 (뭔가에 탁월하다는 것이) 더 이상 충분하지 않다는 것을 깨닫는 순간이 온다고 생각해요." 스튜어트가 말했다. "그리고 어느 정도 불편함을 느껴야 하는 시간이 필요할 수도 있다고도 생각합니다."6

"사실 나는 종신교수가 되는 것이 겁났어요." 하버드 비즈니스스쿨의 프란체스카 지노 교수가 내게 말했다. "동료 교수들이 종신계약을 확보한 뒤에 그런 우울증에 빠지는 시기를 보내는 것을 봤어요. 뭔가를 향해 너무나 힘들게 내달리다가 달리기를 멈췄는데, 그렇게 도착한 곳은 그들이 기대한 것과 달랐어요. 우리는 로또 당첨 같은 것이 행복에 커다란 영향을 미친다고 생각해요. 하지만 실제로 로또에 당첨되면 우리는 그 사실에 엄청나게 빨리 익숙해져요. 우리가 너무나도 중요하다고 생각했던 사건이 그다지 큰 차이를 가져오지 않는답니다. 오히려 뭔가를 향해 나아가면서 발전하는 것이 중요합니다. 나는 실제로 머릿속에서 종신직에 대한 관점의 틀을 바꾸려고 노력했어요. 그것을 목적지로 보지 않고 세상을 변화시키는 더 큰 여정의 이정표로 보려고 했죠. 즉, 종신직 자체를 목표로 삼지 않으려고 노력했어요."

당신이 성취한 것을 자랑스럽게 여길 수 있다. 돌아보면서 "내가 이렇게 멀리까지 왔다는 게 믿기지 않아"라고 감탄할 수 있다. 그러나 당신의 다음 발자국은 앞을 바라보면서 내디뎌야 하고 아직도 갈 길이 멀다는 사실을 깨달아야 한다.

. . .

조슈아 베커 Joshua Becker는 은퇴한 목사로, 미니멀리즘에 관해 쓴 그의 책은 베스트셀러가 되었다. 그는 정리정돈의 복음, 즉 삶에서 소유물을 줄이는 것이 엄청난 만족감을 낳는다는 철학을 사람들에게 전파하면서 큰 보람을 느꼈다.7 내가 조슈아 베커의 미니멀리즘 철학을 완전히 받아들인 것은 아니다. 나는 스포츠카를 좋아한다. 그러나 손에 잡히는 물건이든 우리가 꿈꾸는 성취든 소유물이 우리가 기대하는 것만큼 큰 보상을 안기지 않는다는 생각에는 두 손 들고 동의한다.

베커는 스포츠에서는 승리했을 때 가장 큰 공허함을 느낀다고 썼다.8 "승리하면 목표 추구가 끝난다. 패배시켜야 할 사람이 더 이상 없다. 극복해야 할 장애물도 더 이상 없다. … 그러나 승리는 당신의 삶을 어떤 식으로도 바꾸지 않는다. 실제로 다음 날 아침이 되면 일은 다시 시작된다."9

. . .

배를 불태워버려야 한다고 말하면 강한 거부 반응을 보이는 사람들이 있다. 그들은 내게 배를 불태워버리는 것은 영원히 불만스러운 삶을 사는 지름길처럼 들린다고 반박한다.

"진정해, 매슈. 왜 그렇게 일을 많이 하는 거야. 다음 성취를 위해 끊임없이 무리해 가면서. 당신이 지금까지 이룬 영광스러운 성취들을 만끽하면서 여유로운 삶을 살아도 되잖아?"

내 답은 배를 불태워버리는 것은 당연히 힘든 일이지만, 힘들기 때문에 우리가 계속 행복할 수 있다는 것이다. 즐거움은 여유로운 삶에 있지 않다. 즐거움은 고군분투, 목표 추구, 사명감에서 나온다. 배를 불태워버리는 것은 힘든 일이고, 그래서 보람되고 할 만한 가치가 있는 일이다.

마크 로어에게 물으라. 그는 다이퍼스닷컴을 매각하고 은퇴할 수 있었다. 그러나 곧장 제트닷컴을 시작했고, 이전보다 더 큰 엑시트를 달성했다. 현재 그는 원더, 팀버울브스, 미래 도시 같은, 그보다 더 큰 것을 쫓고 있다.

아니면 내 친구 바비 브라운에게 물으라. 그녀는 수십 년 전에 메이크업 라인을 출시하면서 뷰티 제품에 자신의 이름을 붙여 판매할 수 있는 권리를 팔았다. 그래서 2016년 모기업 에스티 로더를 떠났을 때 그녀의 이름은 바비 브라운에 남았다. 몇 년 동안이나 그녀는 자신의 비경쟁 계약non-compete agreement: 기업 간 또는 기업과 개인 간에 체결되는 계약으로, 특정 기간 동안 계약 당사자가 계약 상대방과의 경쟁을 제한하거나 방지하는 것을 조건으로 맺는 법적 협정을 말한다 기간 만료일을 목걸이에 새겨두고 그날만을 손꼽아 기다렸다. 계약이 종료되자마자 고객과 직접 소통하면서 거래하기를 원한 그녀는 존스 로드Jones Road라는 새로운 브랜드를 시작했다. 그리고 65세의 나이에 틱톡 스타가 되었다.

아니면 게리 베이너척에게 물으라. "외부의 인정은 필요 없습니다.

나는 시합 자체를 즐기니까요. 성공하면 뛸 듯이 기쁘고, 화려한 것들이 생기면 기분이 좋죠. 하지만 시합과 과정에 대한 내 무조건적인 집착에 비하면 성공이나 화려한 것들은 아주 큰 차이가 나는 2등과 3등입니다. 나는 사업을 하면 실패가 따르기 마련이라고 전제합니다. 다만 실패하면 오히려 그다음 라운드에서 의지가 불타오르게 돼요. 나는 시합을 뛸 수 있어서, 그걸 매일 할 수 있어서 감사할 따름입니다."

· · ·

존 스키퍼John Skipper는 ESPN 회장, 디즈니 미디어 네트워크Disney Media Networks 공동이사장, 영국 스포츠 미디어 기업 DAZN그룹DAZN Group 국장을 거쳐 마침내 2021년 자신의 벤처기업 메도라크 미디어 Meadowlark Media를 설립했다. 메도라크 미디어는 콘텐츠 제작 스튜디오로, 스포츠 저널리스트이자 팟캐스트 진행자인 댄 르바타도프Dan Le Batardof가 공동창업자다. 존이 앞서 수십억 달러를 주무르는 미디어기업을 경영했다는 사실은 큰 곳에서 일할수록 그 사람의 여정이 더 즐거운 것은 아니라는 점을 잘 보여준다. 당신이 소중히 여기는 사람들과 함께 당신이 계속 배우고 성장하도록 해주는 프로젝트에 전념할 수 있는 자유를 대신할 수 있는 것은 아무것도 없기 때문이다.

"확실한 업계 선도 기업에서 27년을 일한 뒤에 DAZN을 경영함으로써 혁신가가 될 기회를 얻었습니다. 그리고 업계를 완전히 다른 관점에서 바라볼 수 있게 되었습니다. 그 덕분에 훨씬 더 국제적인 사업 지형도에 발을 들이고, 완전히 새로운 사업모형으로 실험하는 것이 어떤 경험인지도 알 수 있게 되었어요."

게다가 60대 중반의 나이에 자기 스튜디오를 설립한다는 사실이 새로운 흥분, 새로운 보상을 안겼다. "무척 많이 배웠습니다. 나는 회사를 설립해본 적이 없었어요. 이제는 내가 하고 싶은 걸 할 수 있고, 하고 싶은 말을 할 수 있고, 멋진 사람들과 일하고 있습니다. ESPN에서는 회사에 가장 도움이 되는 것을 해야 할 의무가 있었습니다. 그러다 보니 때로는 누군가의 재능이 뛰어나면, 그가 무례하더라도 그 무례함을 견뎌야 했어요. 지금은 그렇지 않아요. 그래서 훨씬 더 재밌어요. 정말로 인간적이면서도 좋은 사람들과 일할 수 있어요. 남다른 창의적 재능은 덤이고요."

매출이라는 측면에서 규모를 꾸준히 키우는 것이 항상 옳은 길은 아니다. 나는 앞서 기회의 크기와 그 기회에 투입해야 하는 에너지의 크기가 반드시 비례하는 것이 아니라고 말했다. 이것은 곧 기회의 크기가 반드시 그에 비례하는 보상으로 이어지지는 않는다는 것을 의미한다. 존은 이렇게 말했다. "사람들은 피라미드의 꼭대기에 가야 한다고 생각합니다. 하지만 정말로 중요한 것은 현재 하는 일이 즐거워야 한다는 것입니다. 나는 매출이 수십억 달러에 달하는 회사를 운영했습니다. 지금은 직원이 20명에 불과하죠. … 그런데 지금이 훨씬 더 보람 있습니다. 내 회사니까요. 꼭 더 큰돈을 좇을 필요도 없습니다. 그보다는 정말로 당신의 흥미를 끄는 일을 좇으세요." 이 글을 쓰는 현재 메도라크 미디어는 애플과 다큐멘터리 콘텐츠 및 애플 TV 오리지널 시리즈물을 제작해서 공급하는 다년 계약을 체결했다. 존을 아는 나는 그가 어떤 작품을 내놓을지 벌써부터 기대된다.

현재진행형으로 꿈을 꾸는 삶을 살라

앞서 미식축구 선수들의 은퇴 후 커리어에 관해 이야기했는데, 그런 커리어들은 예측 가능한 덫에 걸리곤 한다. 그들은 말한다. "지금은 그런 문제로 저를 귀찮게 하지 마세요. 저는 현재 진행 중인 경기에 집중하고 있어요. 그러니까 모든 것이 끝난 뒤에, 그때 남은 인생에 대해 생각해볼게요." 우리 모두가 그런 덫에 걸릴 때가 있다. 안 그런가?

"지금은 그걸 할 수 없어. 너무 바쁜걸."

"일단 이 프로젝트만 끝내자. 그러면 다음 프로젝트를 시작할 여유가 생길 거야."

"지금 직장에서 일이 좀 한가해지면 내 사업을 시작할 거야."

"아직은 내 열정을 추구할 시간이 없어. … 은퇴 후라면 모를까."

이것은 모두 현상유지를 합리화하기 위한 평계들이다.

그러나 적절한 타이밍은 결코 오지 않는다. 일이 어떻게 흘러갈지 예측할 수 없고, 당신의 승리 시점을 지정해서 일정표를 짤 수 없다. 세상은 당신을 위해 기다려주지 않는다. 지속적으로 성장하는 삶을 살고 싶다면 당신이 오늘 하고 있는 일을 발판 삼아서 내일 하고 싶은 일에 더 가까이 다가가야 한다. 두 가지, 세 가지, 네 가지, 17가지 일을 동시에 해야 한다 해도 말이다. 세상은 당신이 당장 얼마나 바쁜지는 관심 없다. 통찰은 기다리지 않는다. 직감은 더 나은 때가 올 때까지 팔짱을 끼고 뒷좌석에 앉아 있지 않는다. 오늘보다 더 나은 때는 결코 오지 않는다. 당신은 늘 바쁠 것이다. 적어도 늘 바빠야 한다.

그러니 잊지 말자. 적절한 타이밍을 기다리지 않을 때 오히려 성취가 더 쉬워진다. 당신이 활용할 수 있는 자원은 당신이 가장 바쁠 때, 멋진 프로젝트를 진행 중일 때, 임원진일 때, 당신 회사가 주목받고 있을 때, 거래를 성사시키려고 물밑 작업 중일 때 가장 많고 그때 당신이 함께 일하는 사람들이 당신이 지닌 최고의 자산이다. 그 시점에 그 사람들에게 당신의 다음 아이디어를 영업해야 한다. 모든 것이 마무리되고 당신이 그냥 시간만 보내고 있을 때까지 미루면 안 된다. 누군가가 '네'라고 말해서 새로운 사명과 할 일이 생길 때를 초조하게 기다려서는 안 된다. 포커 플레이어 사이에서 유명한 경구는 삶이라는 게임에도 충분히 적용할 수 있다. '잃을까 봐 겁이 나는 돈으로는 결코 이길 수 없다.' 당신이 실제로 그 벤처를 반드시 시작해야 하는 때보다 훨씬 전에, 현재 하는 일이 잘나가는, 그 스쳐 지나갈 순간들을 최대한 활용해서 당신의 새 벤처를 시작해야 한다. 영향력을 활용하기가 어려운 이유는 영향력이 절박하게 필요할 때는 영향력을 쌓기에 너무 늦은 때이기 때문이다.

기회에는 언제나 열린 태도를 지녀야 한다. 그때가 옳은 때가 아니라 하더라도 말이다. 커트 크로닌이 즐겨 말하듯이 "은총을 받아들일 수 있는 여지"를 남겨 둬야 한다. 커트의 말은 당신이 큰 결단을 내리고 뛰어들기 전에 모든 답을 전부 확정해야 할 필요가 없다는 메시지를 아름답게 표현하고 있다. 당신의 야망이 가리키는 방향으로 아주 조심스러운 첫걸음만 내디뎌도 된다. 그 외에는 순리가 필요할 때마다 당신의 노력을 증폭시키리라는 것을 믿으라. 아이디어, 사람, 뜻밖의 행운이 당신 삶에 들어올 수 있도록 문을 열어둬야 한다.

그것이 82살인 내 파트너 스티븐 로스가 믿는 인생철학이다. 그는 돌핀스의 구단주이고, 맨해튼 서쪽 지역을 재건했다. 그러나 왜 거기서 멈춰야 하는가? 그는 최근 누구나 어디서든 일하는 재택근무 사회가 된 포스트 코로나 시대에 맞춰 팜비치를 재구상하기로 결정했다. 그는 포뮬러 원의 마이애미 그랑프리를 인수했고, 만일에 대비해 약 5제곱킬로미터의 부지에 골프장을 건설했다. 화가 피터 투니 Peter Tunney에게 본사에 걸 그림을 주문하기도 했다. 그 그림에는 다음과 같은 문구가 새겨질 것이다. "나는 평생 바쁠 것이다." 그는 실제로도 평생 바쁠 것이다. 그리고 그렇게 바쁜 매 순간을 즐길 것이다.

가장 큰 임팩트를 가할 수 있는 지점을 찾아라

어린 시절, 나와 어머니의 삶이 가장 암울했던 시기에 누군가가 도움의 손길을 내밀어주기만 했다면 우리 모자의 삶은 훨씬 더 나아졌으리라는 것을 나는 안다. 누군가가 우리의 고통을 알아보고 내가 학교에 다닐 수 있도록 살피고, 어머니에게 절실했던 의료 지원을 해주고, 우리가 끼니 걱정을 하지 않도록, 우리 집이 안전하고 깨끗한 곳이 되도록 관심을 기울여 줬다면… 내 어린 시절이 완전히 달라졌을 것이다. 내가 살면서 경험한 좌절 중에서 그것이 지금까지도 내 삶의 동력이 되는 유일한 좌절이다.

패내틱스의 CEO 마이클 루빈은 가정 형편이 어려운 아이들에게 도움을 주는 것이 얼마나 중요한지 이해한다. 회사가 성공하자 그는 리폼 얼라이언스REFORM Alliance를 시작했다. 리폼 얼라이언스는 미국 형사 사법체계의 불평등함을 사회에 알리는 단체다. 5,000만 달러가 넘는 자금(그중 1,000만 달러는 트위터의 창립자 잭 도시가 낸 기부금이다)을 지원

받은 이 단체는 불공정한 보호관찰 및 가석방 제도로 피해를 본 가족들을 돕고 형사사법체계의 개선을 요구하는 운동을 펼친다. 2021년 12월 마이클 루빈과 래퍼 미크 밀Meek Mill은 25명의 아이들을 필라델피아의 NBA 경기장으로 초대했다. 세븐티식서스76ers의 경기에 앞서 밀과 밀의 동료 래퍼 릴 베이비Lil Baby는 그 아이들에게 NBA식 '크리스마스 경험'을 선사했다.10 "초대받은 아이들은 하나같이 엄마나 아빠가 보호관찰의 형식 조건 위반으로 과거에 수감되었거나 현재 수감 중이에요. 범죄를 저지르지 않았는데도 감옥에 간 거죠." 아이들은 농구장에서 자기들끼리 연습경기를 치렀고, 코트사이드 좌석에서 세븐티식서스와 마이애미 히트Miami Heat의 경기를 관람했다. 루빈은 그 아이들에게 평생 기억에 남을 최고의 날을 선물하고 싶었다고 말했다.11

. . .

내 친구 커티스 마틴Curtis Martin은 NFL에서 러닝백으로 11시즌 동안 활동했고, NFL 명예의 전당에 헌정되었다. 그는 내 어린 시절이 무난하게 보일 정도로 힘든 환경에서 자랐다. 커티스가 아홉 살이었을 때 할머니가 침실에서 칼에 찔린 시체로 발견되었다. 그로부터 2년 동안 살인범은 잡히지 않았다. 커티스와 그의 어머니는 살인범이 돌아와 자신들도 죽일지 모른다는 두려움 속에서 살아야 했다. 신문에 그들이 사는 집 주소가 실렸기 때문이다. 커티스는 피츠버그 도심의 길거리 폭력 사건으로 친구 12명을 잃었다. 그중에는 그의 가장 친한 친구도 있었다. 둘이서 길을 걸어가는데, 커티스의 눈앞에서 친구가 총에 맞아 죽었다. 커티스는 고등학교 2학년이 되어서야 미식축구를 시작했다. 그런데도 미국의 거의 모든 대학에서 그를 스카우트 하려고 나섰다. 그러나 그는 계속 허무함과 공허함을 느끼고 있었다. 그러다 종교를 받아들이면서 깨달았다. 미식축구가 그에게 발판, 목소리, 다른 사람을 돕고 자신의 삶에 의미를 부여할 길을 열어줬다는 것을.

커티스에게 미식축구는 언제나 목적을 위한 수단, 선한 일을 하기 위한 통로였다. 매주 훈련을 쉬는 화요일마다 그는 뉴욕시로 나가서 수년에 걸쳐 알게 된 여러 노숙자들과 시간을 보낸다. 그들과 나란히 앉아서 이야기를 나누고 그들을 같은 사람으로 대한다. 그는 자신의 힘이 닿는 데까지 어려움을 겪는 많은 사람의 삶에 빛을 비춰줄 수 있기를 소망한다. 고통스러운 어린 시절을 겪은 커티스는 분노와 원통함에 충분히 잠식될 수 있었다. 그러나 오히려 그런 어린 시절을 통해 깊이 공감하고, 함께 이야기를 나누는 현명한 사람이 되었다. 그는 자신의 재능을 활용해 사람들의 삶을 바꾸고, 다른 사람, 그것도 가장 불행한 사람을 구할 방법을 어떻게 찾아야 하는지에 대한 모범 사례가 되었다.

· · ·

더 나은 삶을 찾으려고 애쓸 때 밀려오는 무력감은 내게도 낯선 감정이 아니다. 내가 배를 불태워버리는 이유는 내가 한 번도 받지 못한 도움의 손길을 다른 사람에게 내밀 수 있는 입장이 되기를 갈망하기 때문이다. 그것이 내게는 가장 중요한 목표다. 나는 가장 큰 임팩트를 가할 수 있는 지점을 파악해서 그 지점을 중심으로 최악의 시기를 지나고 있는 사람들을 더 많이, 더 널리 도울 수 있다는 것을 안다.

어머니가 돌아가신 뒤 나는 어머니를 기리기 위해 퀸스 칼리지에 장학기금을 마련했다. 린다 J. 히긴스 임파워먼트 장학금Linda J. Higgins Empowerment Scholarship은 매년 미혼모 두세 명을 선정해 장학금을 수여한다. 나는 어머니 역할과 학생 역할을 동시에 해내는 것이 얼마나 어려운지 알고 있고, 그래서 우리 어머니가 얻지 못한 혜택을 비슷한 처지의 다른 사람들에게 주고 싶었다. 장학금을 받은 학생들은 극복 불가능해 보이는 장애물을 극복하고 졸업식에 참석해 학위를 쟁취하고 있다.

2019년 나는 퀸스 칼리지의 졸업식 연사로 나섰다. 나는 장학금 수혜자들에게 일어서달라고 부탁했다. 내가 10살 때 우리 어머니가 했듯이 그들도 그날 오후 아이들을 캠퍼스에 데리고 왔다. 나는 30년 전 내가 놀았던 바로 그 잔디밭으로 돌아가 있었다. 그때가 내 어린 시절에서 몇 안 되는 행복한 기억이다. 나머지 시간들은 전부 차단했다. 나는 그들에게 말했다. "타메카, 그리고 로재나. 내 어머니처럼 당신들도 극복 불가능해 보이는 장애물을 극복하고 오늘 이 자리에 섰습니다. 당신들은 핑계를 대지 않았습니다. 당신들은 희생양이 되지 않았습니다. 당신들은 결코 포기하지 않았습니다."

장학금 수혜자들은 우리에게 무척이나 큰 용기와 희망을 준다. 나는 매년 그들과 이야기를 나누고 장학금 외에도 더 많은 도움을 주려고 노력한다. 최근에 장학금 수혜자들과 모임을 가졌을 때 가슴 아픈 이야기를 들었다.

라틴아메리카에서 이주한 한 미혼모는 어느 날 저녁 11살 딸을 돌봐줄 사람을 구하지 못해 캠퍼스에 데리고 올 수밖에 없었다. 교수는 그녀의 딸이 강의실 뒤에 앉아 있도록 허락하지 않았다. 그 교수는 그렇게 하는 것이 예법에 위반된다는 말도 안 되는 이유를 댔다. 그녀는 딸을 강의실 밖 복도 바닥에 앉히고 조용히 책을 읽고 있으라고 말했다. 그리고 울음을 터뜨렸다고 했다. 그녀의 딸은, 정말이지 심지 굳은 그 당찬 소녀는 어머니를 꼭 안아주고는 말했다. "엄마, 괜찮아. 걱정 안 해도 돼. 난 엄마가 정말 자랑스러워. 엄만 할 수 있어!"

또 다른 장학금 수혜자는 영어를 단 한 마디도 못 하는 상태로 미국에 왔다. 자신이 대학에 갈 수 있을 거라고는 상상도 못 했다고 한다. 마침내 대학에 지원했는데, 그 직후 유방암 진단을 받았다. 암을 진단받은 그날 그녀는 퀸스 칼리지로부터 우리 어머니의 이름을 딴 장학금 수혜자로 지정되었다는 소식을 전하는 편지를 받았다. 그녀는 내게 전화를 걸어 울면서 말했다. 오로지 그 장학금 덕분에 자신이 대학에 갈 수 있게 되었다고.

그녀는 내가 2019년에 한 졸업식 연설 원고를 몇 번이고 반복해서 읽었다고 말했다. 그걸 읽으면서 우리 어머니에게서 힘을 얻었다고 말했다. "당신 어머니가 할 수 있었다면 저도 할 수 있어요."

어머니는 언제나 자신의 삶이 무의미할 것이고, 자신에 대한 기억이 사라질 것이라고 예견했다. 나는 어머니의 그런 예견이 실현되도록 내버려둘 수가 없었다. 어머니가 돌아가셨을 때 당시 내 고용주였던 뉴욕 시장은 내게 시에서 어머니를 기리기 위해 특별히 할 수 있는 일은 없는지 물었다. 매우 배려 깊은 이 제안에, 나는 어머니가 돌아가시기 전에 마지막으로 요청한 것이 한 가지 있다고 말했다. 어머니는 아파트에서 지낸 마지막 시기에 자신을 차에 태워 퀸스 칼리지 캠퍼스를 한 바퀴 돌아달라고 애원했다. 그곳이 어머니에게 기쁨을 주는 유일한 장소였다. 하지만 나는 새로운 직장에 적응하느라 너무나 바빠 좀처럼 시간을 낼

수 없었다. 어머니가 돌아가시자 그 부탁이 떠올라 괴로웠다. 뉴욕시장
은 어머니의 영구차가 마지막으로 캠퍼스를 한 바퀴 돌 수 있도록 조치
를 취해주었다.

이제 이런 장학금 제도를 통해 어머니가 자신의 이야기에 새로운 결
말을 써넣도록 돕고 있다고 생각한다. 어머니의 유산은 스프링필드 불
러바드의 우울한 아파트에서 홀로 죽음을 맞이한 것으로 남지 않았다.
어머니는 이 강한, 굴복하지 않는 여자들과 함께 계속 삶을 이어나가고
있다. 나는 어머니의 메신저일 뿐이다.

· · ·

나는 학생 시절 퀸스 칼리지 학생회장 선거에 나갔고, 엄청난 표 차로
졌다. 그것이 진정한 의미에서 내 첫 패배였다. 나와 경쟁한 후보는 지
금은 고인이 된 호세 페랄타José Peralta였다. 그는 친절하고 선한 사람이
었다. 학생회장 선거 캠페인 이후 호세는 평생 공공 부문에 몸담았고,
뉴욕주 하원과 뉴욕주 상원에 선출되면서 굉장한 정치 커리어를 쌓아
나갔다. 호세의 러닝메이트는 앨런 반 카펠Alan van Capelle이었다. 앨런
이 졸업한 1997년에는 미국인의 60퍼센트가 동성결혼에 반대했다. 그
런 상황을 받아들일 수도 있었지만, 앨런은 잠자코 지켜보지만은 않았
다. 그는 엠파이어스테이트 프라이드 어젠다Empire State Pride Agenda라는
시민단체의 리더가 되었다. 사람들의 마음과 머리를 바꾸기 위해 싸웠
고, 별다른 반응이 없자 정치인을 바꾸기 위해 싸웠다.

2009년 뉴욕주 상원에서 동성결혼법을 허용하는 법안이 아슬아슬한
표 차로 부결되자, 앨런은 자신의 옛 퀸스 칼리지 학생회장 선거 러닝메

이트 호세 패랄타를 뉴욕주 상원에 당선시키기 위한 선거 캠페인을 시작했다. 호세는 당선되었고, 2년 후 그는 뉴욕주에서 동성결혼을 합법화하는 법안을 통과시킨 33표의 찬성표 중 하나를 던졌다.

내가 이 이야기를 나누는 이유는 우리 모두에게 행동함으로써 의미 있는 변화를 가져올 수 있는 힘이 있다는 말을 하기 위해서다. 가만히 앉아서 지켜보고만 있지 말라. 눈을 충분히 크게 뜨면 우리가 오늘은 묵인하지만 내일은 부끄러워할 어떤 일이 지금 이 순간 세상에서 일어나고 있는 것을 볼 수 있다. 당신의 명분은 당신이 선택할 수 있다. 그것이 무엇인지는 중요하지 않다. 오직 그것이 당신 내면에 불꽃을 일으키는 명분인지가 중요하다. 그렇다면 시스템을 고칠 방법을 찾으면 된다. 한 번에 한 걸음씩 나아가라. 한 번에 배를 하나씩 불태워버려라. 가장 큰 임팩트를 낼 수 있는 지점을 찾아서 세상이 옳은 방향으로 나아가도록 당신이 할 수 있는 모든 것을 하라.

. . .

내 친구 대런 로벨Darren Rovell의 이야기는 사소한 행동, 슬쩍 내민 단 한 번의 손길만으로도 한 사람의 인생을 완전히 바꿀 수 있다는 사실을 보여준다. 대런은 수년간 ESPN에서 기자로 일했다. 그러나 그의 초능력은 천재적인 정보비대칭성 활용 능력이었다. 그는 경매장에서 수집품들을 사들였다. 대중의 이목을 끌지 않는 작은 경매, 카탈로그 구석에 흥미로운 아이템이 숨어 있는 경매, 아이템의 뒷이야기를 제대로 소개하지 않는 경매 등을 찾아다녔다. 가치가 과소평가되었다는 것이 확실한 수집품을 사들였다. 대런이 경매품을 사는 순간 그 물품의 가치는 올라갔다. 대런이 뛰어난 스토리텔러이기 때문이다. 대런은 그렇게 산 물품을 특정 콘서트나 스포츠 이벤트가 있었던 날 등 관련 기념일에 자신이 지불한 가격보다 몇 배나 높은 가격에 되팔았다.

한 가지 예를 들자면, 대런은 수년간 워런 버핏 관련 물품에 투자했다. 오마하의 예언자로 불릴 정도로 대중의 인기를 얻고 있지만, 그런 인기에 비해 관련 물품 수집가가 적다는 점을 눈치챘기 때문이다. 그런 투자는 2022년 대런이 가장 장대한 워런 버핏 관련 기념품을 수백만 달러에 팔면서 대박을 터뜨렸다. 캔자스시티 재무부에서 발행했지만 유통되지는 않았던, 아직 낱장으로 자르지 않아서 1달러짜리 지폐 18장으로 이루어진 종이에는 현재 세상에 남아 있는 가장 큰 버핏의 사인이 적혀 있다(사인 길이가 무려 45센티미터에 달한다). 대런의 머리는 그런 식으로 돌아갔다. 그는 다른 사람이 못 본 연결고리를 봤고, 그것을 어떻게 하면 사람들의 마음을 움직일 수 있는 흥미로운 내러티브로 변환할 수 있을지를 고민했다. 그것이 그가 그토록 뛰어난 기자인 이유이기도 하다.

나는 대런의 능력을 가장 효과적으로 이용하려면 그의 머리가 자유롭게 회전할 수 있도록 자율성을 줘야 한다는 것을 알 수 있었다. 기자라는 직종은 그의 비범한 패턴 인지 능력을 활용하는 데 필요한 자유를 부여하지 않았다. 나는 만약 그가 어떤 회사의 지분을 소유하게 되고, 자기 능력을 그 사업의 맥락에서 활용한다면 훨씬 더 큰 가치를 창출할 수 있을 것이라고 판단했다. 그래서 나는 대런에게 그의 내면에 이미 준비되어 있고, 그가 정말로 하고 싶어 하는 행동에 나서도록 설득했다.

그러나 ESPN처럼 크고 명망 높은 배를 불태워버릴 용기를 내기는 쉽지 않다. 대런은 자신이 그곳에서 쌓은 수익을 환수하는 데 어려움을 겪었다. 기자로서 얻은 성취를 좀처럼 매듭짓지 못해서 새로운 야망을 좇을 수가 없었다. 나는 그가 투자펀드를 시작해서 자신의 천재성을 펼치기를 원했다. 적어도 신생 기업의 실무진으로 들어가서 그의 특별한 능력으로 그 회사를 성공의 길로 안내하기를 바랐다. 내게는 그의 넘치는 재능이 언제든 고삐를 풀어주기만 기다리고 있는 것이 보였다.

그러다 RSE 벤처스가 신생 스포츠도박 기업 설립을 위한 투자금을 후원하기로 결정했고, 나는 그것이 결정적인 기회임을 알 수 있었다. 대런이 그 회사의 브랜드 콘텐츠 기획을 맡아준다면, 그리고 그 회사의 지분을 인수한다면, 그의 삶이 바뀔 것이라는 확신이 있었다. 완벽한 조합이었기 때문이다. 그때 일을 대런은 이렇게 기억하고 있었다. "나는 전업 사업가가 될 준비가 되어 있지 않았어요. 그러나 내 커리어를 남의 손에 맡기고 있는 상황이 편하지는 않았어요. 그 사람들이 미팅에서는 좋은 아이디어를 내도 그 아이디어를 실행에 옮기는 데는 신통치 않다고 느꼈어요. 스타트업으로 옮기자 상사의 수도 줄어들었고, 평생 처음으로 회사의 운명이 정말로 내 손에 달려 있다는 생각이 들었어요."

대런은 계약조건상 콘텐츠 기획과 브랜딩 업무의 최전선에 있으면서 최종결정권을 쥐고 있었고, 회사를 성공시켜야 할 이해관계자이기도 했다. 그는 배를 불태워버렸고 그 덕분에 자신의 삶을 완전히 바꿀 수 있었다. 그 회사는 대런이 합류한 지 3년도 채 지나기 전에 매각되었고, 그는 다음 프로젝트를 시작하기에 충분한 자금을 확보했다. "지난 21년간 나는 매일매일 내가 사랑하는 일을 했어요. 그때 과감하게 도약하겠다고 결심한 것이 내 평생 최고의 선택이었어요."

．．．

줄리앤 허프Julianne Hough도 임팩트를 가장 크게 낼 수 있는 지점을 찾아서 자신의 삶을 더 의미 있고, 더 보람된 방향으로 움직인 예다. 그녀는 댄서, 가수, 배우로서 자신의 경험을 살려 춤에 대한 대중의 접근성을 높이고 싶었다. (줄리앤은 〈댄싱 위드 더 스타Dancing with the Stars〉에서 여러 번 우승했고, 심판으로도 출연했다.) 그래서 키너지KINRGY를 설립했다. 키너지는 춤을 기반으로 스트레칭, 근육운동, 호흡, 시각화, 명상으로 구성된 운동 루틴을 사람들에게 제공해 정신 건강 및 신체 건강을 관리하도록 돕는 웰빙 플랫폼이다. 처음에는 오프라인 수업만 진행했지만, 코로나 팬데믹 기간에 온라인 수업을 제공하기 시작했다. 줄리앤과 함께 훈련을 받고 신중하게 선별한 코치들이 수천 명의 사용자와 구독자들을 최적의 정신·신체 상태에 도달하도록 도왔다.

"내 초능력은 언제나 춤이었어요." 줄리앤이 내게 말했다. "그리고 모든 사람이 그 초능력을 타고났다고 믿어요. 전 세계의 사람들이 축하할 일이 있으면 춤추고, 풍작을 기원하면서 춤추고, 아이를 점지해달라고 춤추고, 치유를 위해 춤춰요. 춤은 국경을 초월하는 모든 인간의 언어입니다." 줄리앤은 사람들의 정신 상태를 바꿀 수 있는 가장 빠른 방법이 춤이라고 생각했다. 춤 동작들은 우리의 감정과 연결되어 있고, 그래서 그런 춤의 힘을 대중에게 소개하고 싶었다. 줄리앤은 자신이 세상으로부터 무언가를 받는 사람이라는 사실을 깨달았다. 그러나 그녀는 세상에 주는 사람이 되고 싶었고, 그래서 자신의 열정을 사업 활동으로 전환하고자 결심했다.

"언제쯤 대중도 〈댄싱 위드 더 스타〉와 같은 경험을 누릴 수 있게 해줄 겁니까?" 사람들이 계속 그녀에게 물었다. 그녀는 〈댄싱 위드 더 스타〉가 주는 전체론적인, 완벽한 몰입형 경험을 대중화하고 싶었다. 사람들이 자신도 무엇이든 해낼 수 있다고 느끼게 해주고 싶었다. 줄리앤은 자신의 능력을 잘 이해하고 있었고, 자신의 부족한 부분을 채워주고 자신의 재능과 아이디어를 사업으로 전환하는 법을 아는 팀을 구성하기 시작했다. 그렇게 해서 키너지가 탄생했고, 줄리앤은 스스로를 댄서나 유명인이 아니라 세상 사람들이 자신의 꿈을 실현하도록 돕는 사람으로 볼 수 있게 되었다. 키너지가 창립 1주년을 무사히 넘긴 뒤 줄리앤은 내 하버드 비즈니스스쿨 강의의 초청 연사로 학생들 앞에 섰다. TV 스타, 배우, 가수로서가 아니라 뛰어난 회사 설립자이자 사회운동의 리더로서 그 자리에 섰다. 키너지와 함께 줄리앤은 진정한 의미에서 인생 2막을 열었다.

마지막 항구는 없다

더 많은 영역을 정복할수록 사회에 환원하면서 다른 사람을 보살피고 도울 수 있는 역량도 더 커진다. 그만큼 우리의 삶과 미래를 향상할 수 있는 역량도 더 커진다.

그런데 어떻게 하면 그것이 가능할까? 이 책을 덮고 난 뒤에 어떻게 하면 실제로 배를 불태우기 시작할 수 있을까? 성장을 가로막는 것은, 그리고 최종적으로 사업이 몰락하는 이유는 우리가 오로지 정답을 찾는 데 초점을 맞추기 때문이다. 우리에게 필요한 것은 정답을 찾는 법이 아니라 옳은 질문을 던지는 법이다.

이제 당신이 스스로에게 물어야 할 질문이 몇 개 남지 않았다. 이 책에서 배운 교훈을 자신의 것으로 만들고 다음 여정에 나설 준비를 하면서 다음 질문에 답해보자.

- 나는 다른 사람이 할 수 없는 어떤 것을 할 수 있는 특수한 위치에 있는가?
- 다른 사람이 행동으로 옮기지 않은 통찰이 내게 있는가?
- 나를 특별하게 만드는 것은 무엇인가? 그 특별함을 어떻게 하면 최대한 활용할 수 있을까?
- 내 마음속 가장 깊은 곳에 도사리고 있는, 내가 진심으로 하고 싶은 일은 무엇인가?

모든 질문에 대한 답을 알고 있어야 하는 것은 아니며, 만약 모든 질문에 대한 답을 알고 있다고 생각한다면, 장담하건대 당신은 실패할 것이다. 자기인식의 부족을 나타내는 선행지표는 자신의 계획이 완벽하다는 확신과 자신에게 그 계획을 완벽하게 실천할 수 있는 능력이 있다는 자신감이다. 문제에서 해결책이 나온다. 당신이 답을 모르는 곤란한 상황에 스스로를 밀어 넣고 자신의 기발함과 문제해결 능력에 감탄하는 경험을 해보자.

• • •

마지막 항구가 없다고 말하면 어떤 사람들은 원초적인 거부감을 느끼는 것 같다. 결코 긴장을 풀거나, 끝났다고 선언할 수 없다는 의미로 받아들인다. 그러나 그것은 내가 전달하고자 하는 메시지가 아니다. 당신의 여정에서 섬에 당도해 그곳에 집을 짓고 잠시 머물며, 끊임없이 뭔가 새로운 것을 이뤄야 한다는 압박감에서 벗어난 삶을 살고 싶은 마음이 들 수도 있다. 그것은 재충전을 위한 것이고, 재충전을 해도 좋다. 우리는 누구나 재충전이 필요하다. 그러나 언젠가는 다시 갈망하게 될 것이다. 한곳에 영원히 머물 수는 없다. 아주 특수한 사람들을 제외하면 (그런 사람들은 내가 만난 거의 모든 사람과 애초에 다르게 설계되었다) 한곳에 머무는 것이 끊임없이 뭔가를 하면서 노력하고 새로운 모험을 떠나는 것만큼 즐겁지 않을 것이다.

사람들이 임종을 맞이했을 때 하는 가장 큰 후회는 자신의 가장 대담한 꿈을 좇지 않았다는 사실이다. 이 책을 마무리하는 동안 볼앤브랜치 Boll & Branch의 CEO 스콧 태넌Scott Tannen과 아침식사를 함께 했다. 볼앤브랜치는 내가 내부에서 그 성장을 지켜본 고급 가정용품 유통기업이다. 태넌도 이 책에서 나눈 수많은 아이디어를 완벽하게 체화한 인물이다. 그는 세계에서 가장 큰 온라인 게임사이트 캔디스탠드닷컴Candy-stand.com을 설립하고 매각하면서 이미 엄청난 엑시트를 달성했다. 그러나 그와 아내 미시Missy는 집을 리모델링하면서 통찰을 얻었다.

인테리어를 구상하면서 스콧과 미시는 고객이 중요시하는 가치를 실천하는 럭셔리 브랜드가 인테리어 시장에 없다는 사실을 알아차렸다. 그는 가정용품 공급망을 재창조할 기회를 포착했고, 윤리적이고 공정한 방식을 지키는 전 세계의 생산업체와 직접 거래하기 시작했다. 그로부터 7년 뒤 볼앤브랜치는 1억 달러 이상의 매출을 올렸다.

"우리는 확실하게 '최고의 이불 세트'라고 말할 수 있는 브랜드나 제품이 시장에 없다는 사실을 믿을 수 없었어요." 스콧이 내게 말했다. "그래서 우리가 만들었죠."

그것은 누구라도 얻을 수 있었으나 얻지 않은 통찰이었다. 스콧의 말을 빌리자면 "'결코 놓칠 수 없는', 그런데도 엄청나게 많은 사람들이 엄청나게 자주 놓친" 통찰이었다.

그날 아침식사를 하면서 스콧은 지나가는 말로 오랜 조사 끝에 마침내 볼앤브랜치의 SNS 전략을 책임질 회사를 찾았다고 전했다. 그는 그 회사에 1만 달러를 지불했고, 그 회사는 30만 달러의 매출을 안겨주었다. 80퍼센트의 수익률이다. 그는 믿을 수 없는 일이었다고 말했다. 그리고 그 에이전시를 만나기 전까지 여러 번 실패를 겪었다고 털어놓았다. 그가 에이전시 이름을 말했을 때 나는 곧장 반응했다. 빌리지 마케팅Village Marketing은 내가 지난 몇 년간 수없이 자주 들어본 이름이었기 때문이다. 나는 스콧에게 그 회사 설립자를 만나 RSE 벤처스의 포트폴리오에 그 회사를 넣을 수 있는지 알아보고 싶다고 말했다.

비키 시거Vickie Segar에게 연락했을 때 그녀는 우리가 이전에 만난 적이 있다고 말했다. 2013년에 빌리지 마케팅을 시작한 비키 시거는 2010년부터 2013년까지 이퀴녹스Equinox의 마케팅 부장으로 일했다. 그리고 그녀가 이퀴녹스를 떠난 직후 우리는 그녀의 다음 일자리를 두고 이야기를 나눴다. 제시 데리스의 신생 홍보회사가 처음으로 인재 영입에 나설 무렵이었다. 당시에 비키는 마케팅을 어떻게 해야 하는가에 대한 비전이 있었지만 아무도 자신의 말에 귀를 기울이지 않는다고 느꼈다. "고객이 SNS에 점점 더 많은 돈을 쓰고 있다는 데는 이견이 없었어요. 그러나 브랜딩에는 충분한 시간을 쓰지 않았어요. 사람에게 시간을 쓰고 있었죠. 실제로 대다수 브랜드는 잠재 고객을 자신들의 SNS 페이지로 어떻게든 끌고 오는 방식을 고수하고 있었어요. 저는 고객이 이미 있는 곳으로 가서 그곳에서 고객을 만나고 고객이 다른 고객과 나누는 대화에 브랜드를 집어넣고 싶었어요."

비키가 이어서 말했다. "고객들이 SNS에서 사람들과 브랜드 이야기를 나누면서 시간을 보낸다는 통찰이 제게는 너무나 당연하게 느껴졌어요. 그런데 다른 사람에게는 아니었나 봐요. 기존 에이전시 모델은 인플루언서와 작업하는 방식이 아니었어요. 오히려 인플루언서를 배제했어요. 그 덕분에 저 같은 작은 체급의 선수가 아예 저만의 체급 종목을 만들어서 뛰어들 수 있는 문이 활짝 열려 있었죠."

나는 게리 베이너척을 처음 만났을 때와 비슷한 느낌을 받았다. 비키는 엄청난 통찰을 지니고 있었고, 자신의 영역을 정확하게 이해하고 있었다. 나는 진심으로 그녀를 설득해서 우리 팀에 데리고 오고 싶었다. 나는 데리스의 회사가 크게 성공하리라는 것을 알았고, 비키가 우리에게 꼭 필요한 천재라고 생각했다. 하지만 비키는 내 제안을 거절했다.

비키는 그 이유를 기억하고 있었다. 그녀는 그때가 세상에 나가서 자신이 홀로 설 수 있는지 확인할 유일한 기회라는 것을 알고 있었기 때문에 내 제안을 거절했다. 그로부터 8년이 지난 뒤에 나와 이야기를 나누고 있는 그녀는 그 일을 해냈다. 그녀는 150명의 직원을 두고 있고, 1,400만 달러의 연매출을 올리고 있다. 그것도 어린 두 자녀를 키우면서. 그녀는 내 직원이 될 수도 있었지만, 현재 엄청나게 성공한 설립자가 되었다.

"10년 전 저는 여성으로서 스타트업계에 뛰어들었어요. 가족을 만드는 것, 어떤 식으로든 출산휴가를 내는 것은 공공연하게 제한되었어요. 제가 회사를 차린 이유는 단순하게 말하면 제가 바라는 엄마로서의 삶도 살 수 있는 환경을 만들어야 했기 때문이에요. 유연성이 필요했어요. 또한 다른 여성들에게 길을 터줄 수 있는 기회라는 것도 알았어요. 그래서 여성으로만 구성된 회사를 세우고 처음부터 유연한 근무환경을 조성했어요."

이것은 그야말로 영감을 주는 이야기다. 그녀는 성공적인 회사를 일궜고, 광고업계에서 가장 큰 기업인 WPP에 회사를 매각함으로써 자신과 가족의 재정적 자유를 확보했다. 우연이겠지만, 그 몇 달 뒤에 제시도 자신의 홍보회사를 매각했다. 비키가 우리 직원이 되는 대신 스스로를 믿기로 결심한 순간 그녀의 삶의 궤적이 완전히 바뀌었다.

. . .

그리고 결국 그것이 진짜 목표이지 않은가. 배를 불태워버리고 진정한 충만함을 얻는 것. 따라서 '왜?'라고 물을 필요가 있다. 당신의 모든 노력을 가치 있는 것으로 만드는 목표가 필요하다. 물론 여정 자체에 즐거움이 있다. 그러나 단순히 개인의 부나 자기만족보다 큰 사명이 있어야 추진력을 얻을 수 있다. 탁월함의 추구도 강력한 동기가 될 수 있다. 그러나 뭔가가 더 있어야 한다. 그렇지 않으면 승리가 공허하게 느껴지기 시작할 테니까.

나의 경우에는 모든 것이 내 어린 시절로 귀결된다. 나와 어머니가 겪은 그런 고통을 덜어줄 수 있는 플랫폼을 만들고 그 플랫폼을 후원할 자금을 형성하고 싶다는 갈망이 나를 움직였다. 이런 이야기를 쓰는 것만으로도 가슴이 찢어지지만, 그날 아침 시청에 출근하기 위해 현관문을 나설 때 어머니가 내게 한 마지막 말은 그날 이후로는 반드시 애플소스를 먹겠다고 약속한 것이었다. 어머니는 살을 빼고 싶어 했다. 계속 살고 싶어 했다. 어머니는 처음으로 비행기를 타보고 바닷가에 앉아 보고 싶다고 말했다. 이 지구상에서의 마지막 날 어머니는 여전히 꿈꾸고 있었고, 자신의 삶을 바꿀지도 모를 기회를 딱 한 번만 더 얻고 싶어 했다. 그날 아침에는 그것을 몰랐다. 그리고 그걸 내가 알게 되었을 때는 이미 늦었다.

지금 살아 있는 우리는 아직 늦지 않았다. '배를 불태우는 것'은 실현되지 않은 꿈, 외면한 야망을 남겨두지 않기 위한 철학이다. 우리는 누구나 자기 재능의 한계가 어디인지, 결코 닿을 수 없는 한계가 어디인지를 확인할 기회를 스스로에게 줄 필요가 있다. 자기 자신을 깊이 이해하고 뭔가를 해내는 자신만의 힘을 발견해야 한다. 내 삶의 가장 중요한 소명은 다른 사람이 자신의 여정을 성공적으로 마칠 수 있도록 돕는 것이다. 내가 어린 시절 배운 교훈, 아무도 우리를 구하러 오지 않는다는 그 교훈은 사실이긴 하지만 확정된 결론은 아니었다. 우리는 누구나 선택할 수 있다. 개입할 것인가, 못 본 척할 것인가. 아주 작은 손짓조차 누군가의 삶의 궤적을 바꿀 수 있다. 단순히 어둠 속으로 희망을 공급하는 것만으로도 충분할 수 있다. 이제 나는 절박한 사람에게 빛이 되어줄 수 있는 사람이 되었다.

내가 레오니르 신부를 만났을 때 우리는 내 여정에 관해 이야기를 나눴다. 그는 내게 어린 시절의 트라우마가 영원히 치유되지 않을 거라고 말했다. 당시에 나는 어떻게든 시간을 되돌려서 어머니가 고통에 굴복하지 않도록 구하는 불가능한 일을 해내려고 에너지를 쓰고 있기 때문이었다. 그는 내가 결코 어머니를 치유하거나 그녀 옆에 있는 어린 소년을 치유할 수 없겠지만, 지금 물에 빠져서 허우적대는 다른 사람을 구할 수 있다고 말했다. "강으로 가세요." 레오니르 신부가 말했다. 그 덕분에 나는 나를 평화로 인도하는 길을 찾을 수 있었다.

· · ·

그리고 그 덕분에 나는 2021년 9월 센트럴파크의 무대에 서서 그레이트 론에 모인 6만 명의 사람들에게 우리 모두에게 세상을 변화시킬 수 있는 힘이 있다는 메시지를 전하는 특권을 누릴 수 있었다. 지난 3년간 글로벌 연대 재단Global Solidarity Fund이라는 가톨릭교의 종파연합 분파가 전 세계의 이민자와 난민을 지원하고 수천만 명의 사람들을 섬기는 종교기반 단체의 영향력을 강화하기 위해 조용히 모금을 진행하고 있었다. 이민자는 내 마음을 건드린다. TV에서 대규모 이주가 진행되는 끔찍한 장면을 볼 때 우리는 그들이 왜 여기로 오는지를 묻는 대신 왜 그들이 탈출할 수밖에 없는지를 물어야 한다. 상황이 얼마나 나쁘면, 얼마나 절박하면 고향을 떠날 결심을 했을까? 얼마나 의지가 강하고 성실해야 그 여정을 포기하지 않을 수 있는 걸까?

나는 글로벌 연대 재단 활동에 참여해 사회에 환원하고 그 단체의 사명에 다른 사람들을 끌어들이기 위해 노력하고 있다. 그날 무대에서 나는 우리가 식량, 백신, 직업훈련을 제공하기 위해 1억 달러를 모금하는 캠페인을 시작한다고 선포했다. 그리고 이미 그 목표를 위해 첫 2,800만 달러를 모금했다.

나는 그곳에서 귀를 기울이는 모든 사람에게 프란치스코 교황의 평등 비전을 전달하는 일을 위임받았다. 그들이 개인적으로 어떤 종교를 믿든 글로벌 연대 재단의 메시지로 그들의 마음을 울려야 했다. 그것도 록 콘서트 중간에. 공원에서. 47초 안에!

해리 왕자Prince Harry와 메건 마클Meghan Markle 다음으로 무대에 오른 나는 대본에 적힌 그대로 읽으라는 지시를 받았다. 나는 긴장했지만 계단을 올라가면서 나를 맞이하는 맨해튼의 아름다운 마천루들을 봤다. 세상에서 가장 부유한 이들이 일하고 살아가는 5번가의 건물들이 우리를 굽어보고 있었다. 그 순간 센트럴파크를 내려다보는 그 건물들에서 사람들이 여유롭게 고급 차를 마시고 있는 장면이 떠올랐다. 전쟁 지역에서 살인과 강간으로부터 탈출하는 가족들을 돕고 있을 레오니르 신부의 모습이 그와 대비되면서 함께 떠올랐다. 나는 청중과 연결되기 위해서는 대본을 무시해야 한다는 것을 본능적으로 깨달았다. 레오니르 신부와 프란치스코 교황을 위해 배를 불태워버려야 했다.

"여기 센트럴파크에 있는 여러분의 뒤쪽에 솟아 있는 건물들이 보입니까?" 청중에게 물었다. 사람들이 고개를 돌려 뒤쪽을 바라봤고, 카메라도 전 세계에서 지켜보는 수백만 명을 위해 그 건물들을 비췄다.

프롬프터의 화면이 미친 듯이 깜빡였다. "나는 저곳에서 자라지 않았습니다. 나는 뉴욕 퀸스 출신입니다. 뉴욕에 사는 많은 사람들처럼 나는 아주 가난하게 자랐고, 사회복지 서비스에 의지했습니다. 다음 끼니를 걱정해야 하는 날이 태반이었고, 내가 받은 모든 도움에 감사하고 있습니다. 하지만 허기진 배를 움켜쥐어야 했던 정말 절망스러웠던 때에 우리 교구 성당에서 정성과 음식으로 가득한 상자를 보내줬던 것이 기억납니다. 그것이 오늘 밤 제가 이 자리에 서 있는 이유입니다. ….”

나중에 나는 행사 운영진에게 42초를 더 쓴 것을 사과했다. 한 달 뒤, 나는 평생 기억할 영광을 얻었다. 바티칸에서 프란치스코 교황을 직접 만나게 된 것이다. 2013년 그리스도의 지상 대리인으로 선출된 프란치스코 교황은 그 지위가 제공하는 모든 세속적인 과시 요소들을 거절함으로써 전통을 깼다. 장엄한 바티칸 궁전도 그런 요소들 중 하나로, 그는 손님용 숙소에 정착했고 로마에서 이동할 때는 1984년산 르노 자동차를 타고 다닌다.

그런 혁명적인 접근법의 밑바탕에는 메시지가 깔려 있다. 교황에 선출된 직후 그는 로마의 카살 델 마르모 소년원을 찾아가 수감자 12명의 발을 씻겼다. “우리 중 가장 높은 자는 다른 사람을 섬겨야만 합니다.” 프란치스코 교황이 설명했다. “당신의 발을 씻기는 행위는 하나의 상징입니다. 제가 당신을 섬긴다는 것을 의미합니다.”[12]

나는 그가 바티칸의 소박한 방으로 걸어 들어오는 것을 지켜봤다. 우리는 모두 그곳에 원형으로 앉아 있는 것을 영광스럽게 여겼다. 프란치스코 교황은 한 명 한 명에게 다가가 인사를 건네면서 마치 우리가 세상에서 유일한 사람인 것처럼 대했다. 나는 그의 열정에 감화를 받아서 여기까지 오게 되었다고, 내가 가난하게 자랐으며 지역 교구에서 하는 음식 나눔 봉사의 도움을 받았다고 말했다. 그리고 지금 나는 그때 받은 도움을 갚기 위해 (모금활동을 하고 교회를 도우러) 왔다고 말했다.

그는 무관심의 반대말이 연대라고 설명했고, 우리는 모두 멀찍이 떨어져서만이 아니라 바로 곁으로 다가가 베풀어야 한다고 말했다. “가난한 자들을 가까이 두세요.” 그가 말했다. “주변부로 가세요. 단순히 신체적으로만이 아니라 영적으로도요." 그 말을 들으면서 나는 과거로 이동했다. 어머니의 삶이 끝을 향해 갈 때 누군가가 자신의 머리를 감겨주길 간절히 바랐던 것이 기억났다. 어머니는 다시 한번 조금이라도 인간답게 살고 싶어 했다. 그러나 동네 미용실에서는 더 이상 혼자 목욕할 수 없게 된 어머니를 못마땅해하며 되돌려 보냈다. 어머니는 사람들 앞에 나서고 싶어 했다. 돈도 중요하지만, 어머니는 사람과의 교류에 굶주려 있었다. 연대. 희망. 연결.

나는 이 책을 통해 연결되려고 노력했다. 내가 함께 일한 설립자와 파트너들, 그리고 살면서 만난 내 도움이 필요한 사람들과 연결되고자 했다. 프란치스코 교황을 방문한 경험은 평생 내 마음에 각인될 것이다. 특히 만남의 자리가 끝날 때 그가 한 말은 평생 잊지 못할 것이다. 그리고 그것은 자신의 배를 불태워버리기 위해 떠나는 당신을 배웅하는 데도 안성맞춤인 말이다.

"용감해지세요."

아주 단순한 말이라는 것을 안다. 그러나 그것이 얼마나 어려운 일인지도 안다. 내가 제츠를 떠날 때, 사람들은 내가 너무나 위험한, 너무나 멍청한 선택을 했다고 말했다. 그들은 아무도 내 연락에 답하지 않을 것이고, 팀이 없는 나는 아무것도 아니라고 말했다. 나는 그들에게 말했다. "그렇지 않습니다. 제츠는 플랫폼이 아니에요. 내가 나 자신의 플랫폼입니다."

당신도 당신 자신의 플랫폼이다. 당신의 빛나는 재능이 플랫폼이다. 당신이 잘하는 것의 주인이 되고, 결코 뒤돌아보지 마라.

용감해져라.

. . .

　얼마 전 뉴욕주에 있는 조지호에서 휴가를 보냈다. 우리 가족은 작은 배를 빌렸고, 호수에는 50년도 더 된 무척이나 아름다운 목재 보트하우스가 있었다. 나는 소유주 중 한 명과 이야기를 나누기 시작했다. 그는 보트하우스와 거기에 정박한 모든 배를 만든 사람의 후손이었다. 좁고 기다란 작은 땅 옆에는 화려한 나무배가 묶여 있었다. 아주 세심한 손길로 관리되고 있었고, 세월의 흔적을 찾아볼 수 없었다. 베니스 운하에 어울릴 법한 배였다.

　"저 배에는 어떤 사연이 있나요?" 내가 물었다.

　"아, 저 배는 아주 특별하답니다."

　60여 년 전, 그 보트하우스는 전소되었다. 1957년 5월 5일 자 기사가 그 사실을 확인해주었다. '볼튼 랜딩의 스미스 보트하우스에 화재가 발생했다. 볼튼 랜딩, 조지호, 체스터타운, 워렌스버그의 소방서에서 소방대원들이 출동해 화재 진압에 나섰고, 5시간 뒤에 불이 꺼졌다.' 소유주는 불이 난 그날 일하고 있었다. 보트하우스를 둘러싸고 있던 낡은 통나무들이 불쏘시개 역할을 했다. 그는 건물은 다시 세울 수 있지만, 보트하우스 안에 있는 배들이 불길에 휩싸여 자신이 평생을 바쳐 일한 모든 것이 파괴될까 봐 겁이 났다. 그는 뛰어다니면서 되도록 많은 배를 호수로 밀어냈지만, 시간이 부족했다. 그때 그는 일종의 계시를 받았다. 불기둥이 솟아오르는 지옥 속에서 그는 수선장으로 달려가 벽에 걸린 도끼를 잡았다. 그는 아직 보트하우스에 남아 있는 자신의 자랑스러운 배들을 내려다봤다. 그리고 미친 듯이 도끼를 휘둘렀다. 배를 가라앉히면 엔진에 물이 들어가겠지만, 나머지 선체는 불길을 피할 수 있을 것이다. 화재를 진압한 뒤에 배를 건져 올려서 부품을 교체하고 사업을 재건하면 된다.

당신이 이 이야기에서 교훈을 한 가지만 지니고 떠난다면, 당신이 언제든 그 자리에서 해결책을 발견할 무한한 역량을 지녔다는 흔들리지 않는 내 믿음이길 바란다. 나를 믿으라. 당신이 궁지에 몰렸을 때, 그리고 탈출로가 보이지 않을 때, 당신은 방법을 찾아낼 것이다.

배를 불태워버리는 대신 당신은 그냥 배들을 물에 가라앉힐지도 모를 일이다.

감사의 글

나는 결코 이어질 것 같지 않은 내 삶을 배턴 터치가 끝없이 이어지는 릴레이 경주로 상상했다. 뉴욕 퀸스에서 처음 일을 시작한 후로 내가 어디에서 왔는지가 아닌 내가 어디로 가는지를 봐주는 사람이 꼭 한 명씩은 있었다. 그 사람은 배턴을 주워서 내가 다음 순서를 뛸 수 있도록 부축했다. 다이앤 코언, 앨런 거슈니, 게리 애커먼 하원의원, 마이클 셍클러, 마이클 누스바움, 데이비드 오츠, 크리스타인 라테가노-니콜라스, 콜린 로시, 서니 민델, 루 톰슨, 케빈 램피, 마이클 맥키온, 조지 퍼타키 주지사, 존 카힐, 리사 스톨, 제이 크로스, 우디 존슨, 렌 슐레싱어, 제프 프로스트, 홀리 제이컵스, 클레이 뉴빌, 롭 밀스, 마크 버넷, 배리 포즈닉, 마크 호프먼, 그리고 무엇보다 내 파트너이자 멘토인 스티븐 로스. 내 커리어에서 만난 각각의 교차점에서 당신들은 모두 내 출신 배경보다는 내 잠재력을 높이 샀고, 새 커리어 전환점으로 나아갈 수 있는 길을

346

닦아줬습니다. 나보다 더 내 재능을 믿어준 사람들이 많았습니다. 나는 매일매일 당신들에게 감사하는 마음을 가슴 깊이 담아두고 있습니다.

이 책의 거친 면들이 당신을 불편하게 하고 때로는 당신을 나약하게 만들었기를 바란다. 나는 배를 불태워버린다는 것이 무엇을 의미하는지 생생하게 살려내는 모든 이야기에 나오는 비범한 선구자들 모두에게 빚을 졌다. 특히 아무것도 숨기지 않고 모든 것을 들려주고, 내가 당신들의 지치지 않는 자기계발 열정을 나눌 수 있게 해준 에이든 케호와 마이크 태넌바움에게 감사 인사를 전합니다.

이 원고의 초고를 읽어준 모든 사람들에게 감사한다. 당신들 덕분에, 당신들의 날카로운 통찰, 상냥한 피드백, 이 책에 사람들의 삶을 변화시킬 수 있다는 애정 어린 격려 덕분에 최종 원고가 훨씬 더 좋아졌습니다. 클로디아 레즈카노 델 캄포, 수잰 노위츠, 데이브 워렌, 에릭 반 바게넌, 엘리스 프로피스, 존 시오라, 바네사 발레스테로스. 당신들의 코멘트가 내가 지금까지 얻은 기회들을 만나지 못한 사람들에게 이 책이 더 잘 다가갈 수 있도록 내 시야를 넓혀줬습니다.

나는 어떻게 〈샤크 탱크〉에 출연하고 내 TV쇼의 파일럿 에피소드를 찍게 되었을까? 내 에이전트 리드 버그먼은 뜻하지 않게 내 안에서 TV에 출연할 만한 자질을 발견했고, 그것을 현실로 만들었다.

RSE 벤처스의 내 헌신적인 팀에게. 이 세상에 당신들이 할 수 없는 게 있나요? 우리는 우리의 체중을 훨씬 뛰어넘는 짐을 짊어질 수 있는 개미 군단입니다. 어떤 상황이든 헤쳐나갈 수 있는 당신들의 능력 덕분에 나는 이 책을 쓰고, 필요하면 집에서 전화로 업무를 처리할 수 있는 뇌 공간을 남겨둘 수 있었습니다. 우데이 아후자, 코린 글래스, 레나 데

드부코비치, 우리의 뛰어난 팀을 이끄는 당신들의 견고한 리더십에 감사를 표합니다. 제시카 리조, 당신이 없으면 RSE 벤처스도 없습니다. 지난 10년 동안 당신의 흔들리지 않는 긍정 에너지는 우리 모두에게 선물이었습니다. 루 마자노, 책을 쓰는 일에 필요한 끝없는 세부사항들을 조율하고 50번이 넘는 인터뷰 자리를 마련해줘서 감사합니다!

이 책의 탄생에는 내 저작 에이전트 마이클 팰컨이 결정적인 역할을 했다. 그는 카페인이 끊임없이 투입된 화이트보드 마라톤 세션을 견뎌내며 이 책을 빚어냈다. 책에 대한 내 사랑은 《비벌리 클리어리》 시리즈로 거슬러 올라간다. 따라서 그 시리즈의 집이 되어주었던 출판사 윌리엄 모로에서 이 책을 출간하게 되었다는 사실이 내게 자부심과 향수를 심어준다. 하퍼콜린스의 모로 디프레타는 이 책에 사람들의 삶을 변화시킬 수 있는 잠재력이 있다는 사실을 곧장 알아봤다. 그리고 아직 책을 한 권도 출간한 경험이 없는 초보 작가가 이 책을 세상에 내놓을 수 있도록 모든 것을 걸었다. 매번 편집을 통해 이 책을 이전보다 더 개선한 앤드루 야키라에게 감사의 인사를 전한다. 캐럴 레만, 당신은 진정한 아티스트입니다. 당신이 만든 표지는 너무나 강렬하고 매혹적이어서 그 누구도 결코 지나칠 수 없을 것입니다. 제러미 블라크먼은 이 책을 탄생시키는 작업의 모든 측면에서 내 파트너가 되어주었다. 1년에 걸쳐 수많은 회의를 거치면서 우리는 종이 위의 아이디어를 더 깊이 파고들었고, 각 개념을 부각할 수 있는 이야기와 소재들을 발굴했다. 누군가가 내 책에 나보다 더 큰 애정을 쏟는 것을 상상하기 힘들지만, 제러미와 작업하면서 나는 그가 그런 사람이라고 느꼈다.

내 아름다운 아이들에게. 이 책을 쓰면서 가장 힘들었던 일은 너희들을 이 작업에서 완전히 배제하는 것이었단다. 지금까지 너희들을 대중의 시선에서 감추었듯이 말이야. 이 책에 진정성이 없다고 느껴지는 점이 한 가지 있다면 그것은 너희들이 나오지 않는다는 것이겠지. 실은 세상에 내 이야기를 전부 알리고 싶었고, 너희들은 내 이야기의 일부이니까. 내 지혜로운 15살 아들아. 원고를 봐줘서 고맙다. 모든 페이지에서 네 기발한 편집들이 들어간 것을 알아차릴 수 있을 거야.

은행에 단돈 100달러를 남기고 돌아가신 내 어머니 린다에게. 나는 통장 잔고보다 훨씬 더 값진, 부모가 아이에게 남길 수 있는 가장 큰 선물을 물려받았습니다. 그것은 모든 것을 알아보고 이해하는 내 능력에 대해 당신이 보낸 무한한 신뢰였습니다. 내가 세운 모든 터무니없는 계획을 당신은 무조건 지지했습니다. 이 책의 청사진은 오래전 우리 집 부엌에서 탄생했습니다. 이 책에서 내 어린 시절은 상당히 각색되었지만, 내 형들 토드, 티미, 토미 또한 내가 이 페이지들에 담아내려고 시도조차 하지 않은 우리 가정사로 인해 값비싼 대가를 치렀습니다. 그러나 내가 형들을 보고 있다는 걸 알아주길 바라. 토드 형, 형은 우리가 아주 어릴 때부터 내 상담역이었어. 누구나 자신의 이야기 전체를 아는 사람이 필요해. 내게는 형이 그런 사람이야.

마지막으로 사랑하는 아내 새라. 우리는 어떻게 이다지도 운이 좋았을까요? 당신은 내게 모든 것입니다. 내 가장 친한 친구이자 영혼의 단짝이고, 내가 길을 잃을 때 인도하는 북극성이며, 내가 원하지 않을 때도 공범이 되어줍니다. 이 세상에서 내가 당신보다 더 존경하는 사람은 없습니다.

이 책을 당신에게 바칩니다.

주

머리말

1. Hoff, Rabbi Dr. Naphtali. 2017. "Learn to Burn Your Boats." Jewishlinknj .com. November 9, 2017. https://jewishlink.news/features/21533-learn-to -burn-your-boats.

2. "The Annotated Art of War (Parts 11.38-40: No Way Back)." n.d. Changingminds.org. Accessed August 11, 2022. http://changingminds.org/disciplines/warfare/art_war/ sun_tzu_11-8.htm.

3. Bishop, Greg. 2011. "Channeling Churchill, Ryan Inspires His Team." New York Times, January 7, 2011, sec. Sports. https://www.nytimes.com /2011/01/08/ sports/football/08ryan.html.

1장 당신의 직감을 믿으라

1. Emerson, Ralph Waldo. 1993. Self-Reliance and Other Essays. Mineola, New York: Dover Publications.

2. Jasper. 2019. "Airbnb Founder Story: From Selling Cereals to a $25B Company." Get Paid for Your Pad. August 9, 2019. https://getpaidforyourpad.com/blog/ the-airbnb-founder-story/.

3. "Stephen Ross." n.d. Forbes. Accessed August 31, 2022. https://www.forbes.com/profile/stephen-ross/?sh=4df40b506220.

4. Williams, Keith. 2016. "The Evolution of Hudson Yards: From 'Death Avenue' to NYC's Most Advanced Neighborhood." Curbed NY. December 13, 2016. https://ny.curbed.com/2016/12/13/13933084/hudson-yards-new-york-history-manhattan.

5. Schulman, Pansy. 2019. "New York Citadel: A Future History of Hudson Yards." https://digitalcommons.bard.edu/cgi/viewcontent.cgi?article=1286&context=senproj_s2019.

6. Skid, Nate, and Jonathan Fazio. 2021. "How Abhi Ramesh Built a $1 Billion Start-up Called Misfits Market." CNBC. May 23, 2021. https://www.cnbc.com/video/2021/05/23/how-abhi-ramesh-built-a-1-billion-start-up-called-misfits-market.html.

7. Wilco, J. R. 2011. "The Stonecutter's Creedo." Pounding the Rock. December 27, 2011. https://www.poundingtherock.com/pages/the-stonecutters-creedo.

2장 내면의 악마와 적을 정복하라

1. Nishant, Niket. 2021. "Impossible Foods Raises $500 Mln in Funding Round Led by Mirae." Reuters, November 23, 2021, sec. U.S. Markets. https://www.reuters.com/markets/us/impossible-foods-raises-500-mln-latest-funding-2021-11-23/.

2. Connor, Andrea. 2017. The Political Afterlife of Sites of Monumental Destruction: Reconstructing Affect in Mostar and New York. United Kingdom: Taylor & Francis.

3. Wolfson, Elizabeth. 2017. "The 'Black Gash of Shame'—Revisiting the Vietnam Veterans Memorial Controversy." Art21 Magazine. March 15, 2017. http://magazine.art21.org/2017/03/15/the-black-gash-of-shame-revisiting-the-vietnam-veter-

ans-memorial-controversy/#.YvU8TezMLoZ.

4. Kapp, Matt. 2016. "Of Stone and Steel: The Story behind the 9/11 Memorial." Vanity Fair. September 9, 2016. https://www.vanityfair.com/news/2016/09/the-story-behind-the-911-memorial.

5. Jensen, Michael, Torsten Twardawski, and Nadja Younes. 2021. "The Paradox of Awards: How Status Ripples Affect Who Benefits from CEO Awards." Organization Science 33 (3). https://doi.org/10.1287/orsc.2021.1475.

6. Billan, Dr. Rumeet, and Todd Humber. n.d. "The Tallest Poppy: Successful Women Pay a High Price for Success." Viewpoint Leadership, Women of Influence, Canadian HR Reporter, Thomson Reuters. Accessed August 11, 2022. https://static1.squarespace.com/static/5760345a044262a766b7a699/t/5bc4aa0f4785d3ab4d047fd7/1539615256731/TPS+Whitepaper.pdf.

7. Billan and Humber.

8. Kross, Ethan, Emma Bruehlman-Senecal, Jiyoung Park, Aleah Burson, Adrienne Dougherty, Holly Shablack, Ryan Bremner, Jason Moser, and Ozlem Ayduk. 2014. "Self-Talk as a Regulatory Mechanism: How You Do It Matters." Journal of Personality and Social Psychology 106 (2): 30424. https://doi.org/10.1037/a0035173.

9. Jordt, Hannah, Sarah L. Eddy, Riley Brazil, Ignatius Lau, Chelsea Mann, Sara E. Brownell, Katherine King, and Scott Freeman. 2017. "Values Affirmation Intervention Reduces Achievement Gap between Underrepresented Minority and White Students in Introductory Biology Classes." Edited by Jeff Schinske. CBE—Life Sciences Education 16 (3): ar41. https://doi.org/10.1187/cbe.16-12-0351.

10. Logel, Christine, and Geoffrey L. Cohen. 2011. "The Role of the Self in Physical Health." Psychological Science 23 (1): 5355. https://doi.org/10.1177/0956797611421936.

11. National Geographic. 2015. "The Power of Positivity | Brain Games." www.youtube.com. June 22, 2015. https://www.youtube.com/watch?v=kO1k-gl0p-Hw&t=1s.

12. Hendricks, Jaclyn. 2021. "Rex Ryan's 'Toe Expert' Joke Causes 'Get Up' Cast

to Completely Lose It." New York Post. December 13, 2021. https://nypost. com/2021/12/13/espn-get-up-cast-loses-it-over-rex-ryans-toe-expert-joke.

13. Wenders, Wim, dir. 2018. Pope Francis: A Man of His Word. Focus Features.

14. Vatican News. 2019. "Pope Francis Reflects on Meaning of Death." YouTube Video. YouTube. https://www.youtube.com/watch?v=fjhoVsUl0UI.

3장 과감하게 도약하라

1. Ruiz, Eric M. 2016. "Meet Sarah Cooper, the Ex-Googler behind the Cartoons That Have Captured the Internet." Observer. October 4, 2016. https://observer. com/2016/10/meet-sarah-cooper-the-ex-googler-behind-the-cartoons-that-have-captured-the-internet/.

2. Johnson, Eric. 2018. "For Comedian Sarah Cooper, a Job at Google Was Plan B." Vox. January 10, 2018. https://www.vox.com/2018/1/10/16871786/sarah-cooper-comedian-google-dick-costolo-kara-swisher-recode-decode -podcast.

3. Shin, Jihae, and Katherine L. Milkman. 2016. "How Backup Plans Can Harm Goal Pursuit: The Unexpected Downside of Being Prepared for Failure." Papers.ssrn.com. Rochester, NY. April 10, 2016. https://ssrn.com/abstract=2538889.

4. M, Marvis. 2020. "I HATE PLAN B – Arnold Schwarzenegger – the Most Inspiring Speech Ever." www.youtube.com. December 9, 2020. https://www.youtube.com/ watch?v=uGHI58Fhrgk.

4장 불안을 최적화하라

1. Diamond, David M., Adam M. Campbell, Collin R. Park, Joshua Halonen, and Phillip R. Zoladz. 2007. "The Temporal Dynamics Model of Emotional Memory Processing: A Synthesis on the Neurobiological Basis of Stress-Induced Amnesia,

Flashbulb and Traumatic Memories, and the Yerkes–Dodson Law." Neural Plasticity 2007: 133. https://doi.org/10.1155/2007/60803.

2. Woolley, Kaitlin, and Ayelet Fishbach. 2022. "Motivating Personal Growth by Seeking Discomfort." Psychological Science 33 (4): 9567976211044685. https://doi.org/10.1177/09567976211044685.

3. Hood, Julia. 2001. "Higgins Steers Kozmo with Political Gusto." Prweek .com. PR Week Global. March 5, 2001. https://www.prweek.com/article/1238055/analysis-profile-higgins-steers-kozmo-political-gusto-matt-higgins-sees-symmetry-political-pr-dot-com-pr-demand-strong-conviction-willingness-brave.

4. McCallum, Jack. 2019. "Have You Heard the One about My Crippling Depression?" Boston magazine. December 2, 2019. https://www.bostonmagazine.com/arts-entertainment/2019/12/02/gary-gulman/.

5. McCallum, 2019.

6. Wilstein, Matt. 2020. "The 10 Best Stand-up Specials to Stream While Quarantined." The Daily Beast, March 17, 2020, sec. Entertainment. https://www.thedailybeast.com/10-best-stand-up-specials-to-stream-under -coronavirus-quarantine.

7. Posnanski, Joe. 2009. "Zack Greinke Is in Total Control." Sports Illustrated. April 28, 2009. https://www.si.com/more-sports/2009/04/28/zack-greinke.

8. Wulf, Steve. 2015. "The Mastery and Mystery of Zack Greinke." ABC News. October 15, 2015. https://abcnews.go.com/Sports/mastery-mystery-zack-greinke/story?id=34499251.

9. Plaschke, Bill. 2013. "Zack Greinke Gets through Anxious Moments." Los Angeles Times. February 15, 2013. https://www.latimes.com/sports/la-xpm-2013-feb-15-la-sp-0216-plaschke-greinke-20130216-story.html.

10. Helder, T. Van, and M. W. Radomski. 1989. "Sleep Deprivation and the Effect on Exercise Performance." Sports Medicine 7 (4): 23547. https://doi.org/10.2165/00007256-198907040-00002.

11. Kozan, Kayla. n.d. "Huge List of CEOs That Meditate at Work | 2020." Peak Wellness. Accessed August 11, 2022. https://peakwellnessco.com/ceos-that-medi-

tate-at-work/.

12. Sepp.l., Emma. 2015. "How Meditation Benefits CEOs." Harvard Business Review. December 16, 2015. https://hbr.org/2015/12/how-meditation-bene-fits-ceos.

13. Novak, Viveca. 2011. "Bum Rap for Rahm." FactCheck.org. January 13, 2011. https://www.factcheck.org/2011/01/bum-rap-for-rahm/.

5장 위기가 오면 온전히 받아들여라

1. Fredrickson, Barbara L., Michele M. Tugade, Christian E. Waugh, and Gregory R. Larkin. 2003. "What Good Are Positive Emotions in Crisis? A Prospective Study of Resilience and Emotions Following the Terrorist Attacks on the United States on September 11th, 2001." Journal of Personality and Social Psychology 84 (2): 36576. https://doi.org/10.1037/0022-3514.84.2.365.

2. Panja, Tariq. 2022. "Rare Champions League Rights Sale Produces Two Winners." New York Times, February 3, 2022, sec. Sports. https://www.nytimes.com/2022/02/03/sports/soccer/champions-league-relevent-uefa.html.

3. "Year of Wonders 16651667." n.d. National Trust. https://www.nationaltrust.org.uk/woolsthorpe-manor/features/year-of-wonders.

4. Freke, Timothy. 2002. Tao. Harry N Abrams.

5. Daniels, Cora. 2004. "The Man Who Changed Medicine." Money.cnn.com. November 29, 2004. https://money.cnn.com/magazines/fortune/fortune_archive/2004/11/29/8192713/index.htm.

6. Schwartz, Barry. 2006. "More Isn't Always Better." Harvard Business Review. June 2006. https://hbr.org/2006/06/more-isnt-always-better.

6장 앞길을 가로막는 패턴을 깨라

1. Greenberg, Jason, and Ethan R. Mollick. 2018. "Sole Survivors: Solo Ventures versus Founding Teams." SSRN Electronic Journal. https://doi.org/10.2139/ssrn.3107898.

2. Howell, Travis, Christopher Bingham, and Bradley Hendricks. 2022. "Don't Buy the Myth That Every Startup Needs a Co-Founder." Harvard Business Review. April 20, 2022. https://hbr.org/2022/04/dont-buy-the-myth-that-every-startup-needs-a-co-founder.

3. Reilly, Claire. 2018. "Juicero Is Still the Greatest Example of Silicon Valley Stupidity." CNET. September 1, 2018. https://www.cnet.com/culture/juicero-is-still-the-greatest-example-of-silicon-valley-stupidity/.

4. Lanxon, Nate. 2009. "The Greatest Defunct Web Sites and Dotcom Disasters." CNET. November 18, 2009. https://www.cnet.com/tech/computing/the-greatest-defunct-web-sites-and-dotcom-disasters/.

5. "Theranos." 2016. Web.archive.org. June 22, 2016. https://web.archive.org/web/20160622193253/https://www.theranos.com/test-menu.

6. Katz, Ariel. 2021. "The Theranos Fiasco Shows How Much Startup Advisory Boards Matter." TechCrunch. October 10, 2021. https://techcrunch.com/2021/10/10/the-theranos-fiasco-shows-how-much-startup-advisory-boards-matter/.

7. Kuran, Timur, and Cass Sunstein. 2007. "Availability Cascades and Risk Regulation." The University of Chicago. https://papers.ssrn.com/sol3/papers.cfm?abstract_id=138144.

7장 성공에 이른 배를 불태워라

1. Del Rey, Jason. 2021. "Walmart's E-Commerce Chief Is Leaving to Build 'a City of the Future.'" Vox. January 15, 2021. https://www.vox.com/recode/2021/1/15/22232033/marc-lore-walmart-leaving-jet-city-future -capital-

ism.

2. Souhan, Jim. 2021. "New Owners Have Some Wild Ideas — like Turning Timber-wolves into Winners." Star Tribune. September 28, 2021. https://www.startribune.com/timberwolves-alex-rodriguez-marc-lore-wild-ideas-jim-souhan/600101481/.

3. Alsever, Jennifer. 2021. "Why Tech Billionaire Marc Lore Wants to Build a Utopian City." Fortune. September 1, 2021. https://fortune.com/2021/09/01/billion-aire-marc-lore-utopian-city-equitism/.

4. Gould, Jennifer. 2021. "Jet.com Founder Marc Lore Has Fleet of Trucks Ready to Deliver Bobby Flay to You." New York Post. December 14, 2021. https://nypost.com/2021/12/13/jet-com-founder-marc-lore-has-fleet-of-trucks-ready-to-deliv-er-bobby-flay-to-you/.

5. Geng, Joy J., Bo-Yeong Won, and Nancy B. Carlisle. 2019. "Distractor Ignoring: Strategies, Learning, and Passive Filtering." Current Directions in Psychological Science 28 (6): 600606. https://doi.org/10.1177/0963721419867099.

6. Braverman, Harry. 1998. Labor and Monopoly Capital: The Degradation of Work in the Twentieth Century. New York: Monthly Review Press.

7. Kasra Design. 2020. "Dwayne Johnson – Back against the Wall | Collage Animation." Vimeo. November 23, 2020. https://vimeo.com/482895699.

8장 상대의 탁월함을 인정하고 받아들여라

1. Cook, John. 2011. "Jeff Bezos on Innovation: Amazon 'Willing to Be Misunder-stood for Long Periods of Time.'" GeekWire. June 7, 2011. https://www.geekwire.com/2011/amazons-bezos-innovation/.

2. "'A Voice for the Underdog and Underprivileged.'" n.d. Www.pulitzer.org. Accessed August 11, 2022. https://www.pulitzer.org/article/voice-underdog-and-underpriv-ileged.

3. Bloomberg. 2020. "Ark's Cathie Wood Has 'No Regrets' on Tesla Call." www.you-

tube.com. December 18, 2020. https://www.youtube.com/watch?v=ORrZMaX-8VQc.

4. Weinstein, Netta, and Richard M. Ryan. 2010. "When Helping Helps: Autonomous Motivation for Prosocial Behavior and Its Influence on Well-Being for the Helper and Recipient." Journal of Personality and Social Psychology 98 (2): 22244. https://doi.org/10.1037/a0016984.

5. Farino, Lisa. 2017. "New Research Shows That Helping Others May Be the Key to Happiness. G.O. Community Development Corporation." G.O. Community Development Corporation. April 25, 2017. https://www.go-cdc.org/2017/new-research-shows-that-helping-others-may-be-the-key-to-happiness/.

6. Santi, Jenny. 2015. "The Science behind the Power of Giving (Op-Ed)." Livescience.com. December 1, 2015. https://www.livescience.com/52936-need-to-give-boosted-by-brain-science-and-evolution.html.

9장 당신의 가장 야심 찬 꿈을 좇으라

1. Keating, Peter. 2020. "The Baseball Hall of Famer Who Runs a Funeral Home." ESPN.com. May 28, 2020. https://www.espn.com/mlb/story/_/id/29224947/the-baseball-hall-famer-runs-funeral-home-andre-dawson -second-act.

2. Scott, Ellen. 2018. "Why You Feel Down after Running a Marathon." Metro. June 15, 2018. https://metro.co.uk/2018/06/15/get-post-marathon-blues-7633314/.

3. Woolley, Kaitlin, and Ayelet Fishbach. 2015. "The Experience Matters More than You Think: People Value Intrinsic Incentives More inside than Outside an Activity." Journal of Personality and Social Psychology 109 (6): 96882. https://doi.org/10.1037/pspa0000035.

4. Florio, John, and Ouisie Shapiro. 2016. "The Dark Side of Going for Gold." The Atlantic. August 18, 2016. https://www.theatlantic.com/health/archive/2016/08/post-olympic-depression/496244/.

5. Friedman, Ron. 2015. "Staying Motivated after a Major Achievement." Harvard Business Review. February 3, 2015. https://hbr.org/2015/02/staying-motivated-after-a-major-achievement.

6. Friedman, 2015.

7. Becker, Joshua. 2012. "About Becoming Minimalist." Becoming Minimalist. May 8, 2012. https://www.becomingminimalist.com/becoming-minimalist-start-here/.

8. Becker, Joshua. n.d. "The Emptiness of Sports Is Most Felt in Victory." www.becomingminimalist.com. Accessed August 11, 2022. https://www.becomingminimalist.com/emptiness/.

9. Becker, "The Emptiness of Sports Is Most Felt in Victory."

10. Young, Jabari. 2021. "Fanatics Owner Michael Rubin Put His $18 Billion Empire aside to Focus on Families Affected by Unfair Justice System." CNBC. December 24, 2021. https://www.cnbc.com/2021/12/24/fanatics-owner-michael-rubin-reform-alliance-hosts-76ers-experience.html.

11. Young, 2021.

12. Parham, Robert. 2013. "Pope Francis Models Humility in World That Practices Humiliation." Good Faith Media. April 2, 2013. https://goodfaithmedia.org/pope-francis-models-humility-in-world-that-practices-humiliation-cms-20624/.

플랜B는 없다

초판 1쇄 발행 2024년 5월 25일

지은이 맷 히긴스
옮긴이 방진이
펴낸이 안병현 김상훈
본부장 이승은 총괄 박동옥 편집장 임세미
책임편집 김혜영 디자인 박지은
마케팅 신대섭 배태욱 김수연 김하은 제작 조화연

펴낸곳 주식회사 교보문고
등록 제406-2008-000090호(2008년 12월 5일)
주소 경기도 파주시 문발로 249
전화 대표전화 1544-1900 주문 02)3156-3665 팩스 0502)987-5725

ISBN 979-11-7061-133-2 (03320)
책값은 표지에 있습니다.